米 良◎著

东南亚法制史

厦门大学出版社
XIAMEN UNIVERSITY PRESS

国家一级出版社
全国百佳图书出版单位

图书在版编目（CIP）数据

东南亚法制史 / 米良著. -- 厦门 ：厦门大学出版
社，2025.5. -- ISBN 978-7-5615-9610-4

Ⅰ. D933.09

中国国家版本馆 CIP 数据核字第 2025UH8735 号

责任编辑	李　宁
责任校对	杨木梅
美术编辑	李夏凌
技术编辑	许克华

出版发行 厦门大学出版社

社　　址	厦门市软件园二期望海路 39 号
邮政编码	361008
总　　机	0592-2181111　0592-2181406(传真)
营销中心	0592-2184458　0592-2181365
网　　址	http://www.xmupress.com
邮　　箱	xmup@xmupress.com
印　　刷	厦门金凯龙包装科技有限公司

开本	720 mm×1 020 mm　1/16
印张	20.5
字数	266 千字
版次	2025 年 5 月第 1 版
印次	2025 年 5 月第 1 次印刷
定价	78.00 元

本书如有印装质量问题请直接寄承印厂调换

厦门大学出版社
微信二维码

厦门大学出版社
微博二维码

目录　／CONTENTS

绪论

一、东南亚法的概念

东南亚（Southeast Asia）是一个地理概念，是第二次世界大战后期才出现的一个新的地区名称。在此以前，中国人常以"南洋"相称。有些西方国家称东南亚为"远印度""外印度""印度群岛"。第二次世界大战期间，盟军设立"东南亚最高统帅部"后，由于"东南亚"这个名字正确地表述了该地区的地理位置，所以战后世界各国才普遍承认、接受并使用"东南亚"这个称谓。[①] 目前，东南亚地区共有10个国家：越南、老挝、缅甸、柬埔寨、泰国、马来西亚、新加坡、印度尼西亚、文莱、菲律宾。

东南亚地区还有一个地区性的政府间国际组织，即东南亚国家联盟，简称东盟（ASEAN）。该组织于1967年成立，目前已有10个成员国。东盟的宗旨是促进本地区的和平与稳定。1997年签署的《东盟2020年远景》指出："要将东盟建设成为一个充满关爱的社会，一个不分性别、种族、宗教、语言及社会和文化背景，所有人都享有平等的机会发

---

① 云南与东南亚编辑委员会：《云南与东南亚》，内部资料，1991年印制，第1页。

展权的社会；东盟将成为亚太地区乃至世界上一个有效维护和平、公正和现代化的组织。"①

根据以上对东南亚概念的界定，笔者把东南亚法作如下定义：东南亚法是东南亚地区古往今来各种社会制度下的法律制度的总称。包括以下内容：一是东南亚地区国家形成以后至近代各种社会形态下的法律制度；二是东南亚地区各国现行的法律制度；三是东盟国际组织的法律制度。

从这个定义可以看出，东南亚法是一个以地域为标准而确定的概念。从法的本质来看，它包括奴隶制法、封建制法、殖民地法、资本主义法、社会主义法。从法系的角度看，东南亚法有印度法、伊斯兰法、中华法、大陆法和英美法。从法的表现形式来看，东南亚地区从古至今国家的形成与演变较为复杂，东南亚法在古代有吴哥法、占婆法、逝利佛室法、单马齐法等；在近代殖民地时期有海峡殖民地法、印度殖民地法、印度支那法、西班牙在菲律宾制定的法律等；在当代有越南法、老挝法、缅甸法、柬埔寨法、泰国法、马来西亚法、新加坡法、印度尼西亚法、文莱法、菲律宾法。

按国际法与国内法的分类，东南亚法还包括国际法，即东盟国际组织的各类多边条约及东盟各成员国所签订或参加的多边及双边条约。

二、研究东南亚法制的演变及发展的价值

对东南亚国家法制的产生、发展及演变进行研究，可以帮助我们厘清东南亚国家法律制度的来龙去脉，总结法律在东南亚国家发展的特殊性和普遍性，总结法律在不同国家发展的一般规律从而更加清楚地理解和认识其现行法律制度。

---

① 许家康、古小松主编：《中国—东盟年鉴（2008）》，线装书局2008年版，第123页。

对东南亚国家法制的产生、发展及演变进行研究，可以发现我国法律制度存在着某些缺陷与不足从而加以改进；可以从东南亚国家法律制度中发现某种做法是适合我国的，从而进行借鉴；可以丰富我国法学研究的内容，促进我国与东南亚国家的法学交流乃至文化、政治、经济交流。据查阅，我国目前几乎所有的外国法制史、外国法律思想史教材都已系统研究了欧美、印度、非洲等的法律制度及法律思想，唯独对东南亚国家的法律制度及法律思想的研究并不充分。

东南亚国家总体上没有自己本土的法律文化，其法律制度是在习惯法的基础上不断移植外国法而形成的。考察东南亚国家法制发展史，尚未发现一部相对完整的、由东南亚某一国家制定的本土的法律文件。古代柬埔寨的《天竺法》和古代缅甸的《伐丽流法典》均由印度《摩奴法典》改编而成，越南的第一部法典《刑书》基本上照搬我国《唐律》，古代泰国（暹罗）的《三印法典》受古代中国法影响较大。制度上如此，法律文化方面也是如此。古代越南法以儒家文化为基础，伊斯兰教义则是古代马来西亚、菲律宾南部、文莱法律的规定。无法找到本土相对独立的法律文化体系、制度体系和理论体系。

古代中国法、伊斯兰法、印度法分别对东南亚国家产生了巨大影响。古代东南亚国家主要是在移植古代中国法、印度法和伊斯兰法的基础上形成的，并有不同的分布，如在中南半岛上的越南等国受古代中华法系的影响；古代柬埔寨（吴哥王朝）、泰国（暹罗）、老挝（澜沧王国）、缅甸（蒲甘王朝）受印度法的影响；马来西亚、文莱等国则更多受伊斯兰法的影响。

西方殖民者的到来使东南亚国家的法律体系完成了从古代法到现代法的转变，东南亚国家的法律至少在形式上和理论上都是西方的。西方殖民统治结束以来，东南亚国家的法律指导思想逐步朝着民族化的方向发展。

为了研究的方便，笔者将东南亚法制的发展划分为古代、近代和当代三个时代。其中，自东南亚地区国家及法的产生至西方殖民者来到东南亚之前的这一时期称为古代；西方殖民者对东南亚进行殖民统治期间称为近代；自东南亚国家摆脱西方殖民统治获得民族独立至今称为当代。这样划分是基于以下考虑：一是这三个不同时代的东南亚法制各自具有相对的独立性；二是这三个时代的法制除了有着历史的继承性之外，更有着质的不同，分别完成了东南亚法制三次质的飞越；三是从形式上看，这三个时代的法制界限分明；四是这样划分可以兼顾东南亚法制发展的个性与共性思考。

本书运用法理学的基本理论，根据马克思主义关于国家与法的产生及形成的基本观点，对从东南亚国家搜集的大量第一手资料进行概括、分析、比较研究，以期厘清东南亚国家法制产生、发展、演变的基本脉络。在此基础上，以马克思主义关于社会形态的划分标准为基础，结合东南亚国家法制演变的自身特点，把东南亚国家法制的发展分为不同阶段，然后对不同阶段的法制的变化进行研究，从而总结东南亚国家法制发展、变化的规律。具体而言，第一，从东南亚地区国家与法的产生着手，分析东南亚国家在不同的社会物质生活条件下习惯法的形成、内容及特征；第二，对东南亚国家制定法的形成进行研究，由于东南亚国家的制定法基本上是在移植古代中国法（越南）、印度法（缅甸、柬埔寨、老挝）、伊斯兰法（泰国南部、文莱、马来西亚等）的基础上形成的，因此在该部分将重点分析古代中国法、印度法和伊斯兰法对东南亚国家制定法形成所产生的影响；第三，分析东南亚国家在移植外来法后将其本土化的过程，如蒲甘王朝将印度的《摩奴法典》改造为本土的《伐丽流法典》的实践；第四，研究西方殖民者入侵后东南亚国家法制从古代向现代的激变；第五，分析当代东南亚国家法制的主要内容、特征，并总结东南亚国家法制的发展趋势。

三、本书的主要内容

（一）对东南亚国家与法的产生进行研究

东南亚地区的历史与我国相比相对较短，在 10 世纪以前的漫长时期，都是以习惯法调整社会关系的，其习惯法的内容十分丰富。例如，有越南的《伦理二十四条》（古代越南民间的习惯法）、柬埔寨的吴哥习惯法、古代泰国的暹罗习惯法、古代缅甸的蒲甘习惯法、古代老挝的澜沧习惯法等。习惯法在古代东南亚地区长期占主导地位，这也是古代东南亚法的一个显著特征。本书将对以上习惯法产生的背景、内容、特点进行分析研究。

（二）对东南亚国家法制的演变进行研究

东南亚国家在经历了漫长的习惯法时期后，外来入侵，海上、陆上与中国、印度交往的频繁及其本身的社会经济原因，导致其没有形成自己独有的法律文化和法律制度，而是走上了一条不断移植外国法律制度的道路。东南亚国家法律制度的演变过程事实上就是一条不断移植外国法律的过程。这个过程漫长而复杂，使东南亚地区成为一个具有相当特殊性的法域。古代中国法、伊斯兰法、印度法在这一地区混合，殖民地时期又受到欧美法的影响，使其完成从古代法制向现代法制的转变。

（三）对东南亚国家当代法律制度进行研究

该部分将根据国别、部门法对东南亚国家的宪法制度、行政法制度、民法制度、刑法制度、诉讼法制度、经济法制度、劳动与社会保障法制度、环境法制度等进行系统、全面的阐述、分析，总结东南亚各国法律制度的特征并对其形成的原因进行分析。同时，试图找出其对完善我国法律制度有益之处，提出完善我国法律制度的建议。

（四）对东南亚国家法制的发展趋势进行分析

20世纪40年代以后，东南亚国家逐步走上了脱离殖民统治和民族独立的道路，其法律制度的民族化倾向也日益突出，但长期移植外国法的实践导致其当代法律制度仍无法摆脱外国法的影响。在越南，由于其古代长期受中国的统治，古代中国法对其影响深远，例如在2000年生效的《越南刑法典》中仍规定了以维护家庭为出发点的类似"亲亲相隐"和"存留养亲"制度。殖民地时期，越南沦为法国殖民地，《拿破仑法典》曾在越南施行一段时间，法国殖民者在越南制定的《北圻民法典》《中圻民法典》《南圻民法典》都以《拿破仑法典》为蓝本，法国法体系成为当代越南法的基础。在当代，苏联的法律体系对越南的影响也是巨大的，2005年《越南民法典》中的财产所有权制度基本上沿袭了苏联的体系。在马来西亚、文莱，其法律指导思想越来越强调伊斯兰教义的地位和作用，如文莱国王多次强调伊斯兰教义作为文莱宪法的指导思想不能动摇。在老挝、柬埔寨，古代印度法对其产生了根本性的影响。殖民地时期，老挝、柬埔寨和前述的越南一起成为法国的印度支那殖民地，这一时期，老挝和柬埔寨法制的变化与越南极为相似。在新加坡、缅甸，英美法的理论体系仍然是其法制的基石，但受民族主义的影响，英美法本土化渐渐成为趋势。泰国是东南亚国家中唯一没有成为西方殖民地的国家，但孟固国王和朱拉隆功国王进行了一场试图学习西方法制的改革，主动引入西方的法律制度，主要学习大陆法系，因而，泰国当今的法制在体系上可以说是大陆法系的。

第一章
古代东南亚国家与法的起源

东南亚法是随着这个地区国家的出现而产生的。公元元年前后，东南亚各地开始向国家形态过渡，出现为数众多的早期国家。它们虽然具备了国家的一些基本特点，却保留了大量原始村社的特点和习俗。

第一节　古代东南亚习惯法

东南亚地区具有相当特殊的法域，如古老的习惯法，以及古代中国法、伊斯兰法、印度法在这一地区的混合。但比较而言，东南亚国家古代习惯法的产生及演变对其现代法制的形成具有根本性的影响，因而研究其古代法制的产生及发展具有重要意义。东南亚法制的产生和世界上其他地区一样，同样源于习惯法。在殖民者入侵前的漫长岁月里，习惯法是东南亚地区调整社会生活的主要规范，具有重要地位和作用。

一、东南亚习惯法的概念

东南亚习惯法即古代东南亚地区本土的固有法。"东南亚地区在

10 世纪以前除柬埔寨已形成国家外，其他地区尚未形成国家。大部分地区或者是古代吴哥王朝的属地，或者还处在原始部落的阶段，或者处在中国的控制之下（例如越南）。这一时期的东南亚各国除越南（还在中国控制之下）外尚未形成完备的制定法体系，主要是以习惯法调整各种社会关系。"①法学家对于东南亚习惯法这个概念有多种表述，D.奈尔肯等学者将其表述为"土著习惯"，或"本土习惯"；越南法学家黎明新博士将其称为"口传法""俗律""村例"②，并将其概括为"习惯法"③。古代东南亚地区并非由单一的民族组成，也非仅有一个部落，因而东南亚习惯法是东南亚不同部落、不同民族的不同内容及特点的习惯的总称。

二、东南亚习惯法的内容

东南亚习惯法的内容广泛而丰富，并且因地区的不同而不同。在古代越南，"口传法""俗律""村例"调整社会关系内容的范围包括婚姻家庭、民事、土地及村社的内部关系，甚至包括刑法的内容。④关于婚姻家庭关系，山精和水精的传说⑤反映古代越南实行一夫一妻制，且婚姻关系的确立需要婚礼等诸多要件。关于财产关系，"根据古墓葬考古发现，死者也可分得财产"⑥。关于土地所有关系，古代越南的土地所有权属于公社所有，公社成员只享有占有权和使用权。关于刑法，对犯重

---

① 米良：《古代东南亚国家法制的产生及发展》，载《云南大学学报（法学版）》2017 年第 2 期。

② ［越南］黎明新：《国家与法的历史》，越南人民公安出版社 2004 年版，第 37 页。

③ ［越南］黎明新：《国家与法的理论》，越南人民公安出版社 2003 年版，第 40 页。

④ ［越南］黎明新：《国家与法的历史》，越南人民公安出版社 2004 年版，第 37 页。

⑤ 越南一部流传广远的历史性文学作品。

⑥ ［越南］黎明新：《国家与法的历史》，越南人民公安出版社 2004 年版，第 27 页。

罪者可处以流放，流放结束后可恢复其权利，也可被处死。①

在菲律宾，最早生活在菲律宾群岛上的居民是内格里托人。② 西班牙入侵之前，菲律宾存在许多土族部落和马来族移民建立的割据王国。据菲律宾《班乃纪年》记载，12 世纪，在菲律宾的班乃岛有一个叫马迪加亚斯的奴隶制的国家③，奴隶主曾将习惯法整理成《马塔斯法典》和《卡兰莱雅奥法典》两个汇编。这两个法典规定，奴隶主可以把偷懒、消极怠工的人抓起来，把破坏贵族坟墓及宗教建筑物的人处死；对欠奴隶主债务的人，如一次不能还清债务者则断其手指，两次不能归还者，处死。④ 在泰国，《茫莱法典》汇集了泰国古代的习惯法。该法共200 余条，涉及继承法、民法、刑法、行政法等内容。⑤ 在马来西亚，马来人的口传习惯法主要有两种：一是波巴特习惯法，二是特门贡习惯法。这两种习惯法分别在马来西亚不同地区流行，主要内容涉及婚姻家庭关系及继承关系。⑥ 在马来西亚的其他地区，习惯法被归纳成文，形成了许多法规汇编，例如《霹雳州九十九条法》《马六甲法典》《马六甲海商法》等。当地习惯法成文之后，荷兰学者又对其进行了系统整理，将其分解成 19 个类别。这些成文习惯法至今仍在马来西亚和印度尼西亚的法院中适用，特别是在个人身份法方面。马来西亚伊斯兰法院

---

① 参见《梅安鉴》，越南一部流传广远的历史性文学作品。

② 米良：《古代东南亚国家法制的产生及发展》，载《云南大学学报（法学版）》2017 年第 2 期。

③ 米良：《古代东南亚国家法制的产生及发展》，载《云南大学学报（法学版）》2017 年第 2 期。

④ 胡才：《当代菲律宾》，四川人民出版社 1994 年版，第 72 页。

⑤ Darid K. Wyatt, Laws and Social Order in Early Thailand: An Introduction to the Mangraisat，载新加坡《东南亚研究》（英文版）第 15 卷第 2 号，转引自何勤华、李秀清主编：《东南亚七国法律发达史》，法律出版社 2002 年版，第 571 页。

⑥ 王云霞、何戍中：《东方法概述》，法律出版社 1993 年版，第 141 页。

在婚姻财产分割问题上仍然适用当地习惯法。在印度尼西亚的苏门答腊西部和马来西亚的森美兰州，关于土地和继承问题，也适用米南卡保人（Minangkabau）涉及入赘婚姻的习惯法。

三、东南亚习惯法的特点

1. 分为不同层级。东南亚习惯法除了内容广泛特点各异外，还可将其分为不同的层级。D. 奈尔肯等学者将东南亚习惯法的最低一层称为"土著的"或"本土的"习惯，这些习惯现在仍然存在并为官方的法律制度所承认。[①] 例如，在马来西亚和印度尼西亚的婆罗洲、菲律宾南部以及伊里安岛的加亚地区就是如此。第二层次的习惯法是缅甸人和马来人业已发展了的习惯，这些习惯"要么是由某些人民运动所输入的，要么是后来发展出来的"[②]，它们也是现存的习惯并在许多情况下具有重要作用。

2. 受外来文化影响。在中古时代，室利佛逝（又称三佛齐）（Sri Vijaya）和麻喏巴歇（Majapahit）帝国的习惯法深受印度佛教的影响，印度法律的影响通过缅甸和泰国扩展到马来西亚并传至爪哇和巴厘岛，在概念上对当地习惯法具有深刻影响。这些习惯法是从现在属于马来西亚和印度尼西亚的领土中演化出来的，[③] 也对泰国和缅甸的习惯法产生影响。印度的习惯法至今仍然是巴厘岛个人身份法和宗教法的基础。在越南，中国儒家文化对其习惯法的影响也是显而易见的，从婚俗、丧服制

---

① ［英国］A. 哈丁：《东南亚的比较法和法律移植："习俗杂音"的意蕴》，高鸿钧译，载《外国法制史研究》2006 年第 2 期。

② ［意大利］D. 奈尔肯、［英国］J. 菲斯特编：《法律移植与法律文化》，高鸿钧等译，清华大学出版社 2006 年版，第 258 页。

③ ［英国］A. 哈丁：《东南亚的比较法和法律移植："习俗杂音"的意蕴》，高鸿钧译，载《外国法制史研究》2006 年第 2 期。

便可看出。而在新加坡，许多习惯源自儒家学说。

3. 形式上以口传法为主，有的被整理为成文习惯法。在东南亚的大部分地区，如越南、菲律宾、新加坡、文莱、缅甸、柬埔寨、老挝、印度尼西亚等，习惯法主要是口传法；而在马来西亚及泰国，习惯法也被整理汇编成法典形式，如泰国的《茫莱法典》和马来西亚的《霹雳州九十九条法》等。

4. 内容主要集中于继承、婚姻家庭、身份、财产等民事领域。因为东南亚的统治者或许认为尊重民事领域的习惯可能有利于其进行统治，而在刑事、行政等其他方面则统治者需要自己说了算。当然，这只是个人的猜测，其原因还没有得到证实。

四、越南习惯法的产生

在越南，习惯法产生于文郎国。距今四五千年，文郎国开始分化成为有阶级的社会。[①]雒越[②]的各个部落组成部落联盟，其首领是雄王。部落联盟经过了一个暂时的过渡阶段，逐渐带有国家的萌芽形态。[③]

文郎国的首领是雄王，皇位是父传子、子传孙的世袭制。《越史略》（卷1）载："嘉宁部有异人焉，能以幻术服诸部落，自称雒王，都于文郎，号文郎国……传十八世，皆称雒王。"雄王下面是贵族，称为"雒侯""雒将"。[④]"雒侯"是帮助雄王办事的最高官职，"雒将"分别管理

---

① ［越南］越南社会科学委员会：《越南历史》，越南科学出版社1972年版，第34页。
② 越南古代的主体民族，现称京族。
③ 米良：《古代东南亚国家法制的产生及发展》，载《云南大学学报（法学版）》2007年第2期。
④ （北魏）郦道元：《水经注》卷37之《交州外域记》，岳麓书社1995年版，第153页。

文郎国中的各个"部"。① 雒将制度一直维持到公元元年。当"部"变为"县"时，雒将的称呼也改为县令，这个职位是世袭的。在雄王时期，帮助办事的人叫"蒲正"，雄王的儿子叫"官郎"，女儿叫"媚娘"。

平民是社会中的基本成员，古史称"雒民"。"雒民"是各个公社的成员，他们耕种公有的田地，称"雒田"，并向国家缴纳一部分剩余产品。当时已有一定数量的奴仆、奴婢，他们主要在皇宫和贵族家里劳动。②

公元前3世纪下半叶，居住在山区的瓯越族的首领蜀泮，趁雄王末期衰落的时候，曾屡次派兵攻打文郎的京都，消灭了雄王朝。蜀泮建立瓯雒国，自称"安阳王"，并且迁都到古螺。公元前221年秦始皇统一中国后，派遣50万大军南征，这次南征曾深入越族地区。司马迁在《史记》中写道："当是时，秦祸北构于胡，南挂于越，宿兵于无用之地，进而不得退。行十余年，丁男被甲，丁女转输，苦不聊生，自经于道树，死者相望。"③

公元前207年，秦朝官吏赵佗，占领南海、桂郡及象郡3郡，自称王，建立了南越国。后又占领瓯雒国并把其并入南越国，划分为交趾、九真2个郡。公元前111年，汉朝调动了数十万军队南下攻打南越并将其消灭。瓯雒地区转到汉朝手中。汉朝在这里设立了交趾部，委派了一位刺史统管交趾（越南北部地区）、九真（越南中部以北）、日南（越南

---

① 米良：《古代东南亚国家法制的产生及发展》，载《云南大学学报（法学版）》2017年第2期。
② 米良：《古代东南亚国家法制的产生及发展》，载《云南大学学报（法学版）》2017年第2期。
③ （西汉）司马迁：《史记》卷112，中华书局1975年版，第87页。

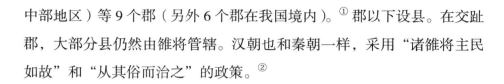

中部地区）等 9 个郡（另外 6 个郡在我国境内）。^① 郡以下设县。在交趾郡，大部分县仍然由雒将管辖。汉朝也和秦朝一样，采用"诸雒将主民如故"和"从其俗而治之"的政策。^②

第二节　古代中南半岛地区国家与法的起源

一、扶南国家与法的起源

公元前 1 世纪，一个叫扶南的国家出现了。扶南是东南亚地区最早建立的古代国家之一，位于今天柬埔寨以及越南南部一带。扶南的主体民族是高棉族。东汉章帝（76—88 年）时杨孚在《异物志》中提到过扶南。中国关于这个王国最早的史料来自康泰的著述。3 世纪中期康泰和朱应出使到那里。他讲述了侨陈如建立这个王国的故事，但把其名字译作混填。根据他的记录："……其南有徼国，有事鬼神者字混填，梦神赐之弓，乘贾人舶入海，混填晨起即诣庙，于神树下得弓，便依梦乘船入海，遂入扶南外邑。柳叶人众见舶至，欲取之，混填即张弓射其舶，穿度一面，矢及侍者，柳叶大惧，举众降混填……遂治其国，纳柳叶为妻……"^③这是目前关于扶南国起源的最早而且是仅有的记载。这个记载并未提及混填来于何处，但英国学者霍尔据此推测混填"可能来自印度

---

① 米良：《古代东南亚国家法制的产生及发展》，载《云南大学学报（法学版）》2017 年第 2 期。
② ［越南］越南社会科学委员会：《越南历史》，越南科学出版社 1972 年版，第 70 页。
③ （唐）姚思廉：《梁书》第 54 卷，中华书局 1975 年版，第 49 页。

或马来半岛甚至南方诸岛"①，显然过于主观。在占婆的眉山发现的一块碑铭中的记载印证了这件事情。碑铭上说，婆罗门徒㤭陈如自德罗娜之子阿斯华达门处接受神矛，掷之于地，以便为新都选择地点。他后来娶蛇王之女索玛并建立了一个帝王世系。《梁书》记载，混填的后裔混盘况 90 余岁乃死，立中子盘盘，以国事委其大将范蔓。②根据《南齐书》，范蔓的全名为范师蔓。③盘盘在位仅三年即死，国人共举范师蔓为王。④他继位的时间大约在 3 世纪初。⑤

范师蔓是一个伟大的征服者。"……蔓勇健有权略，复以兵威攻伐旁国，咸服属之，自号扶南大王。乃治作大船，穷涨海。"⑥《梁书》还记载，他攻伐了 10 国，并提到其中 4 国的名称：屈都昆、九稚、典孙和金邻，可能在湄公河下游、洞里萨湖以及红河三角洲的部分地区。《梁书》和《南齐书》还提到，范师蔓在指挥远征"金邻"国的过程中死去。范旃是"大王"范师蔓的外甥。他杀害了合法继承人，篡夺王位后统治约 20 年。"蔓娣子旃，时为二千人将，因篡蔓自立，遣人诈金生而杀之。蔓死时，有乳下儿名长，在民间，至年二十，乃结国中壮士袭杀旃。"⑦据《三国志》记载，范旃于 243 年遣使携乐人及方物前往中国。"赤乌……六年十二月，扶南王范旃遣使献乐人及方物。"⑧吕岱在交、广时，

---

① ［英国］D.G.E.霍尔：《东南亚史：古代部分》，赵嘉文译，云南人民出版社 1979 年版，第 36 页。

② （唐）姚思廉：《梁书》第 54 卷，中华书局 1975 年版，第 51 页。

③ （南朝）萧子显：《南齐书》第 58 卷，中华书局 1975 年版，第 63 页。

④ （唐）姚思廉：《梁书》第 54 卷；（南朝）萧子显：《南齐书》第 58 卷，中华书局 1975 年版，第 46 页。

⑤ 据《梁书》的记载推出。

⑥ （唐）姚思廉：《梁书》第 54 卷，中华书局 1975 年版，第 35 页。

⑦ （唐）姚思廉：《梁书》，中华书局 1975 年版，第 29 页。

⑧ （西晋）陈寿：《三国志》吴志卷 2，湖南师范大学出版社 1991 年版，第 68 页。

"曾遣从事南宣国化，暨檄外扶南、林邑、唐明诸王各遣使奉贡"。[①]245
年至 250 年，他的继承者接待了中国回访的使节。康泰是使团的一位成
员，他写道，扶南国有城邑，其间有宫室及住屋；国人皆丑陋、黑肤、
拳发及裸身。他们性直，不为盗贼；他们进行原始的耕作，好用凿子雕
文刻镂。康泰似乎说服了范寻，发布一道要男人有所穿着的敕令。他们
用一条布围在腰间，即现代柬埔寨人的千缦。[②]学界公认，扶南是东南
亚地区最早出现的国家。从现有史料分析，266 年东吴的朱应、康泰出
使扶南时，扶南已初具国家雏形，由于刚刚进入阶级社会，司法机构还
很不完备。[③]4 世纪，扶南王国由范氏王朝向跋摩王朝迈进。中国朝廷在
503 年接见扶南国王阇耶跋摩使臣时，曾封阇耶跋摩为"安南将军、扶
南王"。514 年，阇耶跋摩死后，其国内发生了激烈的争夺王位的斗争，
最后由其长子留陁跋摩即位。他是扶南的最后一位国王。

　　关于其社会形态的问题，学界尚存诸多争论。笔者认为，古代东南
亚并非像世界上大部分地区一样，经历原始社会、奴隶社会、封建社会
这样一种普遍的模式，而是直接从原始社会过渡到封建社会，因此占婆
的社会形态属于封建社会，但与此同时，还是有少量奴隶存在的。我国
《南齐书》记载："扶南人黠慧知巧，攻略傍邑不宾之民为奴婢，货易金
银彩帛。"

　　在扶南国，国王的敕令是调整社会关系的主要法律渊源。对于民事
关系，其中关于婚姻家庭关系、财产关系的习惯法已经大量存在并受到
印度佛教文化的影响。

---

① （西晋）陈寿：《三国志》吴志卷 2，湖南师范大学出版社 1991 年版，第 73 页。
② ［英国］D.G.E. 霍尔：《东南亚史：古代部分》，赵嘉文译，云南人民出版社 1979
　　年版，第 40~40 页。该段文字为《梁书》第 54 卷中部分文字的译文。
③ 许海山：《亚洲历史》，线装书局 2006 年版，第 63 页。

关于扶南国司法制度，扶南国以试罪裁判法审理案件。我国史书《南齐书》中扶南条记载："……无牢狱，有讼者，则以金指环若鸡子投沸汤中，令探之；又烧锁令赤，著手上捧行七步，有罪者手皆焦烂，无罪者不伤。又令没水，直者入即不沉，不直者入即沉也。"[①]《梁书》扶南条说："……又于城沟中养鳄鱼，门外圈猛兽，有罪者，辄以喂猛兽及鳄鱼，鱼善不食为无罪，三日乃放之。"[②] 从这些记载中可以看出，扶南国已经有了司法制度。

二、占婆国家与法的起源

占婆是东南亚地区最早出现的国家之一，大约在 2 世纪建立，中国史书将其称为"林邑"。考古学证据表明其权势的中心在顺化地区稍南处，大约与今天越南的承天—顺化省基本一致。其民族属于印度尼西亚族群。中国史书上说，乘汉朝衰弱之机，区连于 192 年灭了日南国自立为王。《隋书·林邑传》说："林邑之先，因汉末交趾女子徵侧之乱，内县功曹子区连杀县令，自号为王……"[③]

史书记载，区连之后的国王是范熊，据《隋书》《梁书》载，范熊是区连的外甥，而《水经注》中则说，范熊是区连的外孙。[④] 284 年林邑国遣使入中国，"晋太康五年，始来贡献"。[⑤] 之后的国王是范逸，

---

① （南朝）萧子显：《南齐书》，中华书局 1975 年版，第 132 页。

② （唐）姚思廉：《梁书》第 54 卷，扶南条，中华书局 1975 年版，第 169 页。

③ （唐）魏徵：《隋书》第 82 卷，中华书局 1997 年版，第 87 页。

④ （唐）魏徵：《隋书》，中华书局 1997 年版；（唐）房玄龄：《晋书》，中华书局 2015 年版，第 150 页；（北魏）郦道元：《水经注》第 36 卷，温水条，岳麓书社 1995 年版，第 272 页。

⑤ （唐）房玄龄：《晋书》，中华书局 2015 年版，第 77 页；（南朝）萧子显：《南齐书》，中华书局 1975 年版，第 135 页。

其统治林邑国长达50年。他的宰相据说拥有中国血统。《水经注》中说："范文，本锡州人，少被掠为奴，卖堕交州。年十五六，遇罪当得杖，畏怖因逃，随林邑贾人渡海远去，没入于王，大被幸爱。经十余年，王死，文害王二子，诈杀侯将，自立为王。"[1]范文于336年继承王位。范文统治期间一直向北扩张，但中国皇帝拒不承认他侵夺的土地。349年，范文死。他的二子范佛继位后被迫归还他父亲侵夺的土地。范佛在372年至377年间多次入使中国。3—9世纪，林邑逐步成为东南亚的一个强国。

关于林邑国的风俗习惯，据《南齐书》记载，林邑国的妇女有很高的社会地位。其他风俗习惯与扶南相同。夫妻婚娶在八月份，由妇女选择丈夫。晋朝于5世纪初覆亡，引起占人对东京的大规模进犯，刺史被迫向皇帝呼吁求救。431年中国从海上征伐占婆，但被占人击退。《梁书》记载："元嘉八年，又寇九德郡，入四会浦口，交州刺史阮弥之遣队主相道生帅兵赴讨，攻区栗城不克，乃引还。"林邑王阳迈设法联合扶南来进攻东京，并未如愿。446年新任交州刺史檀和之决定狠狠教训一下林邑。他们猛烈攻击位于顺化的都城，大胜而归。[2]英国学者霍尔认为："中国并无永久占领和鲸吞林邑领土的企图。其目的仅只是对徼外的蛮夷进行一次威慑以保持其边境地区的平静。"[3]此后一段较长的时间，这一地区保持了平静，林邑照例派使者前往中国。529年，占婆进入第四个王朝。其第一世国王律陁罗跋摩受到中国册封，并于534年派遣使臣到中国。9年以后他利用越南领袖李贲起义反抗中国，力图实现

---

[1]（唐）房玄龄:《水经注》第36卷温水条引《江东旧事》，中华书局2015年版，第216页。

[2]（唐）姚思廉:《梁书》第54卷，林邑条，中华书局1975年版，第47页。

[3]［英国］D.G.E.霍尔:《东南亚史：古代部分》，赵嘉文译，云南人民出版社1979年版，第56页。

独立之机企图遣军进入东京，但是被李贲的将军范修击败。^① 547 年，李贲的起义军被中国镇压。不久之后，在中国南朝陈衰弱的情况下，占婆又企图发动新的进攻，但时间短暂，因为隋朝开国皇帝杨坚四出征战使得桑布哇曼改变政策，并于 595 年入贡。^② 604 年，中国军队进军占婆，攻陷都城，桑布哇曼又臣服一段时间，然后中断了朝贡。但 618 年唐朝建立，桑布哇曼感到势头不对，在此恭顺长安。占婆侵扰得以长时间止息。

占婆国的社会形态与同一时期扶南国的社会形态极为相似，笔者认为属于封建社会。关于这一点，从中国古代史书中的记载可以得出初步结论。东南亚的史料十分稀少，这给我们了解东南亚的历史，特别是古代史带来困难。但没有记载并不意味着没有存在过。没有找到这一时期占婆国存在奴隶的记录，并不意味着其不存在奴隶。历史有两种：一种是真实客观的历史。它是曾经发生过的历史事实，这种历史是客观存在的，无论史学家是否记载，是否被后人发现，都是曾经发生过的。另一种是史学家记载的历史。这种历史，经过史学家的主观判断、筛选，带有强烈的主观色彩。真实的历史事实与史学家记载的历史可能会有出入，而史学家的使命应当是还原最真实的历史，并须依据事实和证据还原真实的历史而不是凭猜测。

关于占婆国的法律，史书上也未见记载。只在中国史书中记载了其国王发布敕令。可见，在占婆国，国王的敕令是国家唯一的正式法源。关于非正式法源，习惯法在占婆国大量存在，主要是以婚姻家庭关系、财产关系的习惯法为主。例如，妇女的地位、结婚的习惯、礼仪等。

---

① ［越南］越南社会科学院：《大越史记全书》（第 2 集），越南社会科学出版社 2007 年版，第 302 页。

② （唐）魏徵：《隋书》，中华书局 1997 年版，第 98 页。

三、孟人国家及中南半岛其他地区国家与法的起源

孟族是东南亚地区历史悠久、文化发达的古老民族之一。居住在今天泰国的中部、南部及缅甸的伊洛瓦底江中下游地区。中国史书记载的孟人国家有林阳、金邻、堕罗钵底、哈利班超、盘盘、哥罗、狼牙修、赤土、直通等。

林阳的领土约在当今泰国的西南部，包括缅甸西部，首都在今天泰国的莲边。金邻又名金陈，位于林阳之东的湄南河流域地区，首都在今天泰国的佛统。金邻国后来被扶南王国征服。关于堕罗钵底国，中国唐代杜佑编撰的《通典》对其首都、王宫、官职、刑法、农商、赋税和礼仪等都有详细记载。堕罗钵底王国分为几个小的王国，他们处于一个地位最高的王国的统治之下。国王是全国最高的统治者。国王之下，设有朝请诸将军，协助国王总理朝政；此外有参军、功曹、主簿、城局、金威将军、赞理、赞府等官，主管各方面事务。地方分设州、郡、县三级行政区。其刑法规定，盗贼重者处死，轻者穿耳及鼻并钻鬓，以便识别；私铸银钱者截腕。[①]

在今缅甸地区，还有骠国、掸国等。我国史书《新唐书》第 222 卷记载，骠国强盛时有属国 18 个，部落 298 个。缅甸地区早期国家中，骠国是最大最强的。早在 1 世纪时，骠国就已出现。《旧唐书》记载，骠国的社会已经是"君臣父子长幼有序"。骠国法律规定："有罪者束五竹捶背，重者五，轻者三，杀人者死。"[②]

① 田禾、周方冶：《泰国》，中国社会科学文献出版社 2005 年版，第 80~81 页。
② （后晋）刘昫：《旧唐书》之骠国传，中华书局 1975 年版，第 59 页。

第三节 古代马来群岛地区国家与法的起源

一、早期国家

在公元元年前后，印度尼西亚已有人类陆续从中南半岛迁来，分布各地。各地的社会发展极不平衡。临近河流入海的地区，原始公社制最先瓦解，并建立了国家。公元后最初几个世纪，又不断有印度人移入。他们有比较先进的生产技术和文化，带来印度语言、文字、历法、宗教、艺术等。势力较强的移民首领，在沿海港口附近建立统治，形成若干奴隶制小国。未受印度文化影响的本土部落，随着生产力的发展和对邻近部落的征服，也形成部落联盟，开始了阶级分化。[①] 3—7 世纪，这类奴隶制小国和部落联盟中有加里曼丹东部的古戴、巴厘岛上的婆利、西爪哇的达鲁马、苏门答腊岛上的末罗游和甘陀利等。苏门答腊岛上的末罗游到 7 世纪时被室利佛逝吞并。

4 世纪在爪哇西部建立的达鲁马国，到 6 世纪初衰落下去。当时在爪哇中部和东部约有 30 个部落联盟和小国，都处于诃陵国的统治之下。诃陵势力强大，占有中爪哇和东爪哇的广大地区，有较高的生产技术，灌溉农业和手工业都很发达。诃陵和唐朝有使节往来。《新唐书》记载，7 世纪后期诃陵"以女子为王，威令严肃，道不拾遗"。

---

① 米良：《论中国法、伊斯兰法和印度法对东南亚的影响》，载《河北法学》2008年第 8 期。

二、室利佛逝国家与法的起源

随着扶南国的衰落，7世纪中后期，位于今天印度尼西亚西部的一个海上帝国室利佛逝开始兴起。其位于苏门答腊东南部，定都巴林，即今天的巨港。地理位置优越，适合海上贸易。随着时间的推移，积累了大量财富，拥有了扩张的资本，遂向马六甲海峡和巽他海峡扩张。686年室利佛逝占据了巴林旁东北地区的邦加岛和末罗游，接着控制了马来半岛南端和加里曼丹西部的吉打，进军爪哇，把多罗摩王降为属国。8世纪后，室利佛逝逐渐衰落。[①] 中国史书记载，室利佛逝人民："不输税赋，习水陆战，有所征伐随时调发，立酋长率领。皆自备兵器糗粮，临敌敢死，伯于诸国。"[②] 750年和1007年，室利佛逝分别两度入侵爪哇，并占领马来半岛。到12世纪，又曾降服锡兰岛。

室利佛逝人民信奉佛教。7世纪时，其文化已经繁荣，佛教昌盛，形成印度以外的佛教中心。唐朝僧人义净到印度求经往返途中，先后三次到室利佛逝，并居住多年，学习梵文，翻译佛经。他甚至主张中国僧人在去印度之前先到这里研习佛法。

三、夏连特拉国家与法的起源

750年，夏连特拉兴起于中爪哇，灭诃陵，9世纪中叶又控制室利佛逝，成为当时该地区的强国，一度征服了真腊。夏连特拉王朝役使奴隶，兴建许多规模宏大的陵庙和佛塔。最有名的是在都城附近的婆罗浮屠佛塔，约建于800年，闻名于世。夏连特拉王朝在爪哇人民多次起义之下逐步走向衰弱。

---

① 许海山：《亚洲历史》，线装书局2006年版，第67页。
② （后晋）刘昫：《旧唐书》，中华书局1975年版，第82页。

第二章
古代东南亚国家与法的演进

第一节　古代越南国家与法的演进

一、北属时期越南法制的演进

所谓北属时期[①]是指自秦始皇南征至越南独立建国这一时期。时间上可以从公元前 207 年秦朝官吏赵佗占领南海、桂林及象三郡,建立南越国,至 938 年越南吴权发动起义结束中国对越南长达 1000 多年的直接统治为止。

由于几乎没有任何历史资料直接和具体地提及北属时期统治(都护)政权的律例,所以,只能笼统并粗略地对这一时期的律例情况进行描绘。

(一)法律渊源

根据中国各种古籍,以及《越史略》《大越史记全书》的记载,可

---

① 越南史书上通常把越南古代自秦始皇南征至越南建国的这一时期称为"北属时期"。

以看出，在北属时期中有两个法律渊源：一是习惯法，二是制定法。

1. 习惯法，即越南史书上所说的俗律

越人的俗律自雄王时代起就已经存在并且得到了统治（都护）政权的默认。据《后汉书》载，马援向汉朝皇帝奏曰："越律与汉律乖舛者十余事，请求对越人加以整顿，发扬光大旧制。""旧制"是汉人的事，自汉武帝时起，仍然沿用越人的旧俗进行统治。据《前汉书》载，淮南王刘安在上书汉武帝的信中也提及不能用汉人的律来统治越人，因为"自三代之盛，胡、越不与受正朔（历）"，在各种古籍中自秦朝、汉朝至隋朝、唐朝，统治（都护）政权均"以其旧俗而统治"。

北属时期得以保存下来的越人的俗律主要是乡例。由于得到统治者的默认，因此该乡例不仅是越人特有的俗律，而且成为一种法律渊源，是统治者法律的一部分。在这一时期，越人的俗律在调整越南各种社会关系方面发挥着极其重要的作用。它存在于广大的乡村，调整的对象是大多数越人居民，主要调整乡村内部的婚姻、家庭、土地关系等。

2. 中国历朝法律

北属时期中国封建社会的许多法律传入越南。在初期，中国的法律通过有效征服和实际统治在越南得以运用，但其主要调整的是郡与部之间的行政关系（秦朝时期）和郡与县之间的行政关系（西汉时期），用于约束雒将。自公元23年起，位于交趾郡的太守苏定和位于九真郡的太守任延加强了汉律的施行。在镇压了二征夫人起义之后，马援及其后来的统治者们，包括刺史、太守进一步推动中国法律在越南的实施。

北属时期，在越南施行的法律有下列几种类型：

（1）历朝皇帝所任命的位于瓯雒国的各种统治官员的律令，有关瓯雒国的纳贡、税赋事宜的规定。

（2）汉朝的《九章律》，齐国的《北齐律》，隋朝的《开皇律》《大业律》，唐朝的《唐律疏议》等。

（3）管理瓯雒国刺史、节度使、太守的各种律例。北属时期，统治者实际上只是直接控制了城镇、其政权所在地、兵营的各个周边地区和有中国公民居住的地方，因此，法律同样也只是在这些地区有效。中国的法律在当时只对生活在瓯雒国的汉人和越人贵族产生影响，且通常只是在行政、刑事、税赋方面产生影响。

（二）北属时期越南法律的内容

1. 刑事法律

据越南古籍记载，起义的首领将被处以叛乱、叛逆的罪名。对该罪名给予的刑罚主要是死刑或者流放。在镇压二征夫人起义中，除了首领被斩首外，另有300多名雒越贵族被流放到醴陵[①]。在此之前，为了镇压瓯雒国人民每一次揭竿而起的起义，赵佗都采用诸如割鼻子、在脸上刺字的刑罚。例如在杨清所领导的起义失败后，杨清及其儿子杨志贞被斩首，家产被没收。

（1）职务犯罪。关于职务犯罪，交趾郡适用汉武帝刘彻制定的六条诏书：

第一条：强宗豪右、田宅逾制，以强凌弱、以众暴寡。

第二条：享受二千石俸禄的官员不奉诏书，遵承典制，背公向私，旁诏守利，侵渔百姓，聚敛为奸。

第三条：享受二千石俸禄的官员不恤疑案，风厉杀人，怒则任刑，喜则赏，烦扰刻暴，剥截黎元，为百姓所疾。山崩石裂，妖祥讹言。

第四条：享受二千石俸禄的官员选署不平、苟阿所爱，蔽贤宠顽。

第五条：享受二千石俸禄的官员子弟恃怙荣势，请托所监。

---

① 即中国湖南省醴陵。

第六条：享受二千石俸禄的官员违公下比、阿附豪强、通行代赂、割损正令。

这些规定旨在限制在瓯雒国的汉人官吏造成纳贡公款流失和可能导致老百姓作乱、造反。

（2）贪污、腐化、收受贿赂罪。东汉时期，交趾郡的太守张魁犯受贿罪，受贿达上百两黄金；唐属时期，李寿犯贪污腐化罪，李象古犯贪污罪等，均受到严厉制裁。

（3）经济犯罪。中国封建王朝在"附属国"实行的是垄断各种珍稀物产的政策，禁止私人买卖、储藏。据《前汉书》记载，九真郡太守益昌因为"差人购买犀牛角和奴婢，窝藏赃物百万以上"而被治罪。在一系列经济犯罪中，买卖食盐、铁的行为或者非法加工食盐的行为均被视为犯罪。

2. 民事经济法律

（1）土地所有权。北属时期，土地所有权有两种形式，即国家所有权和私人所有权。中国皇帝对于各个乡村的土地和由都护政权组织开垦的屯田享有至高无上的所有权。都护政权是代表皇帝行使该所有权的人。

（2）税收法律。汉属时期，土地税是根据该土地生长什么作物则暂时收取该作物的税，没有固定的法则、律例。到了唐属时期，土地税按照租—庸—调制度予以征收。随后，租—庸—调一律转变成税，按照两季予以征收。每年征收两次，所以称之为"两税"。在南方，唐朝依据财产将每一户划分为三种类型以便收税：上户缴纳一石二斗，次户缴纳八斗，下户缴纳六斗。至于隶属于少数民族种族的每一户，则按照同一种类每一户的一半税赋缴纳。乡村集体掌握乡村土地的实际所有权。因此，对于位于乡村的土地，除了使用《汉律》调整税赋外，还使用乡村俗律为各个耕种家庭调整土地分配事宜。

位于各个屯田地区的土地通常称为国库田，由都护政权直接管理。屯田的收益大部分属于都护政权，一小部分属于耕种屯田的农奴享用。

属于私人所有的土地还很少。各种所有者的主体只能是汉人的各种官吏和地主，以及越人贵族。迄今仍未看到有关私人土地买卖、继承、转让事宜的史料。

（3）婚姻与家庭法律。自东汉起，都护政权强迫越人结婚必须依照《汉律》，结婚必须达到规定的年龄，男方20周岁至50周岁、女方15周岁至40周岁，并且要有聘礼等。可以设立对是否严格按照儒教婚姻习惯履行结婚事宜进行监察的官媒[①]。实际上，只有汉人才会遵循这些婚姻与家庭的律令，越人则我行我素，依然遵循原有的风俗习惯。

二、吴朝、丁朝、前黎朝时期的法制及演进

现存古籍中有关国家机器组织结构的情况鲜有记载，有关法律的记载更是少之又少。有关10世纪的法律，《越南历朝宪章类志》（刑律志）尚未提及。有关吴朝、丁朝、前黎朝的法律情况，在《大越史记全书》中只有些许反映。939年，吴权"制朝仪，定服色"。950年，吴昌文劝告杨吉利、杜景硕二人："我先王之德，治于民心，凡所施令，罔不悦从。"968年，丁先皇"欲威制天下。乃于朝廷上设置大鼎[②]，以及饲养猛虎，在国内下令若有违法，即受烹啮之罪"。于是人皆畏服，无有犯者，皇帝"制定朝仪"。1002年，黎大行皇帝制定法令。1009年，黎龙铤皇帝给位于爱州的军民下诏，差遣其开凿运河、修筑道路。黎龙铤皇帝"王性好杀人，茅裹火烧"，即先用茅草将人裹起来，再用火烧、钝

---

① 即管理婚姻登记的机关。
② 即油锅。

刀慢剐。他有一个宠幸的北宋戏子廖守心。这个戏子的拿手好戏并不是演戏，而是杀人。他拿一把生锈的刀慢慢肢解被害者，有时候几天才能将一个人一刀刀杀死。听到被害者的哀号声，廖守心戏谑地说："汝不惯受死。"黎龙铤则在一旁哈哈大笑，以此取乐。对于征讨蛮人抓获的俘虏，黎龙铤下令将他们关进水牢，等到涨潮的时候这些俘虏全部被淹死。①

除此之外，根据《宋史》的记载，前黎朝时期，官吏即使有小的过失也要被处以斩首，或者鞭笞100鞭至200鞭。协助工作的官员只要作出稍微让上级不悦的事就要被处以鞭笞，一般30鞭至50鞭，并贬为门卫。悔过之后才能官复原职。

虽然古籍史料来源极少且残缺不全，具有片面性，但通过这些古籍史料可以看出吴朝、丁朝、前黎朝各个王朝法律方面的一些特点：

（1）仍然大量适用中国法律。10世纪的越南处在脱离中国的直接统治并走向独立的阶段，这一时期的各个王朝都集中力量平定暴乱，以削平割据势力和防止中国对其进行收复，因此没有精力从事立法工作，仍然大量适用原来的法律，即中国的法律。

（2）这一时期已经有了成文的法律。在史书中，有的地方提及皇帝"制朝仪，定服色""颁布政令""定律例""下诏"等。然而迄今未查阅到这些法律的名称、内容等。

（3）作为一个独立国家的行政领域的习惯法逐步形成。自丁朝时期起，皇帝经常会给自己的儿子赐封王爵，在这些人当中，有的皇子被委派去镇守、统管国家疆域内的一些重要地区。每一位皇帝通常册封多名皇后，丁先皇立了五位皇后，黎大行也立了五位皇后，黎卧朝立了四位

---

① ［越南］越南社会科学院：《大越史记全书》（第2集），越南社会科学出版社2007年版，第83页。

皇后。该习惯一直延续至李朝时期。吴朝、丁朝、前黎朝时期的皇帝经常邀请高僧担任政治顾问、委以为官并且安排他们具体的工作任务。他们是"业余"的僧官，在为国家工作的时候入朝，一旦工作结束便返回寺庙。这些习惯法主要是确立和调整一些重要、急迫的领域，如官制、军事领域。

（4）法制有宽有严。众多学者认为，吴朝、丁朝、前黎朝时期的法律非常苛刻和残暴，实际上并非完全如此。越南建国伊始，纲纪尚不完备，社会秩序尚不稳定，割据势力经常会对王权发动猛烈的进攻，所以，丁朝、前黎朝统治者只能使用苛刻的手段以显示其权威，惩治反对势力，而非用于惩治人民。黎龙铤的暴虐处事行为也许只是因其性好杀戮、不仁不义、毫无人性，不可能是成文法律。况且，在所有的法律中，乡村俗律在数量、调整对象、效力和效果方面仍然占据较大的比例，保留从远古时代以来就传承下来的民主传统。面对抵御外来入侵、抗击自然灾害的需要，特别是平定各种割据势力，吴朝、丁朝、前黎王朝不得不争取各个乡村的拥护，继承此前历朝的"宽和、爱人"的国策。另一种不同的说法是，由于客观条件，当时国家与公社之间的关系是一种两合的关系，国家既有与公社对立的一面，体现在通过公社剥削公社各个成员上并且将公社看作一个剥削单位；又有代表公社的一面，体现在公社和国家的共同利益上，国家在这方面如同"广大公社之父"。因此，国家对于各种割据、反对势力所适用的法律必须苛刻，对于老百姓所适用的法律则应当"宽和、仁爱"。

（5）习惯法调整范围广泛，作用巨大。在调整众多社会关系的事宜中，除了朝廷的法律而外，俗律仍然扮演着十分重要的角色，是祖祖辈辈传承下来的各种乡村俗律。这些俗律拥有广阔的空间效力，主要调整土地、婚姻和家庭等领域的各种关系。乡村老百姓主要依照俗律生活，很少受朝廷法律的支配。

三、李朝、陈朝的法制及演进

在长达 400 年的统治中，李朝、陈朝、胡朝在空间和时间上具备实施立法并使之日趋完善、稳定，以便巩固国法纪纲的便利条件，因而这一时期越南的法制有了长足的发展。

（一）立法情况和法律文本形式

纵观这一时期的法律情况，"李陈刑法，其条贯纤悉，不可复详……今录史中所见条款，依次抄写出来以便略知大概"。[①] 虽然这一时期的法律资料大部分已经失传，但是，通过史书中零星的记载同样也可以看出古代法律内容之丰富和形式之多样。

1. 法律法典化

（1）李朝时期。李朝时期法典化的代表工程是《刑书》，于 1042 年颁布。有关《刑书》的诞生事宜，《大越史记全书》记载："颁刑书。初，天下狱讼烦扰，法吏拘律文务得深刻，甚者或至枉滥，帝为之恻然。命中书删定律令，参酌时世之所适用者，叙其门类，编其条贯，别为一代刑书，使观者易知。书成，诏颁行之，民以为便。"[②]《越南历朝宪章类志》记载："《刑书》共分三卷。《刑书》是我国的第一部成文刑书，是大越法律史中巨大成就的标志之一。"[③]

① ［越南］潘辉柱：《越南历朝宪章类志》（第 3 集），越南国家政治出版社 1991 年版，第 97 页。
② ［越南］越南社会科学院：《大越史记全书》（第 1 集），越南社会科学出版社 2007 年版，第 271 页
③ ［越南］潘辉柱：《越南历朝宪章类志》（第 2 集），越南国家政治出版社 1991 年版，第 105 页。

（2）陈朝时期。陈朝统治时期，《越南历朝宪章类志》记载：1230年，陈太宗"编撰《国朝刑律》一书，考查前朝的各种律例"①。《大越史记全书》记载：1230年，"考查前朝的各种律例，决定制定国朝的通制和修订礼仪律，共20卷"；1244年，"制定刑法各条款"；1341年，"差张汉超和阮忠彦编撰《皇朝大典》和考证《刑书》"。《大越史记全书》还记载：陈朝分别于1230年、1244年、1341年分三次对刑律进行了起草、修订，而历朝的记载则只有两次，分别是1230年、1244年。因此，可以这样认为：陈朝起码有两部或者三部刑律，包括上述最值得信任的两卷古籍史料均第二次记载（1244年）"定有关刑律的方法"或者"定有关刑律的条款"，而没有"法典"这一名词。也许陈朝只有一部刑律，曾经对该刑律进行过多次修订、勘误，因此，同样无法具体确定该刑律诞生的年代。这样的立法现象经常可以在其他各个王朝中看到。②

根据《大越史记全书》的记载，在胡朝统治时期，1401年"汉苍定大虞国的官制和刑律"③。该刑律是新颁布的刑律或只是对陈朝所颁布的《刑书》进行修订、补充则不得而知，因为古籍史料上没有明确记载。

李朝时期和陈朝时期的两部《刑书》均是综合性的法典而不仅仅只是刑法，这两部《刑书》均已失传。

2. 会典

根据《大越史记全书》《越南历朝宪章类志》《钦定越史通鉴纲目》的记载，在陈朝统治时期，除了《刑书》而外，还有以下律例：

---

① ［越南］潘辉柱：《越南历朝宪章类志》（第3集），越南国家政治出版社1991年版，第126页。

② ［越南］越南社会科学院：《大越史记全书》（第1集），越南社会科学出版社2007年版，第285页。

③ ［越南］越南社会科学院：《大越史记全书》（第1集），越南社会科学出版社2007年版，第294页。

（1）1230年颁布施行的《国朝通制》，共计20卷，主要规定关于官吏组织结构和行政制度的内容。

（2）1230年颁布施行的《国朝常礼》，共计10卷。

（3）1341年颁布施行的《皇朝大典》。

（4）1267年颁布施行的《皇朝玉牒》。

（5）1290年颁布施行的《公文格式》。

陈朝的上述律例集可以看作会典的形式，但均已失传。

3. 诏书、谕旨

除了上述法典和会典外，李朝、陈朝的诸位皇帝还颁布了众多的诏书、谕旨，其中有一些重要的诏书已经载入古籍史料。[①]

（二）法律原则

1. 一切违法行为均通过刑罚予以惩治的原则

封建法律体系一个显著的特点是各种违法行为均通过刑事制裁予以惩治。李朝、陈朝统治时期，各类诏书、法令中规定适用刑罚的有27条，其中属于刑事领域违法行为的有17条，属于民事领域违法行为的有5条，属于婚姻家庭领域违法行为的有2条，其余则是属于行政管理领域内和其他各个领域内的违法行为。

2. 以钱赎罪的原则

这项原则适用于特定的人群，如年迈之人、体弱多病的人、残疾人、少年儿童，也适用于各类犯罪行为，但十恶之罪除外。1071年颁布的诏书规定可以依照不同的等级以钱赎罪。1397年颁布的"限田"诏

---

① ［越南］潘登清、张氏和：《越南定制及法权史》，越南国家政治出版社1995年版，第89页。

书规定准许使用田地赎罪。[①] 该项原则在某种程度上体现了李朝、陈朝、胡朝独特法律体系和封建法律体系总体的人道思想。

3.连坐原则

连坐的范围是家庭成员和邻居。陈朝的法律规定首次犯盗窃罪处以杖八十、在脸上刺上"盗贼"二字的刑罚，按照所盗财物的9倍予以赔偿，如果不予赔偿则强制其妻儿为奴，再犯则处以砍手、刖足，第三次犯盗窃罪则处以斩首。[②]

（三）刑法

1.五刑

五刑体系在李朝和陈朝统治时期所颁布的两部《刑书》中予以规定，在其所颁布的各道诏书中同样也有适用五刑中部分刑罚和刑罚等级的规定。李朝、陈朝、胡朝中予以规定的五刑是自唐朝时期起得以稳定但是在内容上有所变化的中国法律的古典五刑体系。[③] 五刑包括：

（1）笞刑：用鞭子抽打的刑罚；

（2）杖刑：用棍棒抽打的刑罚；

（3）徒刑：强制囚犯劳役的刑罚；

（4）流刑：将囚犯流放到边远地区的刑罚；

（5）死刑：斩首的刑罚。

尽管如此，在古籍史料中尚未看到李朝、陈朝统治时期有任何情形提及用鞭子抽打的刑罚。各道诏书尚未反映笞刑刑罚和流刑中设置几项

---

① ［越南］《越南历朝诏书》，越南国家图书馆资料，第102页。

② ［越南］潘辉柱：《越南历朝宪章类志》（第3集），越南国家政治出版社1991年版，第134页。

③ ［越南］潘辉柱：《越南历朝宪章类志》（第3集），越南国家政治出版社1991年版，第141页。

具体的等级。在李朝、陈朝的法律中，有关徒刑刑罚的内容与唐朝法律中徒刑刑罚的内容差别很大。例如，1042 年颁布的关于都护官员逃匿的处罚事宜的诏书，1117 年颁布的诏书，1125 年颁布的诏书等。在这些诏书中均规定男犯人贬为犒甲 [①] 的各种处罚等级，以及女犯人贬为桑室妇的各种处罚等级。至于刺字的刑罚、杖刑的刑罚则通常视徒刑的刑罚程度而定。

2. 刑罚等级

陈太宗统治时期的徒刑刑罚具体记载了下列各种等级：

（1）重刑：被判处徒刑的囚犯必须在杲社 [②] 为奴耕种田地，每人必须耕种三亩公田，每年上交 300 升稻粟，在脸上刺上六个字。

（2）轻刑：被判处徒刑的囚犯必须流放充军服牢城兵者徒刑，在额头上刺上四个字，强制其在升龙城、凤城和四厢军从事杂役。

因此，按照陈朝的法律，刺字的刑罚视服耕种田地徒刑或者在军队中服役服徒刑的处罚程度而定。在随后的后黎朝的法典中，关于李朝、陈朝法律徒刑刑罚的各项规定得以继承、发展和完善。

3. 流刑的等级

1044 年颁布的诏书规定对于逃匿的官员依照三个等级（即流放里程分二千里、二千五百里、三千里）予以处罚，还有同一年颁布的另一份诏书则是罚某一个人看守丝绸仓库，如果贪污则判处流刑 10 年。[③]

4. 其他刑罚

（1）罚金。据《大越史记全书》记载，1326 年，因为有诬告刑官范遇和黎维收受贿赂，张汉超被罚钱 300 贯。

---

① 即在军队中服务。

② 即今天的河西省怀德县日杲社。

③ ［越南］《越南历朝诏书》，越南国家图书馆资料，第 143 页。

（2）刺刑，即在身体上刺字。该刑罚通常是其他刑罚的附加刑，普遍适用于多种犯罪行为，如 1042 年、1043 年、1044 年、1392 年颁布的诏书。①

（3）砍手、刖足，即斩手指、脚趾（1320 年颁布的诏书）。陈朝的法律规定，再犯盗窃罪则处以砍手、刖足。如同刺字的刑罚一样，该刑罚在身体上永远留下痕迹，旨在让所有人都能分辩并且要对那些曾经犯过罪的人提高警惕。

（4）没收财产。1392 年、1396 年颁布的诏书。②

（5）贬职或者革职。它是附属于犯罪官员主刑的附加刑。其中贬职适用于犯罪行为轻微的官员，革职适用于犯罪行为严重的官员。1398 年颁布的诏书准许被贬职或者丧失职务的囚犯用田赎罪。③

（6）剥夺姓氏、国姓。在已经颁布的各道诏书中虽然尚未看到有关该刑罚的规定，但是，通过古籍史料所记载的众多案件可以看出，与各种谋反罪、谋大逆罪、谋叛罪一样，该刑罚同一种附加刑一样予以适用。

5. 罪名

概括古籍史料中所记载的各道诏书和各种案件，李朝、陈朝、胡朝时期的法律规定了以下主要罪名④：

（1）十恶之罪。十恶之罪源于中国的法律，自齐朝（479—502 年）时期设立，在隋朝的法典中作了规定，唐朝的法典作了完整充分的规定，后来的各个朝代仍然保留了该罪名。十恶之罪属于越南封建法律体系中罪大恶极的类型。李朝、陈朝、胡朝统治时期的法律资料没有具体

---

① ［越南］《越南历朝诏书》，越南国家图书馆资料，第 148 页。
② ［越南］《越南历朝诏书》，越南国家图书馆资料，第 130 页。
③ ［越南］《越南历朝诏书》，越南国家图书馆资料，第 137 页。
④ ［越南］《越南历朝诏书》，越南国家图书馆资料，第 141 页。

的内容，但在后来的黎朝的法律中有该罪名详细的规定。

（2）禁卫犯罪。包括违反保卫宫禁事宜的行为。

（3）职务犯罪。

（4）涉及军事方面的犯罪。

（5）杀人罪。李仁宗皇帝在 1125 年颁布的诏书中规定："凡殴人死者则徒犒甲，杖一百，刺面五十字。"[①] 陈朝统治时期有"杀人者必须偿命"。[②]

（6）殴人罪。1129 年、1142 年颁布的诏书，其中陈朝的法律规定"同族互殴致人受伤则对先动手打人的人治罪"[③]。

（7）抢劫、盗窃罪。在李朝统治时期，1028 年、1043 年颁布的各道诏书规定对于抢劫民众财产的抢劫罪必须予以治罪；1042 年 7 月颁布的诏书、1399 年颁布的法令规定对于盗窃公家的牛和城池竹笋的盗窃罪必须予以治罪。陈朝的法律规定"强盗必须处以斩首"；"首次犯盗窃罪处杖八十、在脸上刺'盗贼'二字的处罚。所盗物品则按照盗一赔九的规定予以赔偿，如果不予赔偿则强制其妻儿为奴。再犯则处以砍手、刖足，第三次犯盗窃罪则处以斩首"。[④]

（8）通奸罪。通过各种古籍史料还可以看出，李朝、陈朝、胡朝时期的立法者已经注意到了行为的意志因素，所以，从一开始就将故意犯

---

① ［越南］潘辉柱：《越南历朝宪章类志》（第 3 集），越南国家政治出版社 1991 年版，第 95 页。

② ［越南］越南社会科学院：《安南志略》（第 1 集），越南教育出版社 1960 年版，第 362 页。

③ ［越南］越南社会科学院：《安南志略》（第 1 集），越南教育出版社 1960 年版，第 363 页。

④ ［越南］越南社会科学院：《越南封建制度历史》（第 1 集），越南国家图书馆资料，第 363 页。

罪和过失犯罪区分开来，如李朝时期，1043 年颁布关于买卖"黄男"的诏书；陈英宗皇帝时期，1301 年陈时见案等，开始有了共犯的概念。

6.刑事责任能力、自首、减免刑罚

通过对 1268 年、1309 年及以后的各类案件的诏书的研究，可发现这一时期越南对于患有规定疾病或者主动自首情形的未决犯予以减免刑事责任等也开始予以关注。

（四）民法

通过史书记载的李朝、陈朝、胡朝时期颁布的各道诏书、法令和各项土地政策可以看出，这一时期的越南法律首次针对所有制、合同等民法的重要制度作了规定。

1.所有制

在封建制度中，所有制主要是土地所有制，因为它是基本生产资料。古籍史料记载，这一时期在越南有两种所有制制度：土地的皇帝所有和私人所有。

（1）皇帝所有。属于皇帝所有的土地包括的种类众多，分别是：国有土地、村社集体土地、寺庙专用土地。这些土地的所有权属于皇帝。凭借全国土地最高所有权人的身份，皇帝拥有收税或者将土地赐封给王侯、贵族、寺庙等的权利，但是，这些享受赐封的人无权买卖、交换土地；无权传子留尊，即他们只有使用权而没有所有权。

（2）私人所有。通过 1135 年、1142 年、1145 年、1237 年、1254 年、1292 年、1320 年颁布的诏书可以看出，国家正式认可了土地私人所有。李朝、陈朝时期，国家保护私人所有权，保护各个所有人的合法权益，还保护私人对其他各类财产的所有权。①

---

① ［越南］《越南历朝诏书》，越南国家图书馆资料，第 151 页。

（3）所有权、占有权、使用权、处分权。一条相当有趣的条款是自李朝时期起，尽管还尚未完善，但是规定所有权的内容与各种占有权、使用权、处置权可相提并论。从1142年颁布的诏书可以看出，如果土地的所有权人让其他人占有和使用自己的土地超过一年将会丧失所有权。越南的法律已经认可只有所有权人才有权处置属于自身所有权的财产；被赋予管理任何物品的人均无权处置该物品；某个人由于一个不是该物品的所有权人给予、赠予、出售从而获得该财产则同样也不可能成为该财产的合法所有权人，"土地则有主；掌管员们将土地擅自交给他人并逃匿则该土地便变成了主人盗窃的物品。事主如果擅自私下购买则不可饶恕且盗窃或者藏匿财产则法律同样也是予以禁止的。何况现在又将私下赎买的土地献上来以致玷污了皇帝的簿册"①。

上述各种古籍史料和1320年10月颁布的各道诏书共同证明了大越的法律已经认可所有权人的各种权能并且保护所有权人的合法权益。

需要说明的是，皇帝的所有权（国家所有权）是绝对权；私人的所有权（对于土地和其他财产）受到了皇帝所有权的限制。历史记载，在高宗统治时期，1205年，"诸两人相争田地产物而一人进纳者，不问其情理曲直，皆以没官"②。这是李朝、陈朝、胡朝统治下所有权的一个特点。在后黎朝、阮朝各个王朝的法律中，该特点得以继续发展并规定得更加具体。

2. 合同

自李朝起，土地私有制得到了国家的认可和保护，甚至鼓励大力发

---

① ［越南］潘辉柱：《越南历朝宪章类志》（第3集），越南国家政治出版社1991年版，第95页。

② ［越南］越南社会科学院：《大越史记全书》（第2集），越南社会科学出版社2007年版，第179页。

展。土地变成一种最具有价值，可以交换、转让的商品。因此，李朝、陈朝时期的法律注重调整土地的买卖、转让关系。李朝、陈朝时期的法律将其划分成两类合同，即买断合同和典当合同。

（1）买断合同。如果是买断合同则出售人不得要求赎回，任何人如果故意要求赎回则处以杖八十的刑罚。①

（2）典当合同。在典当合同中，法律规定了典当的时限，最长是20年。②

这两类合同均应在书面即文契形式下履行。对制作文契的格式也作了详细的规定。1292 年 3 月颁布的诏书规定，买断文契或者典当文契必须制作成相同的两份，买卖、典当双方各执一份。1237 年 1 月颁布的诏书规定，在制作土地买卖文契和借款文契时，证人应当在前三行按手印，卖主应当在后四行按手印。1304 年，陈朝规定得更加明确清楚的是在文契上按手印时，应当使用左手无名指第二关节。在两张纸的骑缝处按手印时，要在每一张纸上留有一半的手印。③

（3）民事争议的解决。这一时期的法律开始关注调整土地纠纷事宜。1142 年 11 月颁布的诏书规定，在 5 年或者 10 年之内发生的纠纷均有权起诉。在因为田地、池塘与他人发生纠纷时，不得倚仗有权有势之人提供帮助，违者处以杖八十的刑罚，判处徒刑（1444 年颁布的诏书）；对非法强争者处以杖六十的刑罚（1147 年颁布的诏书）。对故意胡搅蛮缠者处以田地价格双倍罚款的处罚；对伪造文契者则处以剁掉左手一节手指的处罚（1320 年颁布的诏书）。④

---

① ［越南］《越南历朝诏书》，越南国家图书馆资料，第 164 页。
② ［越南］《越南历朝诏书》，越南国家图书馆资料，第 170 页。
③ ［越南］《越南历朝诏书》，越南国家图书馆资料，第 175 页。
④ 此处原文为："诏凡争田土，勘问不是以物而强争者反坐，计田宅钱数倍还之。若假立文契，刖左手一节十。"

3. 继承制度

李朝、陈朝统治时期私有制的发展必然导致继承关系的发展。但是，遗憾的是由于资料稀少，我们无法知道这一时期继承制方面的详细情况。1237 年 1 月颁布的诏书规定："凡是在立遗嘱、制作田地买卖文契和借款文契时，证人应当在前三行按手印，卖主应当在后四行按手印。"① 据此，陈朝统治时期的法律已记载书面遗嘱形式下的遗嘱继承并且规定了立遗嘱的所有程序。死亡公民一旦遗留下财产，其子孙的遗产继承权受陈朝法律的保护。《大越史记全书》载："权贵者死亡，财产一属子孙。"② 后来，陈裕宗下令"检点财产"，但是，1371 年 2 月，陈艺宗废除了"检点财产"之法令。

虽然"东方法律经常不知道论及民法和对于各种契约规定得十分笼统"③，但是在李朝、陈朝、胡朝统治时期，民事法律领域内的各项基本原则为之后各个朝代民事领域基本原则的发展奠定了基础，满足越南各种社会经济关系发展的需求。

4. 婚姻家庭制度

李朝、陈朝法律有关婚姻家庭领域方面的规定非常少。1128 年 2 月、1130 年 4 月颁布的诏书规定，禁止官吏、王侯、公主的家奴与官吏和良民的闺女结婚。在陈朝统治时期，由于儒教影响日益深入，出台了一些巩固家长父权家庭制度的规定。④ 1315 年，陈明宗下诏禁止父子、夫妻和家奴相互告发。《安南志略》记载："淫妇断归其夫为婢许自典

---

① ［越南］越南社会科学院：《大越史记全书》（第 2 集），越南社会科学出版社 2007 年版，第 15 页。

② ［越南］越南社会科学院：《大越史记全书》（第 2 集），越南社会科学出版社 2007 年版，第 179 页。

③ ［越南］《武文牧文集》（第 1 集），越南国家图书馆资料，第 175 页。

④ ［越南］《越南历朝诏书》，越南国家图书馆资料，第 183 页。

卖。"① 女人一旦有外遇则处以回家为丈夫当奴婢且允许其丈夫随意将其卖掉或者将其典当。

李朝于 1042 年 11 月颁布的诏书中提到了十恶之罪。据《安南志略》记载，陈朝的法律对十恶之罪中的一些罪名作了规定。李朝、陈朝统治时期的两部刑书就有十恶之罪，这一时期的法律已经确立、巩固并捍卫家长夫权的家庭制度，提高家庭中父母、丈夫及长辈的权利。尽管如此，从皇族中内族婚姻制度仍可以看出，宗族中儒教的苛刻礼仪尚未对大越家庭和社会制度形成较多的影响。

（五）李朝、陈朝法制的特点

1.刑罚惩罚程度与犯罪行为、犯罪后果不相称且尚未区分故意犯罪和过失犯罪

1142 年 12 月颁布的诏书规定，凡是殴打造成他人死亡或者造成他人受伤均处以杖八十，判处徒刑。1125 年颁布的诏书规定："诏凡殴人死者，杖一百，刺面五十字，徒犒甲。"陈朝统治时期则有这样的规定：杀人必须偿命；第二次犯盗窃罪则处以砍手、刖足；第三次犯盗窃罪则处以斩首，有时则使用大象踩踏的形式予以处罚。"李朝的刑罚失之于宽，陈朝的刑罚失之于严。轻重与标准不符。"②

2.法律注重调整个人之间各种重要的经济关系和保农业生产

1042 年 7 月、1056 年 4 月、1117 年 2 月、1288 年 4 月颁布的诏书体现这种思想。从土地转让关系所滋生出来的有关土地纠纷同样也得到

---

① ［越南］越南社会科学院：《安南志略》（第 1 集），越南教育出版社 1960 年版，第 258 页。

② ［越南］潘辉柱：《越南历朝宪章类志》（第 3 集），越南国家政治出版社 1991 年版，第 129 页。

国家及时调整以稳定社会，利于老百姓安居乐业。值得注意的是，这一时期颁布了许多道诏书以遏制各种纠纷，为土地纠纷迅速得以调解和保护所有者的合法权益奠定法理基础。1135 年 6 月、1142 年 12 月、1143 年 9 月、1147 年 6 月、1227 年、1237 年 1 月、1292 年 3 月、1299 年 9 月、1304 年 9 月、1320 年 10 月、1323 年 8 月、1371 年 2 月颁布的各道诏书就是为了达到这个目的。

3. 这一时期的法律体现民族独立、自主性，有逐步摆脱古代中国法律影响的趋势

李朝、陈朝各个王朝的历史、法律条件，特别是在刑事和行政、礼仪领域内深受中国封建法律的影响，但是，有关国家组织、民事等方面的众多规定明确地体现了其民族独立和自主性。从颁布的各道诏书中有关立文契的规定可以看出，其逐步与越南民众的经济条件和生活方式相适应。1374 年 10 月颁布的诏书中有禁止军民按照北方人的模式着装、梳头，禁止仿效占城国、老挝国的语言，旨在提高民族特色。陈朝法律的民族独立、自主性规定还可以通过陈艺宗皇帝的"先朝立国，自有法度，不遵宋制，盖以南北各帝其国，不相袭也"[①]的立法观念得以体现。这种法律规定被后来的黎朝法律予以继承和发展。

四、越南 15 世纪至 18 世纪的法制

这一时期的越南，社会动荡，国家政权不断更迭，先后历经黎朝、南北朝、塘中—塘外时期和西山政权等朝代或割据政权，但立法活动十分活跃。

---

① ［越南］张金莲：《〈大越史记全书〉中的法律史料》，载《法律文献信息与研究》2008 年第 2 期。

（一）越南 15 世纪至 18 世纪的立法活动

1428 年至 1802 年，一方面，越南封建国家不断制定和完善法律；另一方面，因为各个朝代和每一个王朝的社会政治情况有所变化，所以，法律的发展情况也有所不同。

黎太祖登上皇位之后，着手建立国家机器和进行立法事宜，颁布了一系列谕旨、敕旨，更多的是关于官制、土地、税赋、军队等方面的规定。例如：根据《越南历朝宪章类志》记载，顺天第一年（1428 年），"帝与大臣共议定官员路镇及要害处镇守官，并词讼律令"①。自黎太祖至黎太宗、黎仁宗，他们颁布的众多法律得以施行。其中，最值得注意的是关于土地方面的律例，后来被收录《国朝刑律》中的"田产编"。

黎朝的法律直到黎圣宗②时代才发展至辉煌。在黎圣宗皇帝的统治下，众多律例得以颁布施行并且保存至今。其中集系统化法律于一身的当数《天南余暇集》，共 100 卷。特别是《国朝刑律》一书，许多学者认为大部分是在黎圣宗时代得到补充完善的。

在南北朝时期，由于战争蔓延，因此立法活动很少受到重视。莫朝似乎没有变更黎朝时期业已完善的原有法律体系的打算。位于清化的中兴黎朝同样也不具备制定新法的条件，而是仍然沿用老祖宗的法律。从建立大业直至击败莫氏，黎朝的皇帝似乎只注重颁布一些军律条令。例如：1592 年，在向升龙发起进攻时，郑松就以黎朝③皇帝的名义颁布了针对军士的三条禁令："一不得擅入民家，托取柴菜；二不得掳掠财物，

---

① ［越南］潘辉柱：《越南历朝宪章类志》（第 3 集），越南国家政治出版社 1991 年版，第 142 页。

② 黎圣宗是一位在位近 40 年的明君。

③ 这一时期是指越南历史上郑氏政权所控制的后黎朝后期。

斩伐生花；三不得胁奸妇女及私仇杀人。"明确不得进入老百姓家中取食品和柴禾，不得抢夺财物和砍伐树木，不得强奸妇女和因为私仇滥杀无辜，违者将会被处以斩首示众。

在塘中—塘外①时期，法律各有其特点。塘外的法律具有下列三个值得注意的特点：一是虽然经过修订和补充，但是仍然沿用了黎朝初期的法律，适用《国朝刑律》。二是虽然郑主②是越南南北朝（1533—1592年）及郑阮纷争期间的四个政体之一，由郑氏家族掌政，历十三代统治，但是在颁布法律时，大部分均以黎朝的诏书、圣旨、敕旨、谕旨的名义颁布。三是战争导致老百姓居住分散，土地纠纷频发，位于村社的土豪劣绅、贪官污吏的所作所为滋生了很多告状案件，因此，新颁布的律例主要是关于诉讼的律例。如果盘点《越南历朝宪章类志》中所提及的法律文本数量，则在整个黎朝所颁布的29部单行法律文本中，可列举出多达23部法律文本是关于诉讼的，其中光是属于位于塘外的中兴黎朝时期就有15部法律文本。例如：1645年颁布施行的《差捕律例》、1653年颁布施行的《各级诉讼程序的法令》、1660年颁布施行的《核查诉讼的法令》等。特别值得一提的是，塘外封建国家制定了一部关于诉讼的专用法典即《国朝勘讼条例》。

位于塘中的阮主③的法律情况在史书中几乎找不到记载。一方面，也许是阮主们仍然沿用黎朝初期所颁布施行的众多律例。另一方面，由于塘中社会有所不同，因此需要制定一些新的律例。诸如在行政组织结构方面设三司：舍差司、将臣吏司和令史司，同时附带颁布施行关于其职能、权限的规定律例；颁布施行关于土地方面的新的律例以鼓励开垦

---

① 越南古代历史的一个特殊时期。

② 有时也称"郑朝"或"郑氏政权"。

③ 也称"阮氏政权"。

荒地，设立各种新的行政单位，例如：1618 年，阮主阮福源颁布一道保护私人所有制的法令。据此，那些拥有钱财和开发荒地劳动力的人就有权将荒田荒地变成私有田地。这种保护为塘中地区所有制的大力发展创造了条件。

在西山朝①朝代，颁布施行的律例旨在安民、稳定社会、恢复经济。最具代表性的是劝农、开办学堂的诏书，强制使用喃字的法令和一些有关各税赋方面的律令。根据发现的一些资料记载，1795 年，刑部尚书黎公勉奉阮光缵皇帝之命在参考《洪德法典》②和清朝的律例后编撰了《刑书》，但是，非常遗憾的是这部法典已失传。总的来看，由于西山朝存在的时间较短暂，又要集中力量于战事，尚不具备立法的便利条件，因此在众多的领域中仍然沿用黎朝的律例。

（二）主要法律文本

15 世纪至 18 世纪的法律文本不仅数量多，而且形式多样，如诏、敕、谕、令、例、制、诰等。立法者十分注重集合化和法典化。在越南封建法律史中，没有哪一个时期像这一时期有这么多的会典集。有的会典集只是史书上提到其名称，但是已经失传。在那些至今仍然得以流传的会典籍中，有一些，我们知晓其编撰完成的大致时间；有一些，并不知晓其是在哪一个时间段编撰完成的。一些会典集涵盖一个或者若干个王朝的多部法律文本，一些会典籍所汇集的众多王朝的法律文本只是对社会生活中一个或者两三个领域作了规定。仅黎朝时期就有如下会典籍：

---

① 西山朝，是越南历史上的一个朝代。
② 亦称《洪德刑律》《洪德律》《黎朝刑律》《国朝刑律》等。为便于理解，后文统称为《国朝刑律》。

（1）《天南余暇集》，共计 100 卷，在洪德时期编撰完成。该部书只保存下来一些记录黎圣宗皇帝所作的部分诗篇的抄本，记录有关攻打占城战事的抄本，特别是记录与光顺和洪德年号相关的部分令、例的抄本。①

（2）《洪德善政书》，按照武文牡教授的说法，该书成于 1541—1560 年。②

（3）《国朝书契格式》成书于何年，不详。该书记载了一些文契格式，如遗嘱，土地典当文契，租用土地文契，收养养子、养女的文契格式。在这些文契格式中，均记载了统元年号（黎恭皇帝 1522—1527 年的年号）。③

（4）《国朝诏令善政》成书于黎裕宗（1706—1729 年）年代。这部书由一些律例组成，依照六部的权限予以设置。④

（5）《黎朝会典》成书时间不详。这部书由一些律例组成，依照六部的权限予以设置。⑤

总的来看，15 世纪至 18 世纪的法律不仅数量庞大，而且在法律文本的形式上更加丰富，调整的领域更加多样化。

---

① ［越南］《越南 15—18 世纪法律文本译本汇编》，越南政治出版社 1987 年版，第 89 页。
② ［越南］《国朝刑律》，西贡法律大学译，越南国家图书馆资料，1959 年编印，第 141 页。
③ ［越南］《国朝刑律》，西贡法律大学译，越南国家图书馆资料，1959 年编印，第 147 页。
④ ［越南］《国朝刑律》，西贡法律大学译，越南国家图书馆资料，1959 年编印，第 163 页。
⑤ ［越南］《越南 15—18 世纪法律文本译本汇编》，越南政治出版社 1987 年版，第 98页。

五、以唐律为蓝本的《国朝刑律》

《国朝刑律》是越南迄今为止得以完整保存下来的最古老的一部法典。这部法典的文本保存在河内汉喃研究院。该研究院现存的两部木刻版本书名均为《国朝刑律》。除此而外，还尚存一部手抄本，虽然书名为《黎朝刑律》，但是，其内容就是《国朝刑律》的手抄本并且是由后人抄录的。

其中，编号为 A.341 号的《国朝刑律》是更加完善的木刻印本并且被看作最具有价值的法典文本。这部法典共有 6 卷，在毛边纸上木刻刊印而成，共计 129 页，装订成一册。这部法典没有署名作者是谁，没有标注编撰年代以及出版年代，没有序言及其他注释。这部法典的原版封面已经遗失并且被一张使用毛笔题写有 "国朝刑律" 四个汉字的封面所取代。这部法典的内容被《越南历朝宪章类志》(刑律志)收录，但是，在共计 722 条的条款中缺少了 143 条。

20 世纪初，《国朝刑律》被翻译成法文。直到历经近半个世纪之后，该部法典才首次被翻译成越南语。[①] 后来，越南史学院又重新组织将这部法典翻译成越南语并且翻译得更加准确。[②]

有关文本学的各种基本要素如这部法典的作者、年代以及这部法典的正统书名，不仅法典的各种尚存文本，甚至就连古籍同样也没有翔实的记载。关于这些问题，从古至今学者们一直争论不休。尽管如此，各种研究成果表明，《国朝刑律》可能是黎太祖时期予以颁布施行的，在黎朝初期多个王朝中得以修订、补充、完善，其中以洪德作为年号的黎

---

① ［越南］：《国朝刑律》，西贡法律大学译，越南国家图书馆资料，1959 年编印，第 176 页。

② 该书由越南法理出版社 1991 年出版。

圣宗作了巨大的贡献。法典在黎末时期的各个王朝中得以继续补充和重新刻印。[1]

（一）法典的结构

根据编号为 A.341 号的汉字版本和史学院的译本，《国朝刑律》共有 6 卷 13 章 722 条。除此而外，在列入章节、条款之前，一开始，《国朝刑律》绘制了有关守孝的各种项目和丧服，以及各种刑具（鞭子、杖、枷、铁链）规定的各类图表。各个章节、条款的具体布局情况如下[2]：

（1）"名例"篇，共计 49 条。规定了对其他各个章节、条款内容具有支配性质的基本原则。例如关于十恶、五刑、八议、以钱赎罪等事宜的规定。

（2）"卫禁"篇，共计 47 条。主要规定关于护卫、警卫宫廷、京城事宜，关于禁卫犯罪的法律。

（3）"违制"篇[3]，共计 144 条。主要规定关于对官吏的违法行为、对职务犯罪行为予以惩罚的法律。

（4）"军政"篇，共计 43 条。主要规定关于对将士的违法行为、军事犯罪行为予以惩罚的法律。

（5）"户婚"篇，共计 58 条。主要规定关于对户籍、户口、婚姻—家庭以及这些领域内的各种犯罪的法律。

（6）"田产"篇，共计 32 条。在本章的末尾处，补充、增加了"新近增加的田产"部分（有 14 条）、补充增加了"香火律"（有 4 条）和

---

① ［越南］黎氏山主编：《〈国朝刑律〉形成历史——内容与价值》，越南社会科学出版社 2004 年版，第 87 页。

② ［越南］越南社会科学院：《国朝刑律》，越南法理出版社 1991 年版，第 142 页。

③ 有的资料将其称为"职制"。

"斟酌补充香火律"（有 9 条）。这三部分是在黎朝后续的各个朝代得以补充的。因此，本章共计 59 条，主要规定关于土地继承、香火土地以及这些领域内犯罪的法律。

（7）"通奸"篇，共计 10 条。规定奸淫罪的法律。

（8）"贼盗"篇，共计 54 条。在封建制度中，那些叛国投敌的犯罪分子同样也经常被称为贼盗。因此，"贼盗"篇不仅规定了一般的盗窃罪，还规定了一些政治重罪如叛国投敌罪。除此而外，本章还规定了一系列杀人罪的法律。

（9）"斗讼"篇，共计 50 条。规定有关互殴伤害的一系列犯罪以及有关诉讼程序方面的诬告、凌辱罪的法律。

（10）"诈伪"篇，共 38 条。规定各类伪造、欺骗罪的法律。

（11）"杂律"篇，共 92 条。规定不能纳入其他各个章节的犯罪的法律。

（12）"捕亡"篇，共有 13 条。规定抓捕、追捕现行犯或者逃逸犯以及这些领域内犯罪的法律。

（13）"断狱"篇，共有 65 条。规定审理案件、关押罪犯事宜以及这些领域内犯罪的法律。

可以看出，《国朝刑律》是一部综合性的法典，涵盖众多不同领域内的不同律例，诸如刑事律、民事律、诉讼律、婚姻家庭律、行政律等方面的法律规范。①

（二）《国朝刑律》的原则及主要制度②

在《国朝刑律》中，刑律是重要的内容并且具有主导性质，涵盖整

---

① ［越南］越南社会科学院：《国朝刑律》，越南法理出版社 1991 年版，第 145 页。
② ［越南］越南社会科学院：《国朝刑律》，越南法理出版社 1991 年版，第 146 页。

个法典。纵观各部封建法典，也没有任何单独的章节、条款对各种法理概念、原则作出规定，但是，《国朝刑律》的内容体现了下列一些主要原则：

1. 依法审判原则

根据《国朝刑律》第 683 条的规定，在案件判决中，论罪时，审判官必须正确援引有关该罪犯的表述条律，不得擅自增减。特别是《国朝刑律》第 722 条规定，刑官在定罪名时，必须依照律中的条款，不得擅自增减或者援引其他条款。《国朝刑律》第 685 条规定，帝王的敕令，只针对所指个案，不得作为以后案件审判的依据。综合上述规定的含义，可以这样理解：只有在法典中对该罪名作出规定时才能判罪入刑，不得擅自增减处以其他各种罪名；只有在法典已经对该犯罪行为作了规定的情形下才能适用刑罚。[①]

2. 疑罪从轻原则

根据《国朝刑律》第 708 条的规定，如果在审理犯罪行为时认为有所怀疑，则可以依照该罪而减轻处罚。[②]

3. 八议制度首次入律

《国朝刑律》第 3 条照抄了《唐律》中的八议制度。八种具有特殊身份的人犯罪时，可以报请皇帝或者朝廷议决，减轻或者免除罪犯所实施的犯罪行为应处的刑罚。[③] 八议包括：

（1）议亲。谓皇帝之袒免以上亲（五服之内的皇亲国戚）、皇太后缌麻以上亲（守孝三个月）、皇后小功以上亲（守孝五个月以上）。

（2）议故。谓故旧之人，指长期追随、协助皇帝工作过的或者自前朝起就协助皇帝工作过的故友、老友。

---

① ［越南］越南社会科学院：《国朝刑律》，越南法理出版社 1991 年版，第 148 页。

② ［越南］越南社会科学院：《国朝刑律》，越南法理出版社 1991 年版，第 151 页。

③ ［越南］越南社会科学院：《国朝刑律》，越南法理出版社 1991 年版，第 154 页。

（3）议贤。谓有大德行者。

（4）议能。谓有大才能者。

（5）议功。谓有大功勋者。

（6）议贵。谓担任职事官三品以上的官员，赐封二品以上爵位的散职（闲散官职，如学官职务、翰林职务）官员。

（7）议勤。谓勤劳勤勉者。

（8）议宾。谓承先代之后为国宾者。

议决、减轻或者免除刑罚的内容在《国朝刑律》第4条、第5条、第8条、第10条中作了规定。据此，属于"八议"范畴的人员、犯十恶之罪者除外，如果犯死罪则负责审理案件的官员必须清楚明白地呈报罪状及其应当适用何种刑罚，制作成奏章禀奏以便皇帝裁定；如果犯流刑以下的罪则可以减一等论罪，属于"议亲"范畴的人员可以免除笞刑、杖刑、在脸上刺字（只有皇后以上亲才准许以钱赎罪）。倘若罪犯可以享有多种等级的议决、减免刑罚则只能按照减免最多的等级减免而不是全部减免。"八议"制度源于中国的《唐律》，在越南首次被写进黎朝的法典。

4. 对老人、儿童、残疾人、妇女予以照顾原则

《国朝刑律》第16条规定，对于70周岁以上的老年人、15周岁以下的未成年人或者残疾人，一旦犯流刑以下的罪均准许以钱赎罪，犯十恶之罪者除外。对于80周岁以上老年人、10周岁以下的未成年人或者恶疾患者，如果犯叛逆罪、杀人罪，罪有应得应当判处死刑则同样也要禀奏以便皇帝裁定，倘若犯盗窃罪和殴人致伤则准许以钱赎罪，除此而外，还不得对其治罪。对于90周岁以上的老年人、7周岁以下的未成年人，即使被判处死刑同样也不予执行，倘若有坏人唆使则治罪于坏人，如果所犯的盗窃罪有赃物则窝藏该赃物的坏人应当予以赔偿。《国朝刑

律》第 17 条规定，年迈的老人或者身体残疾的人从前所实施的犯罪行为直至年迈、残疾后才被发现或者罪犯还在未成年人时所实施的犯罪行为直至长大成人后才被发现则均依照老年人、残疾人、未成年人的法律予以审判。在针对女犯人的量刑或者执行刑罚中，立法者争取到了一些优待。例如，依照《国朝刑律》第 1 条的规定，一旦触犯法律，被判处徒刑或者流刑，男犯人任何时候都要加罚杖刑，至于女犯人则只需承受加罚的鞭刑。依照《国朝刑律》第 680 条的规定，被判处死刑、笞刑的女犯人如果怀有身孕则必须在其产后满 100 天时才能行刑或者执行鞭刑。①

5. 以钱赎罪制度

以钱赎罪是指对于那些准许以钱赎罪的囚犯、准许以钱赎罪的犯罪行为或者过失犯罪适用的制度。依照《国朝刑律》第 6 条的规定，皇后的族人如果被处以杖刑、面部刺字处罚则准许以钱赎罪。依照《国朝刑律》第 16 条的规定，70 周岁以上的老年人、15 周岁以下的未成年人如果因为犯罪被判处流刑以下的徒刑均允许赎罪，80 周岁以上的老年人、10 周岁以下的未成年人如果犯盗窃罪、殴人致伤罪则允许赎罪。依照《国朝刑律》第 14 条的规定，官员、军民犯罪倘若是因为疏忽大意过失所致被判处流刑以下的徒刑则允许以钱赎罪，犯十恶之罪者除外。依照《国朝刑律》第 21 条、第 22 条、第 24 条的规定，各种犯罪行为的赎金限额如下：

（1）杖刑。每一杖，三品的官员则须交纳 5 钱的赎金，四品的官员则须交纳 4 钱的赎金，五品和六品的官员则须交纳 3 钱的赎金，七品和八品的官员则须交纳 2 钱的赎金，九品的官员和庶民则须交纳 1 钱的赎金。

---

① ［越南］越南社会科学院：《国朝刑律》，越南法理出版社 1991 年版，第 157 页。

（2）谪刑。按照级别计算，每一个级别的限额分别为：一品的官员则须交纳 100 贯的赎金，二品的官员则须交纳 75 贯的赎金，三品的官员则须交纳 50 贯的赎金，四品的官员则须交纳 39 贯的赎金，五品的官员则须交纳 25 贯的赎金，六品和七品的官员则须交纳 20 贯的赎金，八品和九品的官员则须交纳 15 贯的赎金、平民百姓和奴婢则须交纳 10 贯的赎金。

（3）徒刑。犒丁、桑室妇如果以前已经处以做奴婢则赎金为 30 贯，象坊兵则赎金为 60 贯，屯田兵则赎金为 100 贯。

（4）流刑。流放近州则须交纳 130 贯的赎金，流放外州则须交纳 200 贯的赎金，流放远州则须交纳 230 贯的赎金。

（5）死刑。死刑则须交纳 330 贯的赎金。

处以面部或者项部刺字刑罚则按字计算，每一个字的罚金限额分别为：三品的官员则每一个字须交纳 2 贯的赎金，四品的官员则每一个字须交纳 1 贯 5 钱的赎金，五品的官员则每一个字须交纳 1 贯的赎金，六品的官员则每一个字须交纳 7 钱的赎金，七品的官员则每一个字须交纳 6 钱的赎金，八品和九品的官员及庶民则每一个字须交纳 5 钱的赎金。

适用于各级官员的赎罪赎金限额依据官阶的规定，是由于立法者认为拥有官爵的人员所承担的责任应当高于庶民，因此职务、爵位越高，赎金越重。由于十恶之罪是重罪，因此不得赎罪。《国朝刑律》中同样也没有对鞭刑赎罪事宜作出规定，这是因为按照古律的观念，鞭刑具有劝诫、教诲囚犯知道羞耻的目的。一方面，以钱赎罪不仅旨在充实国库而且为富人一旦在实施某些犯罪行为时无须执行刑罚创造了条件。另一方面，以钱赎罪的原则体现了对于老年人、未成年人、残疾人的人道性。①

---

① ［越南］越南社会科学院：《国朝刑律》，越南法理出版社 1991 年版，第 158 页。

6. 连坐制度

这项制度在婚姻、血统和同居关系的基础上得以规定。该条款通过下列两个方面得以体现：一是一旦实施犯罪行为时，家庭中的亲人必须代替囚犯受罚。依照《国朝刑律》第 35 条最后一款的规定，如果家庭中的所有成员构成共同犯罪则只追究尊长（宗老）的犯罪行为。《国朝刑律》第 38 条规定，子孙应当代替祖父母、父母亲受鞭刑、杖刑，在这种情形下可以依照罪减一等受刑。这些规定旨在提高家长的责任以及体现子孙的孝道。二是对于一些重罪，不仅犯罪嫌疑人而且包括其妻子儿女同样要承担刑事责任。依照《国朝刑律》第 411 条和第 412 条的规定，对于犯谋反罪、谋大逆罪的囚犯不仅囚犯要被处以斩首，而且其妻子、儿女均要受到株连，田产均要没收充公。承担刑事责任连带事宜还通过《国朝刑律》中众多不同的条款得以体现。关于承担刑事责任的年龄层次，依照《国朝刑律》第 16 条的规定，虽然对处罚程度和不同的违法行为有所区别，但是，年满 8 周岁以上至 90 周岁以下的犯人应当对自身的违法行为承担刑事责任。

7. 从轻量刑情节

根据《国朝刑律》的规定，在下列情形下将会予以宽免或者减轻刑事责任[1]：

（1）正当防卫。《国朝刑律》第 450 条规定："对于夜间无故擅自进入他人家中的人则判处徒刑，主人当时将其殴打致死则不治罪，如果已经将其抓获而将其殴打致死、殴打致伤则应当比照互殴致死罪或者互殴致伤罪依照罪减一等论处。"《国朝刑律》第 485 条规定："祖父母、父母亲被他人殴打，子孙前去报仇如果没有发生手足残缺、折断、致伤的情形则不治罪，如果发生致伤、手足残缺则应当依照殴打致普通人受伤

---

[1]　［越南］越南社会科学院：《国朝刑律》，越南法理出版社 1991 年版，第 160 页。

罪依照罪减三等予以论处。"

（2）特殊情势。依照《国朝刑律》第553条的规定，对于无故在京城的闹市、甬道或者在人群聚集的地方纵马驰骋的人则处以杖六十的刑罚。"如果是因为公事或者私事需要赶路而纵马驰骋则不治罪，因此而导致他人受伤或者死亡则依照过失犯罪论处。如果是因为马匹受到惊吓，无法制止从而导致他人受伤、死亡则依照过失犯罪按照罪减二等予以论处。"公事可以是火速传送文书，私事可以是为正处于奄奄一息的父母亲寻医问药。

（3）不可抗力。《国朝刑律》第499条规定："由于外力所致，自身无法预见，来不及思考或者因为物体坠落，人力不可抗拒或者攀登巅峰、抵达危险的位置、捕猎禽兽演变成伤及他人等过失导致他人受伤或者死亡均按照减罪事件状态论处。"

（4）执行命令。如上述已经援引过的《国朝刑律》第553条所规定的情形。

（5）自首。依照《国朝刑律》第18条的规定，除了十恶之罪和杀人罪而外，凡是所实施的其他犯罪行为一旦在尚未被发现之前而主动自首则可以恕罪。《国朝刑律》第19条还增加规定："凡是盗窃他人财物尔后又向丢失财物的人自首则同样也被看作向衙门自首。"

8. 对检举、揭发犯罪行为的人给予奖赏和对包庇犯罪行为的人予以惩罚的原则

依照《国朝刑律》第25条的规定，对于谋反罪、谋大逆罪的犯罪行为勇于进行检举、揭发的人则可以赏赐三司以上的爵位；对于较大的违反禁令的犯罪行为，如对私自铸造铜币等进行检举、揭发的人则可以赏赐三司以上的爵位，对于谋害他人的犯罪行为进行检举、揭发的人则可以奖赏100贯以上的铜钱，对于隐瞒田地的犯罪行为勇于进行检举、

揭发的人则可以按照该田地数量的十分之一予以赏赐。《国朝刑律》第411条末款规定，对于故意纵容、包庇犯谋反罪、谋大逆罪犯罪行为的人则以同案犯论处。这个原则还在《国朝刑律》其他众多条款中得以体现。[①]

9.亲属相隐的原则

依照《国朝刑律》第39条、第504条的规定，亲人必须是守孝9个月以上的、外祖父母、孙子、孙女、小叔子、小姑子、弟媳、夫妻允许相互隐瞒，但谋反罪，谋大逆罪，生母或者继母弑父，养父、养母杀害养子或养女的犯罪除外。这项原则旨在维护封建家长家庭秩序。[②]

10.区别对待过失犯罪与故意犯罪原则

通过众多条律可以看出，立法者已经将故意犯罪和过失犯罪进行了区分以便制定不同的处罚方式。该观念在《国朝刑律》中显著体现："凡是犯罪嫌疑人，虽然罪名相同，但是，应当区分是过失犯罪还是故意犯罪，应当审理根据重罪或者轻罪而增减，不应拘泥于为了与刑事案件审理事宜的意义相吻合。""宽恕过失犯罪的囚犯不包括重罪，严惩故意犯罪的囚犯不包括轻罪。"[③]

11.共同犯罪

虽然《国朝刑律》没有规范关于同案犯和各类同案犯的一般定义，但是，通过一些条款可以看出，立法者已有了区分主犯和从犯的观念。《国朝刑律》第469条规定："同谋殴伤他人则受杖刑最多最重的那一个犯罪嫌疑人就是首犯，主谋的人同样也应当按照同一犯罪行为论处，至于胁从犯则可以依照罪减一等予以论处。"依照该条律，主犯包括主谋

---

① ［越南］越南社会科学院：《国朝刑律》，越南法理出版社1991年版，第161页。
② ［越南］越南社会科学院：《国朝刑律》，越南法理出版社1991年版，第162页。
③ ［越南］越南社会科学院：《国朝刑律》，越南法理出版社1991年版，第165页。

和首犯，至于其他的人则是胁从犯。《国朝刑律》第 36 条规定，多人共同实施一种犯罪行为则以首倡之人作为首犯，胁从之人则可以依照罪减一等予以论处。[①]

12. 一人实施多个犯罪的定罪与量刑

《国朝刑律》第 37 条规定："无论任何人凡是同时发现实施了两种以上的犯罪行为则按照重罪予以定罪，如果是轻微的犯罪行为则依照罪减一等予以论处。如果以前所发现的犯罪行为尚未定罪而又发现了后续的犯罪行为则依据一起发现的两种犯罪行为对案件进行审理，包括依据赃物而定罪。如果多次实施了犯罪行为则对赃物进行重新计算后予以定罪。"因此，该条律规定了三种具体的情形。在量刑时，在第一种情形或者第二种情形下，将会是最重的犯罪行为的刑罚加上最轻的犯罪行为（已经罪减一等）的刑罚汇总；在第三种情形下则是每一次的犯罪行为加起来之后源于各种刑罚的汇总。

尽管《国朝刑律》已经逐一地为各类犯罪行为制定了详细的刑罚，但是，同样也无法完全预料到所有的情形。在没有任何条款规定具体刑罚的情形下，《国朝刑律》第 41 条规定："一旦在定罪时如果没有正当的条律如理应罪减一等的条律则虽然是严重的犯罪同样也可以认为是轻微的犯罪，比如犯罪行为是由于过失所致，如果理应罪加一等则尽管是轻微的犯罪同样也可以认为是严重的犯罪，比如故意犯罪。"[②]

（三）《国朝刑律》的刑罚体系

1."五刑"

"五刑"源于中国，自李朝时期、陈朝时期就被大越的立法者予以

---

① ［越南］越南社会科学院：《国朝刑律》，越南法理出版社 1991 年版，第 166 页。
② ［越南］越南社会科学院：《国朝刑律》，越南法理出版社 1991 年版，第 167 页。

运用。"五刑"首次出现在《国朝刑律》中,《国朝刑律》第 1 条对其作了规定。①

（1）笞刑。分为五个等级,即十下、二十下、三十下、四十下、五十下。该刑罚还有可能附加罚款、贬职。笞刑适用于所有的男囚犯和女囚犯。笞刑不仅使囚犯遭受皮肉之苦,还使囚犯无地自容。

（2）杖刑。分为五个等级,即六十下、七十下、八十下、九十下、一百下。该刑罚只是适用于男囚犯,女囚犯允许以笞代杖。杖刑同样也是主刑,但是,有时候同样也是针对谪刑、徒刑、流刑的附加刑。

（3）徒刑。刑期分为三个等级,依据繁重的劳役而强迫囚犯必须服劳役,每一个等级又依据男囚犯和女囚犯的劳役而予以划分。第一级是轻刑,等级分为役丁和役妇。役丁适用于男囚犯并且附加杖八十的刑罚。役丁设置了许多种类,如属丁②、军丁、犒丁③、乡丁④。役妇适用于女囚犯并且附加杖五十的刑罚。役妇同样也设置了许多种类。如果犯罪行为轻微的居民则被徒在乡里充当恕妇⑤,至于高级官员的妻子则被徒充当园妇⑥,如果是严重的犯罪行为则被徒充当桑室妇⑦。第二级是较重的等级,充当象坊兵⑧、炊室婢⑨。象坊兵打扫象厩,杖八十和在颈上刺上两个字;炊室婢在兵营煮饭,杖五十和在颈上刺上两个字。第三级是最重的等级,屯田兵和椿室婢。屯田兵针对的是男囚犯,在国家的屯田从事繁

---

① ［越南］越南社会科学院:《国朝刑律》,越南法理出版社 1991 年版,第 168 页。
② 指高级官员,必须在各院从事劳役。
③ 军丁、犒丁必须在各个兵营从事劳役。
④ 指居民,必须在本乡从事劳役。
⑤ 在乡里从事劳役。
⑥ 在园中从事劳役。
⑦ 在养蚕的地方从事劳役。
⑧ 指男囚犯。
⑨ 指女囚犯。

重的体力劳动，同时附加杖八十、在颈上刺上两个字、强制戴上枷锁。椿室婢针对的是女囚犯，必须在国家的各个粮库里面碾米、椿米，杖五十和在颈上刺上四个字。

（4）流刑。将囚犯流放到远方，分为三个等级：第一等级为流放近州，流放到宜安①从事繁重的体力劳动。附加刑罚：在脸上刺上六个字，男囚犯则被杖九十，强制戴上枷锁，女囚犯则被杖五十。第二等级为流放外州即流放到本州以外的州。与此同时，男囚犯附加杖九十，在脸上刺上八个字并戴上两副枷锁，女囚犯适用流放近州等级的附加刑罚。第三等级为流放远州，即遥远的州，通常流放到高平。与此同时，男囚犯的附加刑罚是杖一百，在脸上刺上十个字并戴上三副枷锁，女囚犯的附加刑罚是适用上述第二等级的附加刑罚。关于流放的服刑时间，名义上是永远流放，但是，实际上，囚犯在流放地生活一段时间以后，如果囚犯具有良好的品行并且开垦了 3~5 亩土地就可以予以特赦。一旦特赦后，囚犯就可以返回原籍像自由人一样生活或者留在流放地，并且可以耕种自己所开垦的土地。服刑时，囚犯可以带上子女。判处流刑的囚犯受刑时均受到管束和必须从事农事劳动、开荒。

（5）死刑。分为绞、斩、挑②、凌迟。死刑不仅要剥夺囚犯的生命，还要对他人的规定造成震慑，既惩治囚犯，又告诫其他不法之徒。

"五刑"是五类主要的刑罚，经常被视为是主刑，其中，徒刑、流刑和死刑通常是主刑，至于笞刑和杖刑一旦适用在众多的情形下则是主刑，而多数情形下又可以视为附加刑。

2."五刑"以外的刑罚

（1）贬胥。贬胥是《国朝刑律》一种独特的刑罚。《国朝刑律》第

---

① 亦称义安，为越南的中部省份之一。

② 挑指斩首示众。

27 条规定，处以贬刑的则在下列各种等级中定罪：一胥、二胥、三胥、四胥、五胥。《国朝刑律》第 46 条规定，依据贬刑的各种等级而被处以贬刑的囚犯必须受笞或杖的皮肉之苦。[1] 武文牡教授认为"贬"是适用于高级官员的降级刑罚，据此，通过一种间接的方法，高级官员同样也要被降低身份。[2] 至于平民百姓和奴婢而言，"贬"则是降低身份的刑罚。《国朝刑律》第 22 条规定了不同的贬罪赎金数额取决于高级官员的官衔、品衔的高或低。[3]

（2）罚金。《国朝刑律》第 26 条规定，针对犯罪行为处以罚金包括三个等级：第一级从 300 贯至 500 贯不等，第二级从 60 贯至 200 贯不等，第三级从 5 贯至 50 贯不等。《国朝刑律》第 26 条的特色是仅仅只规定了在每一个等级中罚金的下限和上限，审判官有权在每一个等级的框架内决定罚金数额。这是一个例外，与刑罚生搬硬套的性质是背道而驰的。除了充公的罚金而外，在某些特殊的情形下，犯罪嫌疑人还要被增加处罚，处以罚金以便奖赏给检举人、告发人。例如：依照《国朝刑律》第 25 条的规定，告发犯禁行为或者谋害他人、偷窃、盗窃的行为则赏给 100 贯以下的铜钱，该笔款项由犯罪嫌疑人负担。立法者同样也明确划分罚金与赔偿金、赎金。例如：《国朝刑律》第 28 条针对赃物的赔偿款作了规定，第 29 条针对生命的赔偿款作了规定。如果犯罪嫌疑人确实困难无力缴纳罚金、赔偿款则属吏可以呈报上级以便决定罚金是一种附加刑罚。[4]

（3）没收财产。没收财产是一种附加刑罚，分为两种等级：一是没

---

① ［越南］越南社会科学院：《黎朝刑律》，越南法理出版社 1992 年版，第 89 页。

② ［越南］《武文牧文集》（第 1 集），越南国家图书馆资料，第 206 页。

③ ［越南］越南社会科学院：《黎朝刑律》，越南法理出版社 1992 年版，第 95 页。

④ ［越南］越南社会科学院：《黎朝刑律》，越南法理出版社 1992 年版，第 98 页。

收全部财产。如果犯罪行为严重,犯罪嫌疑人通常会被没收全部财产。例如,依照《国朝刑律》第426条的规定,对于抢劫(夜间持器械杀人越货)的不法之徒则处以斩首、赔偿赃物和田产充公。《国朝刑律》第430条规定,盗取皇帝的玉玺和皇帝的御用物品则处以斩首和田产充公。二是没收部分财产。通常适用于与犯罪行为直接相关的部分财产,用于实施犯罪的各种物品、财产是由于犯罪所得。例如,《国朝刑律》第523条规定,伪造假冒伪劣金银的不法之徒和出售假冒伪劣金银用品则判处徒刑,这些物品则必须充公。依照《国朝刑律》第88条的规定,赌场上的赌资和因为赌博而举债的文契一律充公。①

(4)刺字刑。即在颈上和脸上刺字。该刑罚同样也是相对普遍的一种附加刑罚,通常适用于流刑、徒刑、杖刑、笞刑。在颈上或者脸上刺字,字数多或少不等,取决于犯罪行为的轻或重。该刑罚既带有体罚性,又让其他人容易辨认出犯罪嫌疑人。

(5)把罪犯的妻子儿女充当奴婢。该刑罚仅仅适用于谋反罪、谋大逆罪、谋叛罪(《国朝刑律》第411条、第412条)。②

(四)《国朝刑律》中的主要犯罪

1. 十恶之罪

十恶是10条重罪且被视为是最危险的犯罪行为。十恶之罪源于中国法律的基本原则。自李朝、陈朝时期起被大越国的立法者采用。由于李朝、陈朝所颁布施行的《刑书》已经失传,通过《国朝刑律》得以知晓越南封建法律十恶之罪的具体内容。十恶之罪列入《国朝刑律》的开头部分(第2条),仅次于五刑规定(第1条),紧随其后。但是,《国朝

---

① [越南]越南社会科学院:《黎朝刑律》,越南法理出版社1992年版,第101页。
② [越南]越南社会科学院:《黎朝刑律》,越南法理出版社1992年版,第103页。

刑律》第 2 条只提出了十恶之罪的罪名和主要内容。这项规定与其他各类法典中的十恶之罪的规定基本相类似，仍然是各种重罪，如谋反、谋大逆、谋叛、恶逆、不道、大不敬、不孝、不睦、不义、内乱。至于这种犯罪行为的详细内容和刑罚制裁则在《国朝刑律》后面的章节、条款中予以规定。例如：谋反、谋大逆这两项罪名在《国朝刑律》第 2 条第 1 款和第 2 款中予以提出，在《国朝刑律》第 411 条中得以具体化："对于阴谋造反、阴谋从事大逆不道之事的人则应当处以枭首示众，胁从犯及其知晓此事的同党均应当处以斩首、妻子儿女均受株连，田产均没收充公。对于检举、揭发的人赐封五司爵位并将所没收田产数量的三分之一用于对检举、揭发的人奖赏。所在地官员不知道检举揭发和追捕则应当根据犯罪行为的轻重予以论处。故意放纵或者故意隐瞒则按照罪犯论处。"①

谋反罪（叛国投敌）在《国朝刑律》第 412 条中予以具体规定。恶逆罪在《国朝刑律》第 416 条和其他一些条款中予以详细化。不道罪在《国朝刑律》第 420 条和第 421 条各条款中予以详细地规定。大不敬罪在《国朝刑律》第 430 条和第 431 条各条款中予以详细地提出。不孝罪在《国朝刑律》众多条款中予以具体地提出。依照《国朝刑律》第 475 条的规定，辱骂祖父母、父母亲则处以流放外州，殴打祖父母、父母亲则处以流放远州，将祖父母、父母亲殴打致伤则处以绞刑，过失导致祖父母、父母亲死亡则处以流放外州，过失导致祖父母、父母亲受伤则处以充军屯田兵的徒刑。②

由于十恶之罪是最危险的重罪，所以，犯罪嫌疑人不得依照"八议"制度享受议减罪行，不得用钱赎罪，不得依照特赦或者大赦制度享

---

① ［越南］越南社会科学院：《国朝刑律》，越南法理出版社 1991 年版，第 105 页。
② ［越南］越南社会科学院：《国朝刑律》，越南法理出版社 1991 年版，第 171 页。

受特赦或者大赦。

在十恶之罪中，为了捍卫王权设置了四种罪名（即谋反、谋大逆、谋叛、大不敬），为了维护封建婚姻家庭关系设置了五种罪名（恶逆、不孝、不睦、不义、内乱），设置了惩治违反儒教首要道德标志之一的极度野蛮、残忍、严重侵害的犯罪行为的一种罪名（不道罪）。十恶之罪充分体现了封建法律、封建家庭社会秩序本质的基本原则。

2. 其他犯罪

侵犯帝王人身安全的犯罪行为，侵犯宫府安全、安静、仪式的犯罪行为。此类犯罪行为在"卫禁"篇目中予以规定。比如违规进出太庙、皇城、帝王宫殿的犯罪行为（《国朝刑律》第 50 条、第 51 条、第 52 条）；假冒他人名义擅自更换衙门守卫的犯罪行为（《国朝刑律》第 73 条）；使用弓弩向宫中射击的犯罪行为（《国朝刑律》第 64 条）；宿卫军不严格依照法规警卫的犯罪行为（《国朝刑律》第 66 条），均应处以严苛的惩治。[①]

侵犯公共秩序、行政管理秩序、朝廷礼仪方式的犯罪行为。此类犯罪行为在"违制""杂律""诈伪""户婚"各篇中予以规定。比如在集市上、在人群聚集的地方制造骚乱的行为（《国朝刑律》第 557 条），任用、补缺承派官吏中的犯罪行为（《国朝刑律》第 97 条）；在重大的祭礼节日活动中不严格依照法规提供祭礼用品的犯罪行为（《国朝刑律》第 104 条），无故不参与朝拜或者国忌重大仪式活动的犯罪行为（《国朝刑律》第 107 条），均应处以惩治。[②]

侵犯人的生命权、健康权的各种犯罪行为，损害（侵犯）上司人品、名誉的各种犯罪行为。此类犯罪行为在"贼盗""斗讼""杂律"各篇中

---

① ［越南］越南社会科学院：《国朝刑律》，越南法理出版社 1991 年版，第 173 页。

② ［越南］越南社会科学院：《国朝刑律》，越南法理出版社 1991 年版，第 178 页。

予以规定。比如谋杀他人的犯罪行为（《国朝刑律》第 415 条）；殴打他人（《国朝刑律》第 465 条）；辱骂高级官员（《国朝刑律》第 473 条）；辱骂祖父母、父母亲（《国朝刑律》第 475 条）；殴打和辱骂老师（《国朝刑律》第 489 条），均应处以严苛的惩治。①

侵犯国家安全、封建社会制度安全秩序的各种犯罪行为。此类犯罪行为在"卫禁""贼盗"各篇中予以规定。比如在边境地区将土地出售给外国人的犯罪行为（《国朝刑律》第 74 条）；将兵器、炸药出售给外国人的犯罪行为（《国朝刑律》第 75 条）；非法持有（储藏）、制造兵器的犯罪行为（《国朝刑律》第 78 条）；泄露国家机密的犯罪行为（《国朝刑律》第 79 条）；讲述或者编撰妖魔鬼怪典故的犯罪行为（《国朝刑律》第 413 条），均应处以严苛的惩治。②

各种军事犯罪行为。此类犯罪行为在"军政"篇中予以规定。应当承担此类犯罪行为刑事责任的人员是军队中的将士。

侵犯土地所有制和他人所有权的各种犯罪行为。此类犯罪行为在"田产""贼盗""杂律"各篇中予以规定。比如出售公有土地的犯罪行为（《国朝刑律》第 342 条）；越界侵占公有土地的犯罪行为（《国朝刑律》第 343 条）；违规接收他人土地的犯罪行为（《国朝刑律》第 344 条）；以欺压的手段强迫收购他人土地的犯罪行为（《国朝刑律》第 355 条）；蚕食他人土地的犯罪行为（《国朝刑律》第 357 条）；偷窃的犯罪行为（《国朝刑律》第 429 条、第 432 条、第 434 条、第 435 条等）；抢劫的犯罪行为（《国朝刑律》第 426 条、第 428 条）；违规接收他人的牛、马、舟楫（《国朝刑律》第 584 条）；欠债逾期不还的犯罪行为（《国朝刑律》第 588 条），均应处以惩治。

---

① ［越南］越南社会科学院：《国朝刑律》，越南法理出版社 1991 年版，第 180 页。

② ［越南］越南社会科学院：《国朝刑律》，越南法理出版社 1991 年版，第 180 页。

侵犯封建婚姻—家庭制度的各种犯罪行为和各种奸淫的犯罪行为。此类犯罪行为在"户婚""通奸""斗讼"各篇中予以规定。在为父母守孝或者为丈夫守孝期间娶妻、出嫁的犯罪行为(《国朝刑律》第 317 条);擅自离开夫家出走(《国朝刑律》第 321 条);辱骂祖父母、父母亲、外祖父母、公公、婆婆的犯罪行为(《国朝刑律》第 475 条、第 476 条);殴打丈夫的犯罪行为(《国朝刑律》第 481 条);不听祖父母、父母亲教诲的犯罪行为(《国朝刑律》第 506 条);告发祖父母、父母亲的犯罪行为(《国朝刑律》第 511 条),均被规定为是犯罪行为并且应当予以惩治。

妨碍司法活动的各种犯罪行为。此类犯罪行为在"捕亡""断狱""杂律""违制""诈伪"各篇中予以规定。比如取消罪犯因为犯罪被刺上去的字的犯罪行为(《国朝刑律》第 643 条);在抓捕囚犯时动作缓慢的犯罪行为(《国朝刑律》第 645 条);审判官逾期审理案件的犯罪行为(《国朝刑律》第 671 条),均应予以惩治。

(五)《国朝刑律》中的婚姻家庭制度

儒教思想在黎朝具有独尊地位,黎朝的立法者把儒教思想融入《国朝刑律》。在有关婚姻与家庭方面的各种法理关系中,体现儒教的礼仪、封建家庭的社会秩序。

1. 婚姻制度

(1)结婚的条件。结婚必须具备下列条件:一是结婚必须征得双方父母的同意(《国朝刑律》第 314 条)。依照《国朝刑律》第 314 条的规定,结婚一定要征得双方父母亲的同意,如果父母均已去世则必须征得长辈近亲属或者村长的同意。二是禁止近亲结婚。依照《国朝刑律》第 319 条以及其他一些条款的内容,同一个家族中所有的人,只要是共同供奉一个祖宗,无论血缘关系是远还是近,甚至包括五服范围以外之人，均不得相互结婚。三是禁止正在为父母守孝时的子女或者正在为丈夫守孝时的女子结婚（《国朝刑律》第 317 条）。该项规定的目的旨在体现女子对父母的孝道，妻子对丈夫"节操"。四是禁止在父母正在服刑期间结婚（《国朝刑律》第 318 条）。该项规定也是旨在体现子女对父母的"孝道"。五是禁止兄长迎娶弟弟的遗孀为妻、弟弟迎娶哥哥的遗孀为妻、徒弟迎娶师傅的遗孀为妻（《国朝刑律》第 324 条）。六是禁止官吏迎娶自身任职地方的女子为妻（《国朝刑律》第 316 条）。该条禁令旨在防止滥用权势逼婚。七是禁止镇守边关官吏的子女与地方酋长的子女结婚（《国朝刑律》第 334 条）。该条禁令旨在防范镇守官与地方酋长相互勾结从而形成势力，制造叛乱。八是禁止官吏、属吏及其子孙与从事歌伎行业的女子结婚，已经结了婚的均应离婚（《国朝刑律》第 323 条）。九是禁止有权有势的人采取欺凌的手段逼迫良民的女子成婚（《国朝刑律》第 338 条）。十是因犯罪正处于逃逸期间的女子则不得结婚（《国朝刑律》第 339 条）。[1]

《国朝刑律》没有任何条款对有关结婚的年龄作出规定。也许是立法者默认当时早婚现象相当普遍的风俗习惯，或者是因为同一时期已经有另外一个文本对该条件作了规定，即《黎洪德婚嫁》。在《天南余暇集》中有"男子 18 周岁、女子 16 周岁才能够完婚"的说法。[2]

（2）结婚的形式和程序。通过《国朝刑律》第 314 条、第 315 条、第 322 条和其他一些条款的内容可以看出，结婚的形式和程序分为两个阶段：

第一阶段是订婚。有关订婚的时效自男方送去聘礼和女方接受聘礼

---

① ［越南］越南社会科学院：《国朝刑律》，越南法理出版社 1991 年版，第 185 页。

② ［越南］《越南 15—18 世纪法律文本译本汇编》，越南政治出版社 1987 年版，第 252 页。

之时起，直至举办结婚典礼之前有效。男方送去聘礼和女方接受聘礼事宜，即订婚程序。自订婚之时起，婚姻就已经具有法律效力，但女方还不能前往丈夫家居住，男女双方还不能一起吃饭，不能居住在一起。在订婚后，男方患上恶疾、犯罪或者破产，或者女方患上恶疾或犯罪，另一方才能辞婚，否则不能辞婚。因此，订婚是结婚的先决条件。

第二阶段是完婚。《国朝刑律》没有对完婚的程序作出规定，也许是因为立法者要将这个问题留给风俗习惯去解决，或是由于完婚程序同样也是在《黎洪德婚嫁》中已经作了详细的规定。

（3）婚姻关系终止。发生下列两种情形之一时婚姻关系终止：一是妻子或者丈夫一方先行去世，二是离婚。

《国朝刑律》虽然没有任何条款对此作出直接和具体的规定，但是，有两条间接地对该情形作了规定。依照《国朝刑律》第 2 条、第 320 条的规定，如果丈夫先于妻子去世，夫妻关系尚未立即终止而且在妻子为丈夫守孝期间依然存在。在这段时间以内，妻子不能改嫁，依然应当住在丈夫家以便继续履行对于丈夫家庭的各种义务。该规定同样也不排除体现妇女"贞节"的目的。与之相反的是，如果妻子先于丈夫去世，法律没有对丈夫应当为妻子守孝和夫妻关系可以立即终止作出任何规定。①

（4）七出。因为妻子的过错，法律强制丈夫离婚的 7 种情形。"七出"（亦称"七去"或者"七弃"）制度源于中国的法律，在《洪德善政书》中被黎朝的立法者第一次引用并且将"七出"规定为：

①无子。即妻子无生育能力，理由是"绝后"。无子是对父母的不孝，因此应当休妻。

②忌妒。指妻子爱争风吃醋，理由是"乱家"，即认为妻子的凶悍

---

① ［越南］越南社会科学院：《国朝刑律》，越南法理出版社 1991 年版，第 187 页。

忌妒会造成家庭不和。①

③患有恶疾。指妻子患上了严重的疾病，不能一起参与祭祀。在古代，参与祖先祭祀是每个家族成员重要的职责，因此妻有恶疾会造成夫家的不便。②

④淫荡。指妻子与丈夫之外的男性发生性关系，理由是"乱族"，即认为淫会造成妻所生之子女来路或辈分不明，造成家族血缘关系混乱，如果不休妻则会败坏家庭。③

⑤不敬父母。指妻子不孝顺丈夫的父母。

⑥多言。指妻子太多话或说别人闲话，喜欢嚼口舌、说是非，造成兄弟姊妹之间、家庭不和睦。

⑦盗窃。理由是"反义"，即不合乎应守的规矩，不休妻则会株连到夫家。

"七出"制度旨在将大家庭的利益置于婚姻关系之上，妻子只要违反上述七条之一则强制丈夫必须休妻。

（5）允许妻子提出离婚的情形。一旦发生下列两种情形之一，则妻子有权向官府提出离婚：丈夫抛弃妻子5个月不归，如果已经育有子女则时限为一年（《国朝刑律》第308条）或者丈夫无理取闹辱骂岳父母（《国朝刑律》第333条）。

关于离婚的法理后果，妻子与丈夫之间的夫妻关系完全终止，双方均有权与他人结婚而且法律不禁止。有关离婚后的子女抚养和财产分割问题在《国朝刑律》中没有规定。

（6）夫妻关系。夫妻关系通过风俗习惯和儒教的礼义予以调整，只

---

① ［越南］越南社会科学院：《洪德善政书》，越南国家图书馆资料，第87页。

② ［越南］越南社会科学院：《洪德善政书》，越南国家图书馆资料，第105页。

③ ［越南］越南社会科学院：《洪德善政书》，越南国家图书馆资料，第108页。

有当发生违反习惯或儒教时法律才进行干预。按照《国朝刑律》第 321 条的规定，妻子应当履行与丈夫一起在由公公、婆婆和丈夫所选择的地点共同生活的义务，无论以什么为由擅自离开丈夫家出走都会受到严厉的惩罚。同时，丈夫同样也应当履行该项义务，虽然条件更加宽松。凭借家长、家庭中主人的身份，丈夫更加应当对妻子、子女负责。这是黎朝以外的各种古律文本中不可能寻找得到的一项特殊的规定。具体情况是，按照《国朝刑律》第 308 条的规定，如果不是因为官差必须去远方，那么，丈夫抛弃妻子则会丧失妻子。按照《国朝刑律》第 309 条的规定，如果丈夫因为过于沉迷于侍妾而冷淡了妻子且妻子告到官府，那么，丈夫将会被处以贬刑。对于一切严重的不服从丈夫的行为如殴打丈夫（《国朝刑律》第 481 条）、告发丈夫（《国朝刑律》第 504 条）的处罚是非常重的。然而，妻子特别是原配妻子仍然有权同丈夫一道参与商讨家庭事务。此外，丈夫应当履行相互提携、扶养妻子、抚养子女的义务并且不得野蛮虐待妻子。《国朝刑律》第 482 条对于丈夫殴伤妻子的处罚作了规定。妻子必须始终忠诚于丈夫，如果违反该义务则不仅被视为是丈夫强制必须离婚的七个缘由（即"七出"）之一，还要承受严厉的刑罚。按照《国朝刑律》第 401 条最末一款的规定，如果妻子是淫妇则处以流放，没收田产将其归还给丈夫，如果是未婚妻，则可以处以罪减一等的处罚。①

在封建制度中，多妻制度得以默许，因此始终如一的义务首先是为妻子设置的。虽然如此，为维系家庭的和谐，在某种程度上，丈夫同样也应当履行始终忠诚于妻子的义务。《国朝刑律》第 401 条第 1 款规定："与他人的妻子奸淫则处以流放的罪行或者死刑，与他人的小妾奸淫则处以减一等的处罚。"按照《国朝刑律》第 405 条的规定，与他人的妻

---

① ［越南］越南社会科学院：《国朝刑律》，越南法理出版社 1991 年版，第 183 页。

子通奸则处以杖六十、贬二胥和强制缴纳补偿金的处罚。丈夫去世，妻子应当履行为丈夫守孝三年的义务而且在这三年之中应当遵守一系列严苛的规定。按照《国朝刑律》第 2 条第 9 款的规定，如果妻子违反该项义务，将会被处以"十恶"之罪。法律没有规定丈夫为妻子守孝的义务。①

2. 家庭关系

封建制度下的家庭是父系家长的家庭，因此，家庭财产的决定权属于家长（丈夫、父亲、母亲），至于其他家庭成员（妻子、子女）如果仍然与父母共同生活在一起，无论他们是未成年人或者已经是成年人均不享有该项权利。

依照《国朝刑律》第 2 条第 7 款的规定，子孙如果辱骂祖父母、父母亲，违背父母亲的教诲，缺乏教养将会被判处不孝之罪，即犯"十恶"之罪。《国朝刑律》第 506 条对此作了具体的规定："子孙如果违背教诲、不赡养老一辈，一旦祖父母、父母亲告到官府则处以徒犒丁，养子、继子如果对养父、继父不孝则依照罪减一等予以论处。"依照《国朝刑律》第 475 条的规定，尽管祖父母、父母亲没有禀告官府，但是，如果子孙辱骂祖父母、父母亲则处以流放外州，殴打祖父母、父母亲则处以流放远州，殴打致伤则处以绞刑。《国朝刑律》第 511 条规定："子孙与祖父母、父母亲、外祖父母相互告发，与妻子告发丈夫、公公、婆婆、祖父母视为同罪，一律要处以贬一胥的处罚，如果违背常理则依照罪加一等论处。"因此，作为子孙，不得告发祖父母、父母亲甚至就连即使是在上述长辈自身存在过错的情形下也不允许告发。依照《国朝刑律》第 39 条的规定，子孙包庇祖父母、父母亲的犯罪行为，一律不属于犯罪。相反，如果祖父母、父母亲犯罪而子孙前去官府告发，子孙将

---

① ［越南］越南社会科学院：《国朝刑律》，越南法理出版社 1991 年版，第 184 页。

会被以十恶（不孝）之罪（依照《国朝刑律》第 7 条的规定）论处。《国朝刑律》第 504 条对此作了具体的规定：子孙告发祖父母、父母亲则处以流放远州，（妻子）告发外祖父母、丈夫、公公、婆婆、祖父母则以贬罪论处或者判处徒刑。如果这些长辈犯谋反罪、谋大逆罪、生母谋害父母、养父母杀害亲生骨肉，则子孙可以前往官府告发。《国朝刑律》第 2 条规定："在为父母亲守孝期间如果像平常一样娶妻或者出嫁、娱乐、着装，耳闻目睹为祖父母、父母亲守孝而故意隐瞒，不组织丧礼，谎称祖父母、父母亲去世。"同样也要依照不孝的重罪予以论处。《国朝刑律》第 130 条和第 543 条对此作了具体的规定，凡是父母双亲去世如果不留下来披麻戴孝，在为祖父母、父母亲披麻戴孝期间如果不哭泣男子则一律处以充当犒丁，妇人则处以充当桑室妇；在披麻戴孝期间如果放弃穿戴孝服而穿戴常服或者娱乐歌舞则贬二胥，遇弹唱场合如果驻足欣赏或者参与宴娱则处以杖八十。[①]

在家庭中，原配与偏室均应履行对于丈夫和公婆的义务，同时应当恪守妻妾之道。依照《国朝刑律》第 309 条的规定，谁要是娶侍妾为妻则予以处罚（如果妻子禀告官府）。在一些法律关系中，原配通常比偏室更加受宠（《国朝刑律》第 481 条）。依照《国朝刑律》第 483 条和第 484 条的规定，如果原配殴打夫家之人则无论何时处罚都要轻于偏室。

在家庭中的兄弟姐妹之间，特别是一旦父母去世后，长兄对于弟妹拥有相关的权利，同时，必须履行相应的义务。当时的立法者作出这样的规定一方面是为提高长兄在家庭中的地位，另一方面是为保障家庭中兄弟姐妹之间关系的和谐。针对兄弟姐妹之间一旦发生互殴（《国朝刑律》第 478 条）或者相互告发（《国朝刑律》第 512 条），则法律给予的惩罚是很重的。

---

① ［越南］越南社会科学院：《国朝刑律》，越南法理出版社 1991 年版，第 188 页。

在封建社会中，收养养子养女是一种相对普遍的现象。这种事情导致在家庭中产生了一种关系即养子养女与养父养母和家庭中其他各成员之间的关系。因此，当时的立法者保留了一些调整这种关系的条款。依照《国朝刑律》第380条、第381条和其他条款中的规定，在收养养子养女的形式方面，必须在养父养母与生父生母之间立文契。养子养女收养事宜有两种类型：一般养子养女的收养和延续宗堂香火的收养。如果养子养女从幼年起就与养父养母一起共同生活则可以视为如同亲生骨肉一样，养子养女对于养父养母如同亲生父母一样，也应当履行其所承担的各种义务。在一些情形下，如果养子养女不履行其所承担的对养父养母的义务则对其施加的处罚将会轻于亲生子女。例如，依照《国朝刑律》第506条的规定，养子养女如果不孝顺养父养母则与亲生骨肉相比将会受到罪减一等的处罚。

总体来看，对于婚姻与家庭的关系，黎朝的立法者一方面默认蕴含儒教的风俗习惯，另一方面针对各种违背礼教的行为进行严厉的制裁。《国朝刑律》关于婚姻与家庭的规定既维护封建家庭秩序，又旨在促使家庭中各成员之间相互和谐、承担责任。不仅要提高父亲、丈夫的支柱地位，在某种范围内也不能轻视母亲、妻子、女儿在家庭中所扮演的角色。这是《国朝刑律》的一大进步、一大特色。[①]

（六）继承制度

《国朝刑律》规定了遗嘱继承和法定继承两种继承形式。

1. 遗嘱继承

从《国朝刑律》第354条、第388条可以看出，《国朝刑律》针对遗嘱继承作了规定。遗嘱的形式有口头遗嘱和书面遗嘱。依照《国朝刑

---

① ［越南］越南社会科学院：《国朝刑律》，越南法理出版社1991年版，第189页。

律》第 366 条的规定，立遗嘱的人（父亲、母亲）应当自行书写（如果不识字则请村社中的某位官员代写）并且同样也应当要有村社中的官员予以证明才是合法的。在家庭中，由于父亲、母亲是财产的主人，所以，只有父亲、母亲才有权立遗嘱。在遗嘱中，除了留下作为香火的田地份额而外，剩余的部分可以分配给子女。哪一个子女可以享有继承和享有多少份额一律由立遗嘱的人决定。父母亲可以剥夺某一位子女的继承权，通常是该子女不孝顺，这是与子女断绝关系的形式之一。

2. 法定继承

《国朝刑律》规定，一旦父母亲死亡尚未立下遗嘱或者遗嘱不合法则遗产可以依法分配。《国朝刑律》第 374 条、第 375 条、第 376 条、第 380 条、第 388 条和其他一些条款规定了两种继承顺序：第一继承顺序是子女，第二继承顺序是父母亲或者继承人。第一继承顺序中的继承关系只有在父亲和母亲均已死亡时才会产生。该继承顺序中的子女包括全部男孩、女孩，正室所生育的子女、偏室所生育的子女、侍妾所生育的子女（《国朝刑律》第 388 条）。一旦在收养养子养女的文契中有明确记载允许继承田产（《国朝刑律》第 380 条）和孝顺养父养母（《国朝刑律》第 506 条）时，养子养女同样也可以继承。依照《国朝刑律》第 374 条、第 388 条的规定，正室所生育子女的份额均相同，偏室所生育子女的份额与正室所生育子女的份额相比有所减少且同样均等。养子养女可以继承亲生子女的一半份额；如果没有亲生子女，一旦养子养女从幼年起就与养父养母共同生活则可以全部享有继承，如果不是从幼年起就与养父养母共同生活则可以享有在养父养母继承人的基础上增加一倍继承（《国朝刑律》第 380 条）。已经被他人收养为养子养女并且已经从养父养母那里享受了继承的人仍然可以从亲生父母家族中以绝嗣人的身份享受一半的继承份额（《国朝刑律》第 381 条）。在分配继承父母亲的遗产之前，子女们应当要留出二十分之一的遗产作为祭祀父母亲的香火。第二继承顺序中的继承关系只有在夫妻婚姻存续期间无子女且夫妻一方已经先于对方死亡时才会产生。[1] 在下列三种具体情形下，对该顺序中的继承关系作了规定：

（1）在夫妻无子女倘若夫妻一方先于对方死亡的情形下则产生下列继承关系（《国朝刑律》第 375 条）。丈夫先于妻子死亡时，分为两种情况：第一种情况是由婆家给予的田地（立法者称之为"夫家田产"）可以分成份额均等的两份。一份归属于享受继承的人（丈夫家族一方）以便维持祭祀事宜；另一份归属于妻子终生享受，但是，不得作为私人财产（意思是不得擅自变卖），直至妻子死亡或者改嫁之时则这份田产又归属于继承人所有。如果父母双亲还健在则全部归属于父母亲所有。第二种情况是由夫妻双方共同操劳、辛勤耕耘购置下来的田地可以分成份额均等的两份，妻子可以享受其中的一份作为私人财产，因为事实上它是妻子劳动所得。亡夫的那一份可以分成三份，妻子终生享受其中的两份，但是，不得作为私人的财产，一旦妻子死亡或者改嫁则这两份份额应当留给亡夫的祭祀人，将其中的一份分配给亡夫的继承人以便维持祭祀事宜。关于祭祀的份额，如果亡夫的父母亲仍然健在则由其父母亲保管，如果亡夫的父母亲已经不在人世才能交由继承人保管。[2]

妻子先于丈夫死亡时，财产分配事宜与上述情况相类似，不同的是丈夫续弦后仍然可以继续享有此前的权利。因此，在立法者的观念中，夫妻的田地包括各类自置田产、夫家田产、妻家田产。[3]

（2）在夫妻育有子女、一人先于对方死亡、子女随后死亡的情形下

---

① ［越南］越南社会科学院：《国朝刑律》，越南法理出版社 1991 年版，第 191 页。

② ［越南］越南社会科学院：《国朝刑律》，越南法理出版社 1991 年版，第 193 页。

③ ［越南］越南社会科学院：《国朝刑律》，越南法理出版社 1991 年版，第 195 页。

则产生下列继承关系(《国朝刑律》第 376 条)。在妻子先于丈夫死亡时,分为两种情况:第一种情况是,如果妻子的父母亲仍然健在则妻家田产可以分成两份:岳父岳母可以继承一份,丈夫可以继承一份,但是,丈夫只能使用而不得变卖。一旦丈夫死亡,该份额应当要归还给岳父岳母或者其继承人。第二种情况是,如果岳父岳母已经死亡则妻家田产可以分成三份均等的份额,丈夫继承两份、继承人继承一份。法律中尚未提及在这种情形下丈夫只能在自己的一生中使用,因此,可以理解为丈夫对于三分之二的妻家田产完全拥有所有权。如果将《国朝刑律》第 376 条与第 375 条相比较,可以看出,无子女的情形和子女死亡的情形相类似。但是,在划分妻家田产事宜上有所不同,《国朝刑律》第 376 条赋予丈夫比《国朝刑律》第 375 条更多的权利。因为婚姻存续期间已经生育子女,尽管后来子女已经死亡,使丈夫与妻家的联系更加密切。然而,《国朝刑律》第 376 条尚未提出解决夫家田产和自置田产的事宜。也许是立法者认为可以适用类似于《国朝刑律》第 375 条的条款而无须又在《国朝刑律》第 376 条中予以规定。"如果丈夫先于妻子死亡则妻子同样也是如此继承,改嫁则必须予以归还。"(《国朝刑律》第 376 条)。因此,在丈夫先于妻子死亡的情形下,享有继承权的人包括妻子、丈夫的父母亲或者继承人,但是,甚至在公公、婆婆已经死亡的情形下,妻子同样也只能一辈子使用夫家田产的三分之二;如果死亡或者改嫁则必须归还给继承人。[①]

(3)在夫妻生育有子女、一方先于另一方死亡、另一方再婚、再婚期间无子女的情形下,如果一旦死亡则产生下列继承关系(《国朝刑律》第 374 条):第一种情况是,如果妻子死亡,丈夫续弦,但是,与继室没有生育子女,一旦丈夫死亡则财产将会在子女与继室之间分割,具体

---

① 〔越南〕越南社会科学院:《国朝刑律》,越南法理出版社 1991 年版,第 197 页。

分割如下：对于夫家田产，继室可以继承三分之一（如果前妻只生育有一名子女）或者等于一名子女的份额（如果前妻生育有两名子女以上），余下无论多少均归属于丈夫的子女。如果继室改嫁或者死亡则田产份额归属于前妻的子女。对于丈夫和前妻的自置田产可以分成份额均等的两份，一份归属于子女们，因为事实上它是属于前妻的份额，余下的另一份可以按照上述比例分给继室和丈夫的子女。对于丈夫和继室的自置田产同样也可以分成双份，一份属于继室的所有权，余下的另一份同样也可以按照上述比例分给继室和丈夫的子女，但是，妻子的这一份只有使用权，如果改嫁或者死亡则归属于丈夫的子女。

第二种情况是，如果丈夫先于妻子死亡则财产问题同样也可以参照类似于妻子先于丈夫死亡的情形予以解决。

因此，在《国朝刑律》第 374 条所规定的情形下，享受继承权的人包括丈夫的私生子、妻子的私生子、继妻、后夫。[①]

总而言之，黎朝所颁行的关于继承方面的法律，其目的是既有利于巩固宗族的长存，又有利于维持家庭之中兄弟姐妹之间的和谐、友爱。在丈夫去世之后妻子有权管理家庭中的财产事宜、妇女享有继承权和女子所继承的份额与男子所继承的份额均等，黎朝所颁行的有关继承方面的法律成为最能体现黎朝法制进步的一个标志。

（七）所有权制度

在封建制度中，土地是基本的生产资料，家庭是社会的基本细胞及基本经济主体，因此在《国朝刑律》中，各种所有权制度、合同制度和继承制度均围绕土地进行。在《国朝刑律》反映的土地所有制分为两种：属于国家所有的公田制及属于私人所有的私田制。

---

① ［越南］越南社会科学院：《国朝刑律》，越南法理出版社 1991 年版，第 195 页。

1. 公田制

在封建社会，国家（其代表是皇帝）名义上是公有土地的最高所有者，有权将部分土地封赐给贵族、官吏以便其享有税收收入。至于村社集体则是位于村社的土地的实际所有者。有权将公有土地分配给各个家庭耕种，但必须向国家纳税。黎朝颁布了《均田令》和《禄田令》，对国有土地作出具体规定，因此，在《国朝刑律》中，国家对于土地仅对各种违反公有土地使用和蚕食公有土地的违法行为进行制裁，据此保护所有者即封建社会国家的权益、保障主要国库的财政收入。主要有以下规定：

（1）享受封赐的人员和耕种的人员不得出售公有土地（《国朝刑律》第 342 条）。

（2）不得超过额定数量蚕食公有土地（《国朝刑律》第 343 条）。

（3）不得违规接收分配给他人的公有土地（《国朝刑律》第 344 条）。

（4）禁止官吏违反公有土地分级规定。《国朝刑律》第 347 条规定："已经划拨了田地的各路、县、乡的官员，如果有人因为犯罪须降黜或者因为死亡则必须收回田地，或者有的官员由于晋级，一旦申请划拨田地则由路、县、乡的官员自行决定。如果划拨田地之后还有剩余的则纳入公有土地，如果田地不够则用本社或者邻近各乡的田地来划拨，然后制作成奏疏上报，每四年制作一次地籍簿册。"

（5）地方官吏不得让公有土地抛荒（《国朝刑律》第 350 条），"如果种籽区有任何地区一旦遭受洪涝、旱灾、冰雹、蝗灾等，则主司官应当禀奏，如果不禀奏或者禀奏与事实不符则处以杖刑或者受罚，检查官不严格据实审理则贬三胥和革职"（《国朝刑律》第 349 条）。

（6）禁止将公有土地变成私有土地（《国朝刑律》第 353 条），或者依照《国朝刑律》第 372 条的规定，"口粮土地（已经划拨用于耕种的公有土地）则不得卖给其他人或者擅自转让其他人，违者则必须列入贩卖公有土地的贬刑予以论处"。

（7）不得隐瞒公有土地以便逃税（《国朝刑律》第 345 条），或者延迟缴纳公有土地税款（《国朝刑律》第 346 条）。

（8）禁止官吏违规收取税款或者侵吞公有土地税款（《国朝刑律》第 351 条、第 352 条和第 348 条）。

通过上述规定还可以看出，公有土地不能作为各类买卖合同、转让合同、典当合同的标的。[①]

2. 私田制

在实施土地公有制的同时，土地私有制也得以日益发展。如何通过法律对土地私有权进行保护的问题同样引起了重视。主要有以下规定：

（1）禁止蚕食其他人的土地（《国朝刑律》第 357 条）。

（2）禁止达官贵人霸占其他人的土地（《国朝刑律》第 370 条）。

（3）禁止佃户争夺、霸占主人的土地（《国朝刑律》第 356 条）。

（4）禁止盗卖其他人的土地（《国朝刑律》第 382 条），禁止奴婢盗卖主人的土地（《国朝刑律》第 386 条），禁止子女盗卖父母亲的土地（《国朝刑律》第 378 条），禁止将正在典当的土地转手倒卖给其他人（《国朝刑律》第 383 条）。

（5）不得采用胁迫的手段强行收购其他人的土地（《国朝刑律》第 355 条）。

（八）合同制度

1. 合同主体

合同主体通常是父母亲、夫妻以家长的身份订立。寡妇一旦改嫁则

---

① ［越南］越南社会科学院：《国朝刑律》，越南法理出版社 1991 年版，第 196 页。

对于未成年子女的家长权即终止，因此无权决定子女们的财产（《国朝刑律》第 377 条）。子女还与父母亲、祖父母共同生活则没有单独的财产权，因此，不得参与各种买卖田产的契约。女子和孤儿如果自行卖身则应当有担保人（《国朝刑律》第 313 条）。孤苦伶仃的人同样也要年龄在 15 周岁以上才允许自行卖身。

2. 合同的原则

通过各种律例，可以看到体现民事合同本质的两项原则：一项是自愿的原则，该原则通过合同订立过程中各方的意志得以体现。因此，合同的订立如果没有达成一致则被视为无效（《国朝刑律》第 355 条、第 638 条）。另一项是诚实的原则（《国朝刑律》第 190 条、第 191 条、第 377 条）。

3. 合同的效力

《国朝刑律》规定一旦出现违背下列原则的情形则一律无效，诸如：违背意志（《国朝刑律》第 355 条、第 638 条），与合同主体的能力不相符（《国朝刑律》第 313 条、第 377 条），与合同的标的物不相符（《国朝刑律》第 382 条、第 383 条）。

4.《国朝刑律》确认的主要合同类型

（1）土地买卖合同。只有在完全具备下列两个条件时才被视为合法的：所出售的土地是属于自己所有的且没有受到胁迫。

（2）土地典当合同。因为土地对于农民而言是生活来源，尽管农民由于急需用钱被迫变卖田地，但是，他们仍然希望有朝一日能够将田地赎回以便自己耕作。典卖（暂时变卖）契约的特点是，如果尚未超过文契中所约定的期限或者法定的期限则变卖人有权赎回所变卖的田地。如果该时限尚未在文契中约定则应当依照法定的时限，即 30 年。依照《国朝刑律》第 384 条的规定，合同期满的时间，对于秋稻田（早稻或早秋农作物）而言则赎回的时间是 3 月 15 日，对于夏稻田（晚稻或晚秋农作物）而言则赎回的时间是 9 月 15 日。因此，赎回田地的时间应当是在下一季耕种之前实施，避免给被赎回田地的人造成亏损。如果超过了期限则不得赎回田地。

（3）田地雇佣合同。田地雇佣事宜是有时限的，或者可以从这一年延续到另一年（依据田地主与田地雇佣人之间的约定而定）。因此，立法者已经预料到佃户肯定会萌生企图霸占主人田地的贪欲（《国朝刑律》第356 条）。田地的雇佣价格可以使用金钱或者是使用部分收益予以确定。对于田地雇佣人企图霸占田地或者田地雇佣人不履行对于田地主的义务的情形，法律的惩治是十分严厉的。实质上，这是出于对地主与佃户之间"出租耕地和佃耕土地"关系的保护。

上述各类合同的形式，通常是参与订立的双方之间的文契（文字契约），其中应当由村社中的一名官员予以证明（《国朝刑律》第 366 条）。在另一部法律文本集《国朝书契集》中，黎朝的立法者提出关于土地买卖、土地典当、土地雇佣的文契式样。

（4）借贷合同。《国朝刑律》有 7 个条款（第 587 条至第 593 条）对此类合同作了规定。《国朝刑律》第 587 条规定月息最高为 15 镍币（越南古代官方货币单位），严禁复利计算。针对同族之人的借贷时限最多为 30 年，针对族外之人的借贷时限最多为 20 年（《国朝刑律》第 588条）。用于保证借贷契约的措施是担保、代替偿还的人（《国朝刑律》第590 条）。为确保各个兄弟民族之间的团结，法律规定京族人不得向蛮寮人借贷（《国朝刑律》第 593 条）。

（5）雇佣人工和（租赁）其他财产的合同。《国朝刑律》第 656 条、第 603 条。

（6）寄存合同。《国朝刑律》第 579 条。

（九）诉讼制度

诉讼制度在"捕亡"和"断狱"两篇中都有规定，包括抓捕、拘押，审理罪犯等内容。由于当时没有将法律划分成刑法、民法等，因此，《国朝刑律》也没有将此划分为刑事诉讼和民事诉讼等。由于《国朝刑律》几乎是《唐律》的翻版，因此当时越南也实行行政司法合一的体制。①

1.地方各级政府的诉讼管辖权

依照《国朝刑律》第 672 条的规定，地方各级政权的诉讼管辖权限如下：

（1）乡级。乡级官员负责审理村社中发生的琐碎的民事纠纷，通常是在各方当事人之间进行调解。在封建制度中，各个村、社经常因为鸡毛蒜皮的小事引发纠纷，因此，黎朝的立法者非常注重在乡这一级行政单位化解此类案件，以减少各种耗时费力的诉讼的产生，为上一级官员卸掉不必要的包袱。

（2）县级。县级官员负责重新审理乡级官员所审理的抗告案件，即对乡级官员所作出的判决和裁定提出上诉和抗诉的案件。

（3）路级。路级官员负责审理轻微的案件和重新审理县级官员所审理的抗告案件，即对县级官员所作出的判决和裁定提出上诉和抗诉的案件。府级官员负责审理中等案件。

（4）朝廷。这一级负责审理重大的案件和重新审理路级、府级官员所审理的抗告案件，即对路级、府级官员所作出的判决和裁定提出上诉和抗诉的案件。

上述诉讼权限体现出诉讼的程序。如果将乡看作化解纠纷的单位的

---

① ［越南］越南社会科学院：《国朝刑律》，越南法理出版社 1991 年版，第 197 页。

话，那么，这一时期的立法者制定出了三级审判体系即县级、路级、朝廷。原则是在一起诉讼案件中可以上诉两次，如果对县官的判决和裁定不服则可以上诉至路官，如果对路官的判决和裁定不服则可以禀呈至朝廷。如果违反该程序，依照《国朝刑律》第 672 条的规定要被处以杖刑或者贬刑。

2. 诉状、控告书

在这一时期，案件的核实、调查可以自收到诉状、控告书或者揭发犯罪的证词之时起着手进行。一方面，诉状或者控告书应当由当事人书写并呈交拥有此类案件审理权的衙门。如果当事人不识字则可以请他人帮忙代写。另一方面，依照《国朝刑律》第 513 条的规定，"对于煽动诉讼人、共同帮忙起草诉状的人诬告他人则与犯人相比处以罪减一等的处罚。狱吏员如果煽动他人告状或者代替他人起草诉状则处以罪加一等的处罚"。为了避免控告与事实不符，《国朝刑律》第 508 条强制控告书必须载明事件发生的年、月、日，只能陈述事实，不得论及怀疑之事，违者则必须处以杖八十。如果狱吏在诉状或者供词上擅自增、减内容则判处服象坊兵的徒刑。为了减少不必要的诉讼，立法者不仅对原告诉状的诉状形式和身份作了规定，还对官吏违法受理案件作了规定。例如，官吏违法受理案件则处以罚款 30 贯（《国朝刑律》第 508 条），路级官员违法受理鸣冤的诉状则处以贬一胥和罚款 5 贯的处罚（《国朝刑律》第 698 条）。子孙不得状告或者控告祖父、祖母、父亲、母亲，妻子不得状告丈夫。①

法律对于犯有诬告行为的人给予严厉的惩治，如《国朝刑律》第 502 条规定"诬告他人的人则以已经诬告的罪行论处，但是，罪减一等"。

---

① ［越南］越南社会科学院：《国朝刑律》，越南法理出版社 1991 年版，第 200 页。

3. 讯问程序

关于讯问事宜,《国朝刑律》第 667 条规定:"在录取犯罪嫌疑人的口供时,负责案件的官员应当仔细审查,从中寻觅出犯罪事实以便犯罪嫌疑人认罪,不得过于宽泛地讯问甚至包括与本案无关的人以违法规收集证据,如果违反本条的规定则予以处罚。"依照《国朝刑律》第 714 条的规定,官吏不得挑选与案件当事人有亲戚关系或者有仇的人作为证人。《国朝刑律》第 546 条规定,如果证人的陈述与事实不符,翻译人员翻译错误或者弄虚作假则给予证人比照犯罪嫌疑人的罪行罪减两等的处罚,对于翻译人员则给予与犯罪嫌疑人同一罪行的处罚。依照《国朝刑律》第 716 条的规定,狱吏如果遗漏告状人或者犯罪嫌疑人的供词则处以判处徒刑,如果故意篡改供词则处以流刑。

讯问事宜同样也规定得十分详细,即什么时候可以讯问犯罪嫌疑人、讯问的形式和程度、什么类型的人可以免于讯问。依照《国朝刑律》第 668 条的规定,刑官在讯问囚犯时,如果已经仔细地审查了犯罪嫌疑人的供词,但是,仍然尚未予以定罪,需要再次讯问犯罪嫌疑人则必须在设立断案组时刑官才能讯问。《国朝刑律》第 660 条规定,对囚犯的讯问不得超过三次,杖打不得超过一百,讯问官一旦违反该项规定则罚款 100 贯;如果造成犯人死亡则判处贬刑或者徒刑,如果故意打死犯人则以故意杀人罪论处。依照《国朝刑律》第 665 条的规定,对于属于"八议"范围的人、70 周岁以上的老人、15 周岁以下的未成年人、残疾人则可以免于讯问。对于这种类型的人,负责案件的狱官只能依据各种供词予以定罪。

4. 案件审理的程序

(1) 案件审理的地点。依照《国朝刑律》第 709 条的规定,案件应当在衙门公开审理,在审理案件的地方每一个人均须严格按照已定的规纪坐立。关于女性的规纪是，皇亲国戚中的女性、三品以上的各级王公家族中的女性可以由他人代替出庭候审，四品至六品的王公家族中的女性须出庭候审并且准许其站立，七品以下的各级王公家族中的女性则须坐在地上。关于男性的规纪是：一品至二品的男性则准许其坐在设置在案件审理地点的床上，三品官吏则须站立，四品以下的各级官吏则须坐在地上。

（2）关于案件审理的时限。依照《国朝刑律》第 671 条的规定，负责审理案件的官吏如果犹豫不决导致案件逾期尚未审理则按照法定的罪行论处。审理案件的期限自被起诉的罪犯或者犯罪嫌疑人被抓捕之日起计算至出庭受审之日。盗抢案件必须在三个月的期限以内审结。诽谤案件必须在四个月的期限以内审结。互殴、互辱的案件与杂讼案件或者零星的违法案件则必须在两个月的期限以内审结。法律规定负责审理案件的官吏导致案件逾期一个月审理则被处以贬刑，逾期三个月审理则被革职，逾期五个月审理则被判处徒刑。如果原告无故拒不到庭逾期一个月则诉讼案件可以予以撤销。被告在收到传票的情形下，如果缺席逾期一个月则负责审理案件的官吏可以将原告纳入指控书上所列的罪名予以论处。如果被告已经出庭受审且进行了辩解而控告人又无故缺席逾期 20日拒不到庭则负责审理案件的官吏可以将此人治罪。

（3）关于审理案件的方法。《国朝刑律》第 720 条规定得相当清楚："案件审理日，负责审理案件的官员要相互聚集在一起以便详细地讯问使之明辨是非，根本的目的在于每一个人均心安理得。如果有不清楚的情形应当重新审察，不得固执己见，不得强迫每一个人都要遂自己的愿，不得摆出这样或者那样的理由造成有人因此而蒙冤。"依照《国朝刑律》第 708 条的规定，一旦判处罪行，审理案件的官员如果仍然对该项定罪持怀疑态度则可以对照该罪减轻对罪犯的处罚。

（4）抓捕犯罪嫌疑人的程序。《国朝刑律》没有对抓捕犯人与抓捕正在实施犯罪行为的犯罪嫌疑人逃逸的程序作出区分。抓捕犯人应当持有公牒。《国朝刑律》第704条规定，如果没有持有加盖本厅印章的公牒而擅自抓人则处以贬二胥的处罚，如果抓捕无罪之人则处以贬三胥的处罚，如果公牒中已经填写了应当抓捕的犯人的姓名而错抓了其他的人则按照同罪予以论处。依照《国朝刑律》第701条的规定，狱吏所签发的传票，已经载明了差遣前去送达传票的人而如果又交付给其他的人则处以贬三胥的处罚。依照《国朝刑律》第702条、第703条的规定，监狱监察狱吏前去抓捕犯人应当与地方的官员一起配合执行缉拿。《国朝刑律》第646条规定，如果犯罪嫌疑人因为抗拒或者逃跑而被前去抓捕犯罪嫌疑人的人打死或者因为走投无路而自杀，则对于前去抓捕犯罪嫌疑人的人均予以免罪。反之，如果已经抓捕了犯罪嫌疑人而还将其打死则对于前去抓捕犯罪嫌疑人的人将比照相互斗殴致人丧命的罪行罪减四等予以处罚。①

（5）关押、案件执行的程序。犯人必须被严格监禁在规定的地方（《国朝刑律》第659条）并且必须严格按照监禁的形式予以监禁，例如，应当戴上枷锁的则必须戴上枷锁（《国朝刑律》第658条）。《国朝刑律》第663条规定，如果犯人所犯罪行严重，受伤需要进行查验，生病需要发放药品而不上枷锁以便发放；如果犯人所犯罪行轻微，理应让其亲人保释而不予准许则狱吏处以杖八十；如果因此而造成犯人死亡则处以贬二胥。

（6）死刑执行程序。对于判处死刑的案件，不得在春季之初、国忌日、重大节日予以执行（《国朝刑律》第676条）。被处以死罪的妇女如果正处于怀孕期则应当在其生育子女100天之后才能押解执行死刑（《国

① ［越南］越南社会科学院：《国朝刑律》，越南法理出版社1991年版，第202页。

朝刑律》第 680 条)。

（十）《国朝刑律》的特点

和其他各种封建法典一样，《国朝刑律》十分鲜明地体现了它的阶级本质。《国朝刑律》的首要目标是捍卫封建阶级的王权、地位和权利，巩固封建社会的等级秩序和封建家庭家长制。《国朝刑律》将儒教思想体制化，任何违反礼教的行为均要受到法律的惩罚。《国朝刑律》还体现出下列几个十分鲜明的特色。

1. 大量借鉴中国的《唐律》《明律》

从篇目名称、体例、结构到内容都可以看出，如古代中国法中的十恶、五刑、七出、八议、亲亲相隐等制度均被《国朝刑律》所采纳，相同之处太多，难以细述。

2.《国朝刑律》在中国唐朝、明朝法律的基础上适当修改，以便更加适合越南的国情

《国朝刑律》在整个布局形式和内容方面都体现出自身独特的特点。

（1）结构上的不同。《唐律疏议》共有 500 条，12 篇（章），30 卷，而《国朝刑律》则有 722 条，13 篇（章），6 卷。《唐律疏议》有下列篇目："名例律""卫禁律""职制律""户婚律""厩库律""擅兴律""盗贼律""斗讼律""诈伪律""杂律""捕亡律""断狱律"。与《唐律疏议》相比较，《国朝刑律》比《唐律疏议》多 222 条，多出近一半。其中有上百条是《唐律疏议》中所没有看到的或者是在内容上有不同。

（2）内容上的不同。《国朝刑律》也有许多新颖的亮点，主要体现在"户婚"和"田产"两篇中。

如在《唐律疏议》中没有明确地规定有关各类文契、遗嘱成立的方式和形式，没有明确地界定成为孤寡之后夫妻的财产分割制度以及继承

制度。与之相反的是，在上述两章中，黎朝的立法者对于制作各类文契和遗嘱的方式、夫妻一旦成为孤家寡人之后夫妻的财产分割制度、由继承关系所衍生出来的各种情形以及予以继承的分割财产的制度均清楚、具体地予以规定。特别值得一提的是，已经有了区分夫妻财产的来源以及区分夫妻各类财产的概念，如丈夫的田产和妻子的田产、夫家田产和妻家田产等。在后来法属时期南朝的各个法院、美伪时期的西贡高级法院常常依赖《国朝刑律》的规定审理与夫妻财产相关的各种案件。黎朝法律关于香火的规定也与《唐律疏议》有所不同。例如：《国朝刑律》规定，如果没有儿子则女儿可以享有香火田地，古代中国法律的规定则是：如果没有儿子以及家族中没有任何一位男子则女儿才能享有。

3. 与《唐律疏议》相比，《国朝刑律》对妇女的权利的保护更加重视

如前所述，在家庭中，虽然丈夫是家长，但是，一旦遇到重大事情，丈夫常常要与妻子商量。如果丈夫死亡，妻子有权管理家庭的财产。特别值得一提的是，妇女享有继承权，女儿享有与儿子同等的份额。

4. 《国朝刑律》在一定程度上保护和关心普通老百姓，特别是穷人的生活

在《国朝刑律》中，有不少严厉惩罚权贵仗势欺人、骚扰平民百姓的条款。例如，《国朝刑律》第300条规定："驻守镇外的官员与诸位将校如果擅自收取军、民的钱财作为上贡皇帝的礼物则处以贬一胥的处罚，罪行严重则罪加一等并且强迫其将礼物归还给军民。"再如，依照《国朝刑律》第302条的规定，王公或者公主所管理的官员如果擅自强迫平民百姓充当服侍的奴仆则均处罚金，也可能革职；依照《国朝刑律》第304条的规定："管理平民百姓的官员如果胡作非为则判处徒刑或者革职。宗室自二品以上则罚钱100贯。"《国朝刑律》制定的这些规

定旨在保护没有能力自谋生活的孤寡平民、残疾人、孤儿（《国朝刑律》第 294 条、第 295 条）。

5.《国朝刑律》获得外国学者的好评

在推荐《国朝刑律》并将其翻译成法文的推荐词中，德卢斯塔尔（Deloustal）给予了较高的评价，称黎朝的法律是带有越南浓郁性格的创举，尽管在该部法典中，中国法律和哲学的影响烙印是不可避免的事情。① 美国哈佛大学法学院已经将《国朝刑律》翻译成英文。在考证部分中，通过使用比较的方法，考证家重点提到了该部法典的特色乃至进入 15 世纪至 18 世纪越南民族在与同样也深受儒教影响的东亚文明的其他各个邻国如日本、朝鲜相比所达到的文明程度。持同样观点的还有哈佛大学法学院东亚法律系主任奥利弗先生（Oliver Oldman），奥利弗先生如此评价："在过去的许多个世纪中，我们同样也看到，与近代西方的法律观念相比，黎朝越南国所付出的努力，为了建设一个强大的民族国家和保护合法的私有权所付出的一种经常性的努力是由于具有先进的法律体系与多种相同的功能。"② 两位日本学者 M. AiKyo 和 T.Inacô 同样也认为："以往的越南法律绝不等同于中国的法律，15 世纪的《国朝刑律》虽然受到了中国唐朝律例的影响，但是，同样也有越南自身的特色。例如，《国朝刑律》与中国法典的不同之处在于《国朝刑律》已经将实体法律与程序法律区别开来，已经将家族法从民事法和行政法之中剥离出来，承认妇女的财产权。"③

---

① ［越南］越南社会科学院：《国朝刑律》，越南法理出版社 1991 年版，序言。
② ［越南］越南社会科学院：《国朝刑律》，越南法理出版社 1991 年版，第 18~19 页。
③ ［日本］M.AiKyo、T.Inacô：《越南法律系统研究》，越南社会科学出版社 1993 年版，第 58 页。

六、《国朝勘讼条例》①

《国朝勘讼条例》是一部诉讼法典。在《越南历朝宪章类志》（文籍志部分）中记载：《勘讼条例》共有 2 卷，景兴三十八年（1777 年）黎维桃皇帝修订，并且在扉页部分有皇帝撰写的旨谕。河内汉喃研究院还保存着用汉字刊印的两本《国朝勘讼条例》，编号为 2755/A 和 2755/B，其中编号为 2755/A 的版本最完整。② 与保存在汉喃研究院的法典文本相比，《越南历朝宪章类志》（刑律志）的记载只有 21 条律例，与第 1 章、第 3 章、第 5 章、第 6 章、第 11 章至第 20 章、第 22 章、第 25 章、第 28 章相同。其中，一些律例虽然有相似的内容，但是，对其记载比较简化。关于制定和颁布这部法典的时间在编号为 2755/A 版本的扉页部分有详细的记载，是农历丁酉年准备制定，全部内容是 31 条律例。《越南历朝宪章类志》记载的是于景兴三十八年（1777 年）修订。在《越南古律通考》中，如果农历丁酉年是 1777 年，那么朝廷岂能在两年（1777—1778 年）中又连续两次刊印这部法典？因此，法典中所记载的农历丁酉年应当是其他的农历丁酉年。按照阴历的方法计算，即一个甲子。又有一个同一正确称呼的年份，即农历丁酉年同样也可能是 1717 年。况且，在永盛十四年（即 1718 年同样也是农历戊戌年），黎裕宗已经降旨各个衙门必须严格依照有关重新考定的程序执行各种律例。有关这道圣旨的情况《越南历朝宪章类志》（刑律志）中有记载并且与《国朝勘讼条例》（编号为 2755/A）一书扉页上刊印的这道圣旨的言辞相似。凭借这样的论据，这部法典应当是 1717 年考订完成的。

---

① 有的古籍史料亦称之为《勘讼通例》或《勘讼事例》。
② ［越南］《越南 15—18 世纪法律文本译本汇编》，越南政治出版社 1987 年版，第 267、329 页。

那么,《国朝勘讼条例》是在何时得以起草拟定和颁布施行的呢?在连续的两年中,如果法典仍然不够分发到全国各地的衙门,朝廷是可以分两次刊印法典的。况且,一旦有了木刻的文本则增加刊印不是什么困难的事情。至于说为什么1718年的圣旨会与《国朝勘讼条例》(编号为2755/A)一书扉页上刊印的圣旨的言辞相似?如果农历丁酉年是1717年,则这两道圣旨就是一份,因为它只不过是再次刊印而已。如果农历丁酉年是1777年,则后来继位的皇帝就同一问题所降下的圣旨与先王的圣旨相似,同样也是一种容易理解并且在封建制度中也是常见的现象。黎裕宗皇帝1718年降下的圣旨和黎显宗皇帝1777年降下的圣旨均提及"分摊增减""颁布施行""参酌""设为定法""编撰成书""颁布给各个衙门遵照执行",即两次圣旨(在两个不同的时点,1718年和1777年)均提到起草拟定、补充、修订和颁布施行法典。四部条律随1718年的旨谕予以颁布施行,在1718年的旨谕中,有关于核查诉讼事宜的法律中首要律例的一些条款的内容。如上所述,关于核查诉讼事宜的律例一共包括21条,其正是《国朝勘讼条例》的一部分。

因此可以说,《国朝勘讼条例》得以起草拟定和颁布施行不仅是在某一个具体的年份中,而且是整个18世纪的立法成果,其经过了多次修订、补充。

1.《国朝勘讼条例》法典的结构

《国朝勘讼条例》共有31条律例(每一律例类似于一章),没有记载"条款"和各条款的顺序。但是,通过设置的方法和各种详细的内容可以看出,《国朝勘讼条例》共有133条。最重要的章节是《勘讼惯例》,其概括地规定了一般诉讼程序。其他章节相应较短,规定了诉讼过程中各个环节的具体诉讼事宜或者针对各类违法行为的诉讼方法。具体为:

第一章"勘讼的惯例";第二章"原告、原告状告办理案件的官员的律例"，该律例规定一旦办理案件的官员胡作非为时案件申诉、状告的事宜；第三章是关于勘官们差遣人员缉拿罪犯日程的律例，该律例规定了被派遣执行缉拿罪犯任务的人员的路途行程时限，该时限依照路途长短、地点远近而确定；第四章是关于核查各级勘官诉讼案件期限的律例，该律例规定了将案件卷宗材料转呈上级的时限；第五章是关于捉拿罪犯的律例，该律例涉及要求当事人、罪犯、证人到衙门的事宜；第六章是关于当事人请求延缓诉讼事宜的律例；第七章是关于监视诉讼事宜的律例，该律例规定一旦当事人不出庭候审或者逃避时的解决方法；第八章是关于一个人在多地就同一事项提起诉讼的律例；第九章是关于经费的律例，该律例规定在案件得以审理以后，如果原告败诉则应当向被告、证人支付赔偿费；第十章是关于聘金的律例，参与诉讼案件的各方当事人应当向审理该件诉讼案件的官府和属吏支付的诉讼费；第十一章是关于担保金的律例，一旦诉讼案件审理完毕，任何一方当事人如果败诉则应向官府交纳谢罪费，如果当事人胜诉则应当交纳答谢费；第十二章是关于差遣收取赎金、罚金、赔偿金、担保金的律例；第十三章是关于诉讼案件审理所投入经费的律例；第十四章是关于稽查诉讼案件的律例；第十五章是关于人命案件的诉讼律例；第十六章是关于盗窃案件的诉讼律例；第十七章是关于土地案件的诉讼律例；第十八章是关于仗势欺人案件的诉讼律例；第十九章是各级官吏贪污腐化堕落案件的诉讼律例；第二十章（缺失）；第二十一章是禁止假冒差遣事宜徇私枉法的律例；第二十二章是关于相互斗殴案件的诉讼律例；第二十三章是关于凌辱案件的诉讼律例；第二十四章是关于奸淫案件的诉讼律例；第二十五章是关于婚娶案件的诉讼律例；第二十六章是关于借债纠纷的诉讼律例；第二十七章是关于赌博案件的诉讼律例；第二十八章是关于墓地纠纷的诉讼律例；第二十九章是关于杂诉的律例；第三十章是禁止干扰办案、怂恿的律例；第三十一章是官吏胡作非为的诉讼律例。[①]

2.《国朝勘讼条例》的特点

《国朝勘讼条例》是黎朝有关诉讼法方面立法成果的结晶，其特色主要不在于法典具体规定的内容，而在于在大越法律史中甚至在整个封建东方的法律史中，是唯一的有关诉讼方面的单独的法典。在中国的封建法律中，有关诉讼的各种关系同样也常常只在各种综合法典中，如《捕亡》和《断狱》中得以规定。这一部诉讼法典的问世，证明黎朝的立法者在某种程度上已经知道实体法和程序法之间的区别。在西方，直到资产阶级革命以后，资产阶级的立法者才具有这种认识和区别。

七、阮朝法制的演进

（一）阮朝立法活动

从嘉隆至嗣德，各朝皇帝均关注制定法律和适用法律，因此阮朝的立法活动同样也取得了值得称道的成就。阮朝立法活动中典型的成就是《皇越律例》和各种会典集。

1. 法典

据《大南实录》记载，1811 年，嘉隆皇帝命令朝臣编撰法典。阮文诚被特选担任总裁，与武桢和陈宥一道奉皇帝之命令，负责编纂法典。1812 年，嘉隆皇帝为这部法典撰写了序言，其概略地论述了立法的思想及成就，指明了颁布施行法典的迫切要求，同时肯定了法律在社会生活实践中的意义。法典得以编纂完毕并且首次在中国刻印。1815 年，法典

---

① ［越南］《越南 15—18 世纪法律文本译本汇编》，越南政治出版社 1987 年版，第263 页。

得以刻印成书在越南全国范围内颁布施行。①

2. 会典

会典是经皇帝颁布施行或者批准编成典制用于补充法律的法律文本集合。会典汇集了各个王朝的时间顺序所颁布的各种诏、谕、旨、敕、令、准。卷目的分类依据六部和各个专门机关的权限、职能。会典还被称为大典、政典、典录、典制、典例。皇帝是有权决定编纂事宜和指定人员编纂会典的人。阮朝颁布施行下列一些重要的会典:

(1)《会典撮要》。明命皇帝于 1833 年颁布施行。这是一部记载有关百官制度、职责,同时规定各部主要任务、权限的会典集。1843 年,绍治皇帝颁布关于制定系统化会典的旨谕。②

(2)《钦定大南会典事例》。它经过精心编纂,时间持续长达 13 年(1843—1855 年),是越南使用汉字书写古籍宝库中最宏大规模的工程之一。这部会典抄录了从嘉隆第一年至嗣德第四年(1802—1851 年)所有皇帝批阅的各类诏、谕、旨、敕、令、准。后来得以连续编纂直至维新第八年(1914 年)。内阁是主要负责搜集和编纂会典的机关。③

(3)《明命政要》同样也是一部汇集了皇帝颁布施行的法律文本会典。其分类主要依据专门领域,这部会典共有 25 卷。

(4)《大南典例撮要》是一部得以重新编纂、汇集自嘉隆至成泰年间法律文本的会典。

(二)《皇越律例》

目前在越南的藏书中还保存有用汉字刻印的《皇越律例》原始版

---

① [越南]《大南实录》,越南国家图书馆资料,第 87 页。
② [越南]《大南实录》,越南国家图书馆资料,第 94 页。
③ [越南]《大南实录》,越南国家图书馆资料,第 102 页。

本。这个版本是在中国刻印的，该版本得以保存在以前的西贡图书馆，现在是胡志明市图书馆。这部法典以前属于钦差大臣阮知方的家庭藏书。该版本的一些首集篇目已经遗失。第二种版本是在越南刻印的，有22卷，装订成10集，共1800页。越南刻印版本比中国刻印版本更加完整。自1956年至1958年，《皇越律例》汉字版本一些卷被翻译成越南语，由汉学博士阮士觉翻译。越南史学院保存完整译本，共有22卷。1994年，文化信息出版社按照阮光胜和阮文才的译本刊印发行了这部法典。可以将其看成最完整的《皇越律例》的译本。①

1.《皇越律例》的结构

《皇越律例》共有398条，分成22卷。分卷一开始就划分了专业，为适用法律的过程创造了便利的条件。《皇越律例》的开篇印有嘉隆皇帝所撰写的序言，其中有曰：用德以教化，用德不足以教化才用到刑罚。"法律是为统治事宜增添至善的辅助工具。"②紧随其后的是有关越南皇帝颁布施行的律、例的总目录。其中《名例》和《法例》部分设置如下：

第1卷、第2卷、第3卷：记录了赎罪价格、五种刑罚、根源、意义、刑具、丧制律例图表的目录。解释律例的一些重要原则，不合法财产的处理方式。关于十恶之罪和一般原则的名例（共45条）。

第4卷、第5卷：《吏律》是关于职制和公务的规定（共27条）。

第6卷、第7卷、第8卷：《户律》是关于户籍、田宅、登记入册、财物、田土税、逃税，调整婚姻、收支、借贷、集市店铺的规定（共66条）。

第9卷：《礼律》是关于朝廷礼仪、祭祀、陵寝、房屋、服饰的规定（共26条）。

---

① ［越南］《皇越律例》，阮光胜、阮文才译，越南文化信息出版社1994年版，第58页。

② ［越南］《皇越律例》，阮光胜、阮文才译，越南文化信息出版社1994年版，序言。

第 10 卷、第 11 卷:《兵律》主要旨在保卫皇帝、宫禁,调整军事领域,检查流通、边界问题、传递公文、驿站(共 58 条)。

第 12 卷至第 20 卷:《刑律》(包括所有的刑事和诉讼),是关于各类具体的罪犯以及申诉、诉讼、审理、监禁、执行案件的程序规定(共 166 条)。

第 21 卷:《工律》主要是关于各种公共工程、仓储、堤防、路桥建设领域内违法行为的规定(共 10 条)。

第 22 卷:记录了有关条律总类和索引的目录。在该卷中,立法者预估了 30 种对比情形以便相应地适用。

在《皇越律例》中,有 204 条有条例部分,这些案例的总数是 560 条。一些条款只有主律例,没有解释部分和条例。例如:第 2 条的"十恶之罪";第 3 条的"八议层面"以及《礼律》、《兵律》(自第 141 条至第 206 条)中的一些条款。这些条律通常是带有原则性的一般规定或者不可变更的仪式、命令,所以免于评论、解释、补充。有一些条款虽然没有解释部分,但是,仍然附带有条例(例如第 140 条、第 143 条、第 144 条、第 145 条等)。这些条律主要与祭祀、礼仪或者军事相关。一些条款虽然有解释,但是没有条例(例如第 4 条、第 7 条、第 9 条、第 10 条、第 367 条等)。这些条款通常带有公权性或者是与国家的一般政策相关的规定。

注解是印在纸张的首页上最小的印刷体部分,是关于词语、区分概念的注释或者是关于条律的详细解释抑或是印在一份与主要条律相关的条例中的一份判决书的陈述。例如第 2 条的注解部分增加了关于根源、自然、社会、道德和五刑与十恶之罪之间联系的解释。

2. 关于《皇越律例》的效力

《皇越律例》自 1815 年至 1883 年在大越全部的领土上生效,调整经济、社会生活中的一切领域。1884 年以后，在法国殖民政权的影响下，《皇越律例》逐步废止。

3.《皇越律例》的内容

（1）刑事规范。刑事法律的内容主要是自第 1 卷至第 3 卷和第 12 卷至第 18 卷予以规定。关于刑罚，在《皇越律例》（名例律）第 1 条中予以论述并且在几乎所有的《皇越律例》的各条款中予以详细地规定。与阮朝的《国朝刑律》相比，《皇越律例》中的刑罚更苛刻。其刑罚包括五刑和五刑之外的各种刑罚。

（2）民事规范。在《皇越律例》中，约有 40 条是关于国家财产的规定，有 12 条是关于赋税的规定，有 22 条是关于个人和家庭户的所有制的规定，此外，还有大量关于契约、婚姻家庭、继承、诉讼等方面的规定。[1]

第二节　古代泰国国家与法的演进

研究泰国实在法（positive law）必须研究其相关背景，注意各个时代法律产生的道德根源。对泰国法制起源及其演变的研究，可以让我们深入了解泰国民族与国家的发展历程，更好地了解其成文法背后的"法理"（legal dogmatics）。[2]泰国民族的发展与世界其他民族的发展相比有其自身的特点，但也有共同的地方，那就是，社会的发展是从身份社会向契约社会发展的。

---

① ［越南］《皇越律例》，阮光胜、阮文才译，越南文化信息出版社1994年版，第95页。
② 米良：《论泰国古代法制的演进》，载《南开法律评论》2012 年第 1 期。

一、素可泰王朝时期的社会特征及法律

（一）素可泰王朝时期的社会特征

当说到泰国在古代的统治时就必须留意在"泰国"前面的修饰词语。从前并没有"泰王朝"这样的近代叫法。以前的泰国有的只不过是一个个的朝代，素可泰王朝就是其中之一。研究素可泰王朝时期的历史可以发现，素可泰并非统治泰国全国各地的政治中心，它仅仅是一个小国，还有其他国家有自己独立的政权。例如"兰纳"（以清迈为政治中心）、大成、派呦、南国、色坛玛拉等。一些学者认为泰国这一时期的统治方式与西方国家的"城市国家"（city states）相类似。[1] 即各个国家根据自己独有的风俗习惯与实际需要有自己的统治方式，各国又有各自专属的领地及城市。而各个国家的国王之间的关系非常亲密，不是以交朋友的方式就是以结亲的方式保持好联系，[2] 如素可泰时期的兰甘亨国王，就和"兰纳"国国王是好朋友。由于素可泰只是一个城市国家，其国土范围并不大，也未出现过向外扩张的时期。当时的国土面积发生改变的是在兰甘亨大帝统治结束以后，当时素可泰王朝开始衰落，最终沦为大成王朝的领土。[3] 虽然素可泰只是一个城市国家，也许还不能够将其视为泰国历史上的首个国都，但素可泰王朝在泰国历史研究上占有举足轻重的地位，特别是在泰国法律史研究方面，其留下的兰甘亨碑文，是最早记录当时社会风貌的文字资料。从资料记载可以发现，素可泰王

---

① ［泰国］唐素·喃努：《泰国历史上政治与外交》，泰国朱拉隆功大学出版社 1981 年版，第 1 页。

② 米良：《论泰国古代法制的演进》，载《南开法律评论》2012 年第 1 期。

③ ［泰国］唐素·喃努：《泰国历史上政治与外交》，泰国朱拉隆功大学出版社 1981 年版，第 3 页。

朝的建立是在多位国王即帕门、赵门兰、班甘谭赵不断反抗高棉人的统治过程中建立起来的。班甘谭赵成为素可泰的首位国王，并有了新的称谓，即西因萨提大帝，其后又有 8 位国王统治过素可泰王朝。[1] 使素可泰发展壮大的国王是兰甘亨，这从兰甘亨碑文中就可以看出。在统治管理方面，素可泰实行的是一种父对子家长式的统治方式。国王在战时领导民众抗击敌人、保护子民，而在和平时期则如同一位父亲一样统治国家，作出管理国家事务的决定，并发挥统治权处理各种纠纷。[2]

（二）素可泰时期的法律

素可泰时期的法律制度，是根据风俗习惯及宗教规定而形成的。[3] 泰国当代学者巴立迪·咖色玛沙教授指出，素可泰时期的法律规定是一种村落法律，是根据人们对事物的看法及普遍的想法而制定的，如对是非曲直的判断基于长时间的风俗习惯以及当时推崇的道德品质而定。[4] 研究素可泰时期的社会风貌、重大事件最好的资料就是兰甘亨碑文。兰甘亨碑文并非记录素可泰法律的石碑，而仅仅是对当时社会风貌、生活状况及部分法律知识的一种记录。碑文中记录的内容主要有以下几个方面：

1. 人的地位

按照兰甘亨石碑上的记载，民众分为王公贵族和平民百姓。其中王

① ［泰国］巴拉萨·纳·纳坤：《从碑文研究素可泰历史》，泰国朱拉隆功大学出版社 1988 年版，第 5 页。
② Prince Dhani Nivat, *The Old Siamese Conception of the Monarchy*, The Siam Society, 1947, p.93.
③ 米良：《论泰国古代法制的演进》，载《南开法律评论》2012 年第 1 期。
④ Preedee Kasemsup, Reception of Law in Thailand: A Buddist Society, *Asian Indigenous Law*, Masaji Chibaed., Thammasat University Press, 1986, p. 275.

公贵族指那些做官的或者说是统治阶级。泰国学者由此提出一个问题，即素可泰王朝有没有奴隶？关于这个问题，泰国法律史研究专家兰加教授认为，素可泰王朝时期没有奴隶，因为没有任何书面证据。1899 年的法律中也没有说到相关的事实，只有在兰甘亨碑文中提到过"仆人"这一说法，但是在素可泰王朝"仆人"是别人的财产。[①] 因此存在着这样的争论：在素可泰王朝存在着少量的奴隶即那些战俘。塞德教授认为，在碑文的第一部分中有"泰国奴仆"这样的记载，因此他认为在素可泰王朝存在着奴隶。[②] 吉·普密沙也认为在素可泰王朝存在奴隶，[③] 他解释说在素可泰王朝的法律中记载着关于私吞仆人的相关案件处理办法。这说明在素可泰王朝存在着奴隶，因为仆人的地位和财产差不多。另外"西里初"寺庙碑文第三部分也有证据表明在素可泰王朝存在着奴隶，这部分碑文记载了在市场上有人口买卖的情况。[④] 甚至泰国历史编撰委员会也记录了这一事件，泰国官方也予以承认。[⑤]

人们通常认为，"奴隶"指的是有生命但没有人的地位的一群人，西方国家称之为 slave。slave 的地位跟动物和物品差不多，无论怎样对他们都可以，甚至将他们杀了也可以。而泰国古代所说的奴隶和西方国家古代所说的奴隶情况还不太一样，泰国古代社会中的"奴隶"或者说"奴仆"指的是社会底层的人，如那些帮人干体力活、打手之类的人。

---

① ［法国］兰加：《泰国古老法律体系的奴隶》，派洛·甘普史立译，泰国法政大学出版社 1996 年版，第 320 页。

② ［泰国］塞德：《素可泰王朝存在奴隶和奴隶社会吗？》，泰国朱拉隆功大学出版社 1988 年版，第 76 页。

③ ［泰国］吉·普密沙：《封建社会真正的面目》，泰国朱拉隆功大学出版社 1975 年版，第 107 页。

④ 米良：《论泰国古代法制的演进》，载《南开法律评论》2012 年第 1 期。

⑤ ［泰国］乍仑·科萨那喃：《泰国哲学与法律》，泰国兰甘享大学出版社 1993 年版，第 127 页。

这些人还享有人的一些基本权利，如果表现好的话，特别是在战争中表现突出的话将有机会改变自己的社会地位。[①] 有文献记载，泰国的奴隶受到了比较人道的对待。[②]

2. 财产所有权的问题

根据兰甘亨石碑记载，这一时期，泰国允许自由从事商业活动。有关碑文是这样记载的："朋友牵着黄牛去卖。"[③] 碑文上的其他记载也体现出明确的产权体系。另外，如果有人去世了，他的财产将会作为遗产由他的子女继承。这些关于继承财产方面的说法已经具备了遗产法的特性。

3. 刑事法律

据兰甘亨碑文记载，素可泰王朝时期已经有完善的用于审判的法律。例如，产生争端和冲突时要公平公正地评判。此外，依据碑文记载，法官要公平公正地审判，不能因为一方是达官显贵就予以偏袒。关于给犯人定罪方面，石碑上刻有《盗窃法》，据推断是在佛历1856—1976年（1313—1433年）间刻上去的。《盗窃法》不是真正意义上的刑法，也不是生活中用来定罪的法律，只是反映了当时一种类似于刑法的法律思想，未规定具体的定罪方法。

4. 统治方式

素可泰时期的政治统治方式是一种父亲对儿子式的统治方式，统治者的地位如同家长一样。据兰甘亨碑文记载："国父兰甘亨对于全体人

[①] 米良：《论泰国古代法制的演进》，载《南开法律评论》2012年第1期。

[②] ［法国］巴尔洛哥：《讲讲泰国》，讪·戈曼布译，泰国前进出版社1998年版，第213页。

[③] ［泰国］朱拉隆功大学法学院编：《古代碑文研究汇编》，泰国朱拉隆功大学出版社1974年版，第163页。

民就如同君王一样，或者是如同老师一样教给我们知识和礼仪。"① 虽然素可泰时期是一种家长式的统治方式，对民众行为规范的约束也是根据风俗习惯制定的，但当时一部分印度法律已经传入泰国。这可能是由于当时的素可泰王朝位于托罗瓦底国（泰国古代的一个王国）和高棉国间的黄金地带，而且孟族（泰国的一个少数民族）受到了印度教的思想影响。兰甘亨碑文中记载的内容可以证实这一点。②

5. 统治思想

从黎泰时期另一部佛教著作《大佛记》中也可以找出反映素可泰王朝时期统治思想的历史证据。《大佛记》中记载了许多有关统治者在使用权力方面的事项：统治者应当公平友爱，仁慈地对待社会中各个阶层的民众，不让大众受苦受难；统治者必须处事公平，审理案件公平，树立公平的形象；统治者必须听取智者的意见，按照智者提出的正确意见行事；统治者应当遵行五戒（不杀生、不偷盗、不淫邪、不妄语、不饮酒），避免行五戒中之事；统治者必须有一颗仁慈之心，不榨取劳动人民的财产；统治者应按照以前的比例抽取税赋，不随意增加税赋的比例；统治者应当不收利息，把钱借给那些在生意中遭受困难的人；统治者应当分发财产给官员，让他们能够安心工作；统治者应当对人有所了解，能公平地断案；统治者应当供养僧侣、智者等食客；统治者应当对有功者论功行赏。③

---

① ［泰国］朱拉隆功大学法学院编：《古代碑文研究汇编》，泰国朱拉隆功大学出版社1974年版，第175页。

② 米良：《论泰国古代法制的演进》，载《南开法律评论》2012年第1期。

③ ［泰国］巴颂·沙旺素西：《大佛记》，泰国前进出版社2001年版，第63页。

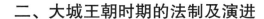

二、大城王朝时期的法制及演进

（一）大城王朝时期的社会特征

素可泰王朝在兰甘亨大帝和"帕拉亚里泰"皇帝统治时期，国家繁荣昌盛。至此之后，大城王国开始入侵，素可泰王朝的统治也发生了改变。大城王国的发展比较迅速，不断向周边扩张，不久之后就将整个素可泰王国领土吞并。素可泰王朝被侵吞后，大城王朝开始统治泰国。佛历 1893 年（1350 年），乌通王正式建立大城王朝。大城王朝当时成为湄南河流域泰民族的中心。但当时的大城王朝还不能称为真正意义上的国家，只是属于领地性质一个区域。①

与素可泰王朝不同的是，大城王朝拥有自己的内城。大城王朝的内城当时主要包括周边 4 座城市，分别是北部的华富里、东部的那空那育、南部的帕巴登（音）、西部的素攀。

与内城相对应的是外部属地（城市），分为：王城、大城、中城、小城。其中王城是最重要的城市，管治这些城市的人不是王子就是昭拍耶（第一等的爵位，相当于公爵）级别的官吏，当时的王城主要有彭世洛、洛坤、呵叻。而大城则由国王信得过的官吏管理。大小城市之间的关系是小城市隶属于大城市，大城市隶属于王城。在外部城市之后就是附属国的城市，例如清迈、帕、喃等。②

由于大城王朝时期人口增加，统治者认为有必要制定更多有关社会秩序的规定，以便约束人们的行为。值得注意的是，虽然大城王朝吞并

---

① 米良：《论泰国古代法制的演进》，载《南开法律评论》2012 年第 1 期。
② ［泰国］加森·西里颂攀：《泰国法史学专业的讲义材料》，泰国法政大学出版社 1986 年版，第 3 页。

了素可泰统治时期的领土，但是大城王朝没有接纳素可泰时期的社会文化、政治智慧和法律规定。相反，大城王朝开创、发展了不同于素可泰时期的文化、政治理念和法律制度，其原因是大城王朝主要受到印度文化和法律思想的影响。① 尤其是在大城王朝攻陷高棉都城的时候，俘虏了大量精通印度吠陀经文的祭司和高棉官吏，使深受印度文化影响的高棉国的统治理念和文化思想在大城王朝得到了广泛的传播，对大城王朝的社会产生巨大的影响，尤其是天神思想（即"天神统治说"）影响最为深远。②

1. 以"天神信仰"作为统治思想

大城王朝是通过占领信仰佛教的"孟"族聚居地而建立起来的，但并没有受到佛教文化的影响。因为大城王朝在建立之后战胜了高棉国，将（深受印度文化影响的）高棉文明带入泰国，这对当时的泰国社会文化造成巨大的影响。兰加教授认为，大城王朝的统治者自认为是高棉王族的后裔，所以才将高棉的统治方式引入泰国。③ 但这仅仅是兰加教授的观点，还不能说是一种确定的结论。即使大城王朝受到高棉文明的影响，这种影响也并非全部。这可以从大城王朝统治者没有仿效高棉国统治者热衷于为自己或者王室成员塑造供人供奉的神像的做法上得到印证。此外，还有一个事实可以印证，即大城王朝第二任国王攻打高棉都城的时候，如同缅甸第二次攻陷大城王朝都城（1767 年）所做的那样，不仅推翻了高棉国王的统治，还将高棉都城破坏殆尽，连人带财洗劫一空。因此，可以这样认为：被大城王朝接纳并在泰国国内传播的思想是

---

① ［泰国］乍仑·科萨那喃：《泰国哲学与法律》，泰国兰甘享大学出版社 1993 年版，第 143 页。

② ［法国］科罗立·威尔士：《古代泰国的统治与管理》，甘乍尼·颂吉阿功、育帕·森占译，泰国法政大学出版社 1976 年版，第 25 页。

③ ［法国］兰加：《泰国法史学》（第 1 卷），泰国法政大学出版社 1983 年版，第 35 页。

"天神统治说"。①

　　高棉的天神思想受印度教的影响巨大，产生了以天神思想为信仰的统治模式，认为国王是上天派下来统治国家的天神，拥有至高无上的地位和权力。② 天神思想传入大城王朝后，对大城王朝的统治思想产生了影响，这种影响体现在当时的法律条文中。1740 年的古代法律文献中记载："国家里面权力最大的是国王，因为国王是魔力天神，能让人拥有至高的权力，也能让人一无所有。国王一旦下达命令，就算是上刀山下火海，都要坚决执行。相反，国王不允许做的事就绝对不能做。"③

　　2. 社会管理结构及社会规则的制定

　　大城王朝统治时期的泰国社会与素可泰时期有很大区别，无论是领土范围、人口数量还是文化都不一样。因此在社会结构和社会规则的制定方面也表现出很大区别。与素可泰时期相比，除国家统治者的作用不同外，大城王朝还建立了一套用于管理民众的"贱民系统"，即在每个民众身上刺上编号，便于官员管理。

　　"贱民"这个词的意思不是指身份地位低下的人，而是指普通百姓。大城王朝时期规定，20 周岁至 60 周岁的壮年男子必须从属于某一官吏，无条件接受皇家的征召，随时为皇家服劳役或兵役。这些人被称为"皇家贱民"。为管理好这个群体，每个贱民手上都被刺着号码印记，以清楚显示该贱民隶属哪一部门或官吏。大城王朝时期规定，皇家贱民必须履行为皇家劳动（包括兵役）义务，规定每名贱民每年要为国王劳动 6 个月，即一年 12 个月中隔一个月就要为国王劳役一个月，这种制度使得百姓的生活十分贫苦，不能正常地谋生，很多人逃避"刺号"。这种

---

① 　米良：《论泰国古代法制的演进》，载《南开法律评论》2012 年第 1 期。

② 　［泰国］克立·巴莫：《国君》，泰国前进出版社 1980 年版，第 67 页。

③ 　［泰国］克立·巴莫主编：《泰国特征》，泰国前进出版社 1982 年版，第 37 页。

情况在吞武里王朝时期得到了改善，贱民为国王劳动的时间减少到每年 4 个月，而在曼谷王朝拉玛一世统治时期又减少到一年 3 个月，因为统治者需要劳动力开展生产，以促进社会发展，所以没有贱民逃往深山老林以逃避劳役的现象。[1] 曼谷王朝拉玛三世时期，随着中国劳工的大量涌入，社会已经不再缺少劳动力，当局采取收税的办法代替劳动，这项制度叫作"壮丁税"。该制度一直延续到 1932 年，泰国社会出现大变革。[2]

除了上述所提到的皇家贱民外，还有一种贫民叫贵族贱民。皇家贱民从属于国王，一年必须为国王服劳役长达 6 个月。贵族贱民是国王分发给各地官吏的贫民。这类人不必为国王服劳役，但必须随时听从主人的调遣，并向主人交纳各种税费。贵族贱民是贵族的私有财产，起初即便贵族死了，这些人还将继续成为贵族后代的财产。后来这一规定作了调整，如果贵族死亡，他属下所有的贱民将转为皇家贱民。[3] 此外，贵族贱民可以作为商品进行自由买卖，但皇家贱民不能买卖。

在大城王朝后期，还有一种贫民叫税民，指生活在资源相对丰富地区的平民，他们有能力缴纳规定的税费和物品，以代替每年必需的劳役。这类贱民有的是皇家贱民，有的是贵族贱民。

大城王朝的社会制度将所有平民都划分给官吏管辖，在此之前的泰国社会没有出现过这种制度。大城王朝制定这样的政策，是为了更好地进行人员登记，以便打仗的时候征兵工作更易开展。如果没有隶属对象（官吏）的贱民将受到诸多限制，如在大城王朝《受理起诉法》第 1 条

---

[1] ［泰国］加森·西里颂攀：《泰国法史学专业的讲义材料》，泰国法政大学出版社 1986 年版，第 6~7 页。

[2] 米良：《论泰国古代法制的演进》，载《南开法律评论》2012 年第 1 期。

[3] ［泰国］卡尊·素帕尼：《贱民地位》，泰国法政大学出版社 1995 年版，第 38~39 页。

规定："平民在告状的时候，如果本人没有从属主人的，不予受理。"①

管辖官吏（贱民的主人）的职责是调查统计自己所管辖的人员，以便接受国君的随时征召；履行管理下属平民的职责。有官吏管辖的平民被控告，法律部门将通告管辖官吏，由管辖官吏将被告人送交法律机构。这些平民是管辖官吏的私人财产，如果不经管辖官吏同意而私自带走，属于违法行为。除规定将平民分配给官吏管辖之外，在大城王朝还有划分阶级的法律称为"萨迪纳"（分封制），即根据田地多少划分人的阶级，这主要是因为泰国是一个以农业为主的国家。萨迪纳是当时的阶级划分制度，田地的多少是衡量一个人的地位和官衔大小的标准。这种制度不是通常意义上的封建制度，因为这只是划分社会阶层的制度而非持有土地的制度。②

（二）大城王朝的法律

大城王朝时期的"法律"与当代社会所说的"法律"意义不大相同。现今社会的法律是通过立法程序产生的，以书面的形式确定。古代时期所谓的法律有时候与"道德"这个概念是一体的。泰国古代法律的思想与西方自然法律学说的思想有很多共同之处。③ 大城王朝时期较为重要的法律母本是佛学法典，源于信仰印度教的印度，经由与泰国一样信仰佛教的"孟"国传入泰国。兰加教授认为，佛学法典在素可泰时期就已经传入泰国。④ 这与古代遗留下来的石碑碑文上反映出的内容相吻

① ［泰国］克立·巴莫主编：《泰国特征》，泰国前进出版社 1982 年版，第 69 页。
② 米良：《东盟国家宪政制度研究》，云南大学出版社 2011 年版，第 42 页。
③ ［泰国］巴立迪·加汕森：《法哲学》，泰国法政大学出版社 1996 年版，第 43 页。
④ ［法国］兰加：《泰国法史学》（第 1 卷），泰国法政大学出版社 1983 年版，第 37 页。

合。①

1. 佛学法典和法王（佛陀的称号）思想

前面已经提到，佛法典是从印度传入的。印度教认为，梵天将法典传授给摩奴（创造法典的神），再由摩奴将法律思想传授给古代的思想家，从而产生了法典，名为《玛纳瓦法典》。《玛纳瓦法典》规定，人民都应该遵守法典上的规定。《玛纳瓦法典》传入佛教地区，如孟国等地区后，当地的思想家对其中的内容进行了新的诠释，以便同当地的佛教思想相吻合，从而产生了新的法律典籍即《堂玛萨通》。《堂玛萨通》不再提及印度教的婆罗门，被菩萨取代。首部《堂玛萨通》产生于孟国，但是具体的时间已经无法追溯。虽然《堂玛萨通》中关于法律的记载与《玛纳瓦法典》中的解释不一样，但其都阐述了一种思想，即法律不是人类创造出来的，而是一种自然法则，人们必须遵守执行。② 国王统治国家自古以来就被视为一种常理，但是国王也必须学习佛法典里面的知识，根据其中的规定统治国家，履行国王应有的职责。③

除了佛法典规定的职责外，国王还承担解决执行法典过程出现问题的责任，因此制定《国王法典》。《国王法典》的条款内容不能与佛法典相违背。

根据佛教之说或者佛法典——《堂玛萨通》中阐述的内容，统治者就是"法王"，即道德品行高尚、受民众拥戴的领袖。④ "皇帝"一词的意思就是领导者，还有一些在泰国历史上作出杰出贡献，创造太平盛世，受民众爱戴的皇帝被誉为"大帝"。这些人物都具有高尚的品德，

---

① 米良：《论泰国古代法制的演进》，载《南开法律评论》2012 年第 1 期。

② ［法国］兰加：《泰国法史学》（第 2 卷），泰国法政大学出版社 1983 年版，第 26 页。

③ ［法国］兰加整理：《三印法典》，泰国法政大学出版社 1984 年版，第 14 页。

④ 米良：《论泰国古代法制的演进》，载《南开法律评论》2012 年第 1 期。

执政公正，爱民如子。佛法典还规定，"十王道"是一个统治者必须具备的道德品行，即：（1）布施；（2）戒；（3）奉献；（4）诚实；（5）温和；（6）周到；（7）不嗔；（8）宽容；（9）忍耐；（10）无私。[①]

除了"十王道"外，佛法典还规定了以下四项国王必须遵守的准则："处理事情做到公平、不偏袒任何一方，培养品德高尚的人才，合法征集财物，维护法律公正。"[②] 国王还肩负维护道德以规范民众行为的责任。[③] 古代印度人认为，刑法是维护道德规范的重要工具，惩罚会将人们的行为限制在道德规范内，同时也可以对人们提出警示。[④]

佛法典规定，国王在审理案件中应做到："在审理案件中应该进行详细的调查，再对案件作出合理的判决。审理案件要公正严明，绝不冤枉好人，也不要放过坏人。同时，国王应该注意惩罚的力度，不能滥用刑法。"佛法典规定，国王在审理案件的过程中要进行周全的考虑，调查出事情的真相，再作出合理、合情、合法的审判。

2. 其他法律形式和社会规则

除了作为法律母本使用和统治国家之用的佛法典之外，泰国古代社会发挥法律作用的还包括被称为"御训"的规定。古代"御训"的含义是基本法（basic law），国家中的每个人必须遵守执行。如果因为御训的规定导致不合理的判决情况，国王有责任进行公正的裁决。对每个案件进行裁决，最终形成书面记录，由国王颁布"皇家条例"，作为以后审

---

① ［泰国］克立·巴莫：《国君》，泰国前进出版社 1980 年版，第 42~44 页。

② ［法国］兰加整理：《三印法典》，泰国法政大学出版社 1984 年版，第 15 页。

③ 米良：《论泰国古代法制的演进》，载《南开法律评论》2012 年第 1 期。

④ ［泰国］加森·西里颂攀：《泰国法史学专业的讲义材料》，泰国法政大学出版社 1986 年版，第 12 页。

理类似案件的依据。^① 通常来说，这些条例只在一任国王当政时期使用，当国王更换后这些条例随着国王的退位或死亡而消失。但是也存在新国王沿用上一任国王条例的情况，但这些条例不能再称为"条例"而改称"（皇家）法规"。笔者研究古代法律典籍《三印法典》时发现，该《法典》分别使用了"老法规"和"新法规"字样。这两个词的区别是，老法规指大城王朝颁布的，而新法规指曼谷王朝颁布的。这些法规的内容主要有^②：

（1）等级划分。如上所述，泰国在大城王朝时期建立了社会制度，按照当时的皇家法规定建立了"贱民"制度，通过登记的方式对平民进行有效的管理，明确"贱民"的隶属关系，便于皇室需要使用劳役和兵役时征用。官吏必须将劳役登记本交给国君，否则将视为违法。除了对平民建立管理制度外，大城王朝还制定了关于管理"奴隶"的法律，其中按照奴隶的来源将奴隶分为 7 种类型：用财物购买的奴隶；奴隶家奴的子女（仍是奴隶身份）；父母是奴隶的人；被贬为奴隶的人；因帮助、包庇罪犯而被贬为奴隶的人；因饥荒沦落为奴隶的人；因战争被俘的人。

泰国古代的奴隶制度和奴隶地位不同于西方社会的奴隶制度。当时的法律规定，奴隶具有商品的属性，也拥有作为一个"人"的相关权利。作为一种商品，奴隶可以被买卖、出租、使用，但作为一个人，奴隶还可以拥有自己的财产，可以继承遗产、签署协议，还可以给自己赎身。关于贱民和奴隶的区别，当时的法律作了明确的规定，禁止官员像使用奴隶一样来使用贱民。与此同时，还有法律规定，禁止将奴隶虐待

---

① ［泰国］加森·西里颂攀：《泰国法史学专业的讲义材料》，泰国法政大学出版社 1986 年版，第 23 页。

② 米良：《论泰国古代法制的演进》，载《南开法律评论》2012 年第 1 期。

致死，否则奴隶主也将受到相应的处罚。由此可以看出，以前的泰国社会的奴隶与西方国家的奴隶存在很大区别，虽然一样是处在社会最底层的人群，奴隶主同样可以对奴隶进行惩罚和鞭挞，[①]但泰国的法律规定，奴隶也是人，奴隶主对其进行惩罚，不能太过度，否则奴隶主将受到资金处罚。[②]

总体来看，大城王朝时期的社会阶级主要分为 4 类，首先是君主贵族、各级官吏，他们属于统治阶级；其次是贱民和奴隶，他们是被统治阶级。虽然这些群体拥有土地的情况有很大的区别，但从法律地位来说，都以正常的"人"的地位来看待。泰国学者克立·巴莫在其著作中写道："大城王朝社会中的每一个人，无论是君主、贵族或者贫民都一样是国家的一分子。每个人在国王的统治下都拥有平等的地位，每个人都是社会的一分子，在各项皇家条例、法规前面都享有平等的权利。这种制度很好地减少了引发社会分裂的隐患，这是大城王朝时期社会的一个重要特征。"[③]

（2）财产所有权制度。虽然大城王朝法律规定，法律面前人人平等且都能享有对自己财产的所有权，但从大城王朝时期建立的"贱民制度"可以看出，无论是皇家贱民还是贵族贱民都要无偿为王室或者贵族服劳役，留给自己创造财富的时间和机会很少。自己用剩余时间创造的财富仅仅能够养活家人，不可能积攒属于自己的财富。[④]

至于土地的所有权问题，根据当时的法律规定，国王是全国所有土地的拥有者。民众只能通过使用国王的土地养家糊口，没有土地的所有

---

① 　米良：《论泰国古代法制的演进》，载《南开法律评论》2012 年第 1 期。
② 　［泰国］社尼·巴莫：《大城王朝法律》，泰国法政大学出版社 1967 年版，第 25 页。
③ 　［泰国］克立·巴莫：《泰国历史和政治上的"大城王朝"》，泰国法政大学出版社 1973 年版，第 56 页。
④ 　米良：《论泰国古代法制的演进》，载《南开法律评论》2012 年第 1 期。

权。这种思想与现代社会中的财产所有权思想存在很大区别。研究古代法律必须了解一点，在古代社会中，土地不像现代这样重要，劳动力的多少才是重要的问题。从史籍中可以看出，古代打仗胜利后，首先抢夺的是劳动力，而不是土地。因为，当时土地资源丰富，人口较少，需要抢夺大量劳动力用以耕种，创造财富。土地资源变得重要是在曼谷王朝时期，尤其是在签署《鲍林条约》（又称《英暹条约》）后，泰国开始打开国门与外国进行贸易，大米成为重要出口商品。此时广泛种植大米，土地的重要性开始突显。因此，土地的所有权问题也逐渐受到重视。曼谷王朝五世王时期，制定了明确的制度，保护土地所有权，并设立了土地登记部门。关于古今社会在土地重要性认识的不同上，还有一点值得注意的是，在古代社会，借钱没有像现代用土地做抵押。当借款行为发生时，债主与借款人之间产生的关系更多的是人与人之间的关系，而不是财产债务关系。为了偿还债务，借款人通常将自己的儿子送到债主家服劳役，这就是古代社会所谓的"送儿偿债"。当时发生借贷行为时，意味着借款人是将自己的人身权利交换给债主，愿意接受债主的支配，地位上可以说几乎是债主的奴隶。①

在财产所有权问题上，当时的法律对遗产问题作了规范，其中对于没有遗嘱的遗产将分成 4 份处理，分别遗赠给王室、父母、（包括子女在内的）亲属、妻子。这样的处理方式与当今社会存在很大区别，对于分给王室的部分，法律的解释是报答皇恩。法律还规定没有资格继承遗产的行为，如隐瞒事实、对遗主图谋不轨。对遗主死亡后不处理其安葬事务的亲属，不享有继承权，因为这被认为"没有人性的亲属，不配继

---

① ［法国］兰加：《泰国法史学》（第 2 卷），泰国法政大学出版社 1983 年版，第 169 页。

承死者的财产"。①

（3）案件审理和刑罚。古代法律不像现代法律区分民事和刑事，其所有的案件都是笼统审理的，受害者得到的经济损失补偿称为"罚金"。根据当时的皇家法规规定，实施处罚的标准主要取决于人的价值。比如将人致死案件的处罚，受害人是 1~3 个月的婴儿，罚金是 6 泰铢；受害人是 21~25 周岁的青壮年，罚金是 13 两（约合 52 泰铢）；受害人是 50~100 周岁的老年人，罚金是 3 泰铢。如果是伤害没有致人死亡的情况，根据受伤轻重，适当减轻处罚。如果受害人是拥有土地所有权的，还要考虑土地所有权损失方面的情况。②

对于人身自由的处罚，当时的法律没有被判入狱监禁的规定，因为当时没有监狱。相关处罚主要是管制，但所谓的"管制"也就是在其房子周围区域，让他戴上手链和脚链。法律有死刑的规定，执刑方式一般是砍头，但有时会使用更加残酷、恐怖的死刑行刑方式，以便达到警示的作用。此外，还有鞭刑，即用皮鞭抽打犯人，并且捆绑犯人示众，或带到菜市场让人围观；用砍手砍脚的方式进行处罚；罚款；用椰子塞进嘴里。如果出现皇家法规不适用的案件，以法规规定和当地风俗惯例相结合的方式处理。③

在案件审判方面，大城王朝时期的法律受印度法律的影响很大，即在案件审理阶段由数名精通吠陀经的祭司进行法律条文的解释和审理，得出审理结论后交由审判人作出最终判决。

大城王朝时期的审判程序和判决方式一直延续到曼谷王朝初期，直到曼谷王朝五世王时期建立司法部，将翻译引用印度的审判程序和泰国

---

① ［泰国］社尼·巴莫：《大城王朝法律》，泰国法政大学出版社 1967 年版，第 39 页。
② ［泰国］社尼·巴莫：《大城王朝法律》，泰国法政大学出版社 1967 年版，第 7 页。
③ 米良：《论泰国古代法制的演进》，载《南开法律评论》2012 年第 1 期。

的审判方式相结合，产生了新的审判程序。在法院审理案件过程中使用两类人员：第一类是国外来的法律专家，精通立法方面的事务，这类人被称为陪审员。最高法院有 12 名陪审员，陪审团团长叫作"王室祭祀长"，地位与"召帕耶"（相当于公爵）相等。陪审员的作用是对法律作出解释，对案件提出观点，没有审判权，审判权掌握在泰籍法官手中。第二类是法官，由国王任命。

在案件裁决的原则上，即使是国王也必须遵守佛法典，以维护社会公平。[①] 泰国古代时期没有把立法、行政、司法三方面的权力分开，只笼统地把治理国家的权力称为统治权，对于国家来讲，皇权是最高的权力，是一切的主宰。国君统治权的具体表现之一就是制定条例法规，包括对某类案件进行判决的方法。这些方法由国君以书面的形式颁布作为皇家法规，为以后类似案件的审理提供法律依据。

此外，当时的佛法典中还提到作为一个好的法官应该具备的品格，即在审理案件的过程中要做到"四不"：不偏心、不愤怒、不受惑、不畏惧，以保持法官独立、公正的立场。

在证人问讯方面，值得注意的是，当时法院审理中没有当庭审问证人的程序，但审理人员会到证人家中进行问讯，这个程序叫作"面见证人"。[②] 当事人亲属、聋子、瞎子、妓女、人妖、太监、病人，7 周岁以下儿童，70 周岁以上老人，刽子手等人员不能作为证人。另外，涉案双方是正房和小妾，丈夫不能作为证人。没有证人能够证明案件真相的，将对当事人使用泅水、踩火等方式寻找案件真相。法律对这种情况还作了一些规定，例如：当事人双方互为异性，则使用踩火方式，这对双方都是公平的；当事人双方都是女性，则使用泅水方式。采取这样的证明

---

① ［法国］兰加整理：《三印法典》，泰国法政大学出版社 1984 年版，第 15 页。

② ［泰国］社尼·巴莫：《大城王朝法律》，泰国法政出版社 1967 年版，第 44 页。

方式源于"神灵保护善良的人"的传统观念。

如上所述，泰国古代社会主要以佛法典作为统治国家的依据，以维护统治的合法性。在统治国家方面，泰国国王并不像西方国家那样实施君主专制统治，而是以佛法典为依据实施统治，各项治国政策必须符合佛法典的核心原则。[①]当时的法律（如宫廷法）规定，国王每天必须准时上朝，处理朝政事务。法律也对国王的权力作了一些限制，以防止国王滥用权力。除了宫廷法外，当时具有影响力的法律是《帕亚甘丹诺法》，该法规定了土地分封、官员授爵等方面的内容。还有一部名为《帕亚甘班帕诺》的法律，规定户籍管理。总体来说，古代社会统治主要依赖道德，以德治国方能服人。如果统治者以德治国，则国家安定、人民幸福，统治者的统治地位也能够稳定。贵族、官吏行使权力，百姓居家过日子也要遵循道德规范，否则，自身的地位、权力和生活将受到影响。大城王朝晚期，统治者道德缺失，造成国家社会秩序混乱，最终导致大城王朝结束。

三、曼谷王朝拉玛四世以前的法律

泰国曼谷王朝是一个一直延续到今天的王朝，由于在拉玛四世以前殖民势力尚未入侵，故将曼谷王朝拉玛四世以前的时期划入古代时期。

曼谷王朝初期，是泰国帝王时代的开始。[②]与此同时，"天神统治说"的影响日渐式微。因为君父思想能与帝王思想融合，却不能与"天神思想"相融。[③]曼谷王朝一世时期的法律整理可以说是一件重要的历

---

① 米良：《论泰国古代法制的演进》，载《南开法律评论》2012 年第 1 期。

② ［泰国］阿丹·叻披帕：《曼谷王朝初期的泰国社会》，泰国法政大学出版社 1975 年版，第 95 页。

③ 米良：《论泰国曼谷王朝初期的法律整理及法制改革》，载《云南大学学报（法学版）》2015 年第 4 期。

史事件，对研究泰国法律史具有很高的价值。[①] 当时整编的《三印法典》为后人了解古代的社会状况提供很好的证据。这部法典不仅能提供丰富的资源供后人研究古代法律，还能供后人研究当时的政治、社会、文化和民众生活状况。[②]

（一）曼谷王朝初期的社会特征和统治

随着大城王国的灭亡，曼谷王朝成立，首都也从原来的大城转移到湄南河东岸地区，称为曼谷。[③]朱拉洛大帝（拉玛一世）命令，将曼谷建设成为像大城一样的都城。因此，大王宫、瓦阿郎寺等标志性建筑在曼谷出现。

在统治和社会制度方面，曼谷王朝大体上沿用大城王朝时期的统治方式和社会制度。在国家统治构架方面，朱拉洛大帝成为曼谷王朝一世王（史称拉玛一世），他委任很多经历战争的皇亲国戚担任各地长官，行使行政管理权。同时，他设立一些新的管理机构，由能力出众的皇亲国戚负责领导，协助国王统治国家。在行政制度方面，沿用大城王朝时期的做法，设立市政大臣、内务大臣、财政大臣、农务大臣，分管行政、内务、财政和农业等方面的工作。[④]

在佛教方面，朱拉洛大帝下令整理了包括"三藏佛经"在内的各种佛教经典，修缮寺庙和佛像，加强佛教思想的传播，让国民充分了解学

---

① 米良：《论泰国曼谷王朝初期的法律整理及法制改革》，载《云南大学学报（法学版）》2015年第4期。

② 米良：《论泰国曼谷王朝初期的法律整理及法制改革》，载《云南大学学报（法学版）》2015年第4期。

③ 米良：《论泰国曼谷王朝初期的法律整理及法制改革》，载《云南大学学报（法学版）》2015年第4期。

④ ［泰国］萨雅玛暖：《泰国历史》，泰国法政大学出版社1984年版，第114~115页。

习佛教思想，以此教化民众。1782 年，国王下达命令，销毁当时仍受到很多民众供奉的"湿婆林伽像"（即象征湿婆的男性生殖器石像）。国王认为朝拜湿婆林伽像是一种堕落的、欺骗妇女的邪教行为，必须予以制止。[1] 此外，王宫内的一些仪式也发生了变化。例如：1785 年，出台法令改变誓水（即宣誓效忠国王仪式的饮水）仪式，官员采用祭拜佛像的方式。国王阅读大量"三藏佛经"书籍，经常向僧王询问一些关于佛教的问题，让僧王为其解读经文。国王在宣传佛教方面树立了好的榜样，为佛教能够深入民众内心发挥了良好的促进作用。君父思想在泰国社会得到恢复。[2]

（二）曼谷王朝初期所做的法律整理及其原因

曼谷王朝初期使用的法律仍沿用大城王朝时期的法律，但是这些法律文本和相关记录在大城王朝被推翻的过程中已经破坏殆尽，留下来的法律资料不多，也不全面。为此，朱拉隆功大帝在审理一些性质特别的案件时只能依据自身的权力和听取一些受尊敬的长者陈词来作出判决，这些长者包括曾在前朝中担任过法官的人。[3] 当时决定进行法律整理是由一个案件引起的。该案件发生于 1804 年，一名叫安丹邦的女子向法院提出离婚诉讼，要求与身份为皇家铁匠的丈夫离婚。案件的结果是，虽然该女子与其他男子有奸情，但法官还是根据该女子的诉求，判决准许离婚。法官作出这样判决主要是依据先前法律中的一个条款，其内容

---

① ［泰国］阿丹·叻披帕：《曼谷王朝初期的泰国社会》，泰国法政大学出版社 1975 年版，第 92 页。

② 米良：《论泰国曼谷王朝初期的法律整理及法制改革》，载《云南大学学报（法学版）》2015 年第 4 期。

③ ［法国］兰加：《泰国法史学》（第 1 卷），泰国法政大学出版社 1983 年版，第 19 页。

是"如果男方找不到反对的理由，妻子提出离婚诉求时，可以批准离"。结案以后，铁匠不服判决，将该案件上诉到国王处。国王也认为法院作出的判决有失公正，质疑法院的判决是否根据古代延传下来的《三印法典》的相关规定作出。于是国王下令找出三种版本的《三印法典》法律文本进行查证，这三种版本分别是：法院用的、存放在国君寝宫的、存放在资料库的。但经查证后发现，这三份法律文本中都作了同样的判决规定。最后这一案件还是按照法院的裁决执行。案件结束以后，国王认为这些法律规定不能再继续使用，因为已经不符合社会常理，要求相关部门组织重新清理、整编新的法律，就像原先结集各地僧人整理、汇总佛教经典一样。①

从"安丹邦"一案可以看出，法律在国家统治中的神圣性，即使是国君也要尊重、执行法律的判决，不能随心所欲地更改法律条文。在上述案件中，判决的法律依据有失公正，可能在抄写老旧法律文本时出现了错误，因此有必要像整理佛经一样重新整编法律。②国王在谈及此事时曾经说道："法律整理势在必行，现行的法律已经不符合国家的社会发展情况。应该对现行的法律制度和条款进行清理整编，制定出从形式到内容都适合国家发展、充分体现公平的法律制度和规定。"③

在此次法律整编工作中，国王下令组建一个由 11 人组成的法律整编委员会，其中 4 人是文书（抄写员）。该委员会主要承担两方面的职责：第一，做好法律文献资料的整理和归档，能在法院审理案件时提供方便的查询。第二，对法律文献的内容进行清理，将相互矛盾和具有明

---

① 米良：《论泰国古代法制的演进》，载《南开法律评论》2012 年第 1 期。

② 米良：《论泰国曼谷王朝初期的法律整理及法制改革》，载《云南大学学报（法学版）》2015 年第 4 期。

③ ［法国］兰加：《泰国法史学》（第 1 卷），泰国法政大学出版社 1983 年版，第 20~21 页。

显错误的内容删除，以便法院能够引用正确的法律条款作为审理案件的依据。由此可见，法律整编委员会的主要任务是对法律资料进行清理，校正错误的条款，并建立方便法院使用这些法律的方法（如为法律编写目录、索引，标记存放地点）。法律整编委员会不能擅自添加条款或起草制定新的法律，因为当时仍然坚信法律不是人类自身可以制定的。[①]

在法律清理工作结束后，文书将这些法律内容抄写在树皮纸装订的本子上，共抄写了6套，每套41册。其中3套，每一册的封面上都印有3个图章，这3个图章的内容分别为："卡差西"（象鼻狮身动物）、狮子、荷花；3种图案分别为国防部、内务部和财政部的部徽。这部法律历史上被称为《三印法律》或《三印法典》。其中3套精心整编过的法律文本被定为国家级法律文本，分别存放在国君寝宫、皇家法院和资料库，每处一套。另外3套则没有印上图章，主要是为了抄写、查阅，同时供法院审判案件时使用。[②]

（三）《三印法典》

曼谷王朝拉玛一世时期进行的法律整理是泰国史上十分重要的事件，对于研究泰国法律史具有重要的价值。此次整编的《三印法典》是一部重要的法律文献，不仅能够让后人了解古代泰国社会中法律适用的内容和形式，还能让后人从中了解古代泰国社会、政治、文化和民生方面的状况。拉玛一世时期开展的法律清理运动，其作用及影响类似于欧洲制定第一部"法典"。[③]

[①] ［法国］兰加：《泰国法史学》（第1卷），泰国法政大学出版社1983年版，第21页。

[②] 米良：《论泰国古代法制的演进》，载《南开法律评论》2012年第1期。

[③] ［法国］兰加：《泰国法史学》（第1卷），泰国法政大学出版社1983年版，第27页。

1. 《三印法典》是一部有着"法学家法"（juristenrecht）特征的法律

《三印法典》中的法律规定具有普遍性的特点，能够覆盖大部分案件。其内容源于道德、常理，但又不仅仅是对风俗习惯的文字化，它还具有法律的性质。这些规定大部分是以前任命印度立法专家制定的，后来经过继承、发展，最终成为适合泰国国情使用的法律。《三印法典》使泰国的法律体系更加合理，它将法律分为原始内容和增补内容，即法律的内容为基础案件和分支案件，基础案件法包含审判法 10 条和辩论法 29 条。

2. 《三印法典》是一部比较复杂的法律文献

一般老百姓很难理解《三印法典》的内容，一些新法官也很难理解其内容。在审理案件的时候，他们也不能全面、准确地适用。最后只能上奏拉玛一世，由拉玛一世进行判决。在一些法律文献中曾记载上述情形，指出即便是一些高级法官有时也不能充分理解《三印法典》的内容，最后只有奏请拉玛一世主持审理案件。[①]

3. 国王没有立法权

根据《三印法典》的规定，国王没有立法权，只能够按照法律规定尤其是《三印法典》的规定，统治国家、维护国家和平稳定，为百姓创造幸福的生活环境。如果确有必要出台新的法律规定或者对已有的法律规定进行修改，必须严格依据佛法典的内容，出台的新法或者修改后的法律不能与佛法典的内容相违背。出台新的法规或者对现行的法律规定进行修改，必须是在法院无法依据现行法律审理案件的情况下才能进行。案件通过国王审理或者法院审理后，这些案件的判决原则将被总结为新的法律条款，增补到相关法律中，为以后类似案件的审理提供新的判决依据。这样的立法程序和制度，同现在科学的立法程序和制度存在

---

① 米良：《论泰国古代法制的演进》，载《南开法律评论》2012 年第 1 期。

很大区别。

4. 尊重法律内容

从"安丹邦"一案可以看出，有法必依是执法的一项基本原则。按照当时的法律，"如果男方找不到反对的理由，妻子提出离婚诉求时，可以批准离"。法官严格按照这一法律规定，判决同意安丹邦的离婚诉求。她的丈夫再将此案上诉到拉玛一世，虽然包括国君在内的人都认为这个案件判得不公，但这是法官根据法律规定而作出的判决，不存在执法不公的行为。为避免这种有违常理的法律条款，拉玛一世作出决定，对现有的法律规定和体系进行清理和整编。

5.《三印法典》不是一部包括所有门类法律的法典

虽然《三印法典》可以算是一部法典，但仅是一部汇集泰国风俗习惯、由法律人士适当整编过的老式法典，不能与包括所有门类法律的现代社会法典相提并论。

当时所谓的法律，除了体现在《三印法典》外，还体现在一些不成文的规定上，即社会风俗习惯。《三印法典》的书面规定针对的是对社会造成影响的案件或者是不能调和的私人矛盾案件，而风俗习惯则适用于一些书面规定不宜介入的领域，这些领域内的事情可由当事人根据风俗惯例解决。这些风俗包括贵贱原则，如父母地位高于子女、丈夫高于妻子、主人高于奴隶、雇主高于佣人等。

6. 法律是法官审理案件、解释判决依据时的工具

《三印法典》的规定主要来自对各类案件进行判决后的总结，并不是由哪个或哪些法律人士直接编写出来的，只适合于法官在审理案件时引用，并不适合所有的普通民众学习。一般人不能学习、阅读《三印法典》的内容，也不能擅自抄写、讨论。拉玛三世时期，有人将《三印法典》拿去抄写。拉玛三世知道此事后，下令将所有抄写的文本焚毁，因

为担心这些抄写的法律文本会影响法院的审理工作。

（四）《三印法典》的抄写工作

曼谷王朝一世王时期的法律清理工作结束之后，抄写员将法律内容抄在用树皮制成的纸张上，最后制订成册。由于抄写套数少，加上官方对法律文本流通的严格限制，当时的普通民众很少获知法律文本的内容。普通民众能够阅读法律文本是在拉玛四世统治时期。随着西方思想的传入，泰国当时的社会思想开始活跃起来，同时随着西方思潮传入的还有西方一些技术性法律，如果这些法律不向民众公布的话，民众将不了解自身的行为是否合理合法。古代泰国社会的法律规定一般源自道理和风俗习惯，老百姓能够简单分析自己的行为是否违法。所不知道的是自己犯下的罪行会受到什么样的惩罚，统治者认为，普通老百姓不必知道这些，因为这是属于统治阶层的事情。基于这样的思想，古代泰国社会中，统治者禁止将法律向普通百姓传播。如果法官和相关人员因为工作需要而必须学习法律的话，就一段一段地抄写法律文本；如果不是因工作需要而进行的抄写，则被视为向普通民众传播法律的行为，抄写的法律文本将被没收或焚毁。[①]

随着社会的发展与法律工作的需要，禁止私自抄写、传阅法律文本的思想逐渐得到改变。拉玛三世时期，一名叫巴叻莱的美国传教士抄写了一份法律，为开展传教活动所用。越来越多的法官也抄写法律文本以作工作之用。《三印法典》最重要的一次重版（修订）是在1938—1939年，由法政大学出版。当时法国学者兰加教授在法政大学讲授"泰国法律史"，重版《三印法典》的目的是方便教学研究。兰加教授亲自修订，将这一版本的法律文本命名为《拉玛一世三印法典》。1984年，法政大

---

① 米良：《论泰国古代法制的演进》，载《南开法律评论》2012年第1期。

学法学系将兰加教授整理修订过的法典版本再次出版。

第三节　古代柬埔寨、老挝国家与法的演进

一、古代柬埔寨国家与法的演进

（一）早期真腊时期

随着扶南国逐渐衰亡，位于北方并曾是扶南国属国的真腊国日益强大。6 世纪以后真腊国摆脱了扶南国的统治，于 7 世纪将其兼并。真腊国地处湄公河中下游，由高棉人统治。它的领土包括今天的柬埔寨北部和老挝的南部。据《隋书》记载："真腊国，在林邑西南，本扶南之属国也。其王姓刹利氏，名质多斯那。自其祖渐已强盛，至质多斯那遂兼扶南而有之。"[1] 真腊国以农业为主。706 年，真腊分裂为陆真腊和水真腊。《新唐书》载："神龙后分为二半：北多山阜，号陆真腊半；南际海，饶陂泽，号水真腊半。"[2]

（二）吴哥王朝时期

8 世纪下半叶，水真腊遭到爪哇马来人的入侵，于 787—802 年间始终处于爪哇的控制之下。到 9 世纪初，一位被掳去的王子逃回真腊，统一水真腊，并吞陆真腊，结束了国家长期南北分裂的状态。这位王子后

---

① （唐）魏徵：《隋书》第 82 卷，中华书局 1997 年版。

② （北宋）宋祁、欧阳修、范镇等：《新唐书》第 222 卷，真腊条，中华书局 1975 年版。

来成为阇耶跋摩二世，是吴哥王朝的缔造者。从此开启真腊历史新的一页。[①] 吴哥王朝前期，国家强盛，文化繁荣。版图最大时，整个中南半岛中部即西北由今缅甸边境起，南至今马来半岛的班当地区，都处于其统治之下。关于吴哥的历史，史料甚少，据13世纪末元朝使臣周达观《真腊风土记》记载，奴隶制在当时很盛行，"多者百余，少者亦有一二十枚，除至贫困之家则无之"。[②]

吴哥王朝强盛后对占婆发动了多次战争，又从事大规模的建筑，加重了人民的负担。12世纪中叶起，农民屡次起义，终于成功。13世纪中叶兴起的暹罗，屡次战败真腊。1431年，吴哥被暹罗攻占并遭到破坏，数万人被俘为奴。后真腊太子复国，1434年迁都金边，但在与强邻暹罗的不断战争中，吴哥王朝一蹶不振。

关于真腊的法律制度，《真腊风土记》记载："且如人家失物，疑此人为盗，不肯招认，遂以锅煎油极热，令此人伸手于中。若果偷物，则手腐烂，否则皮肉如故。云番人有法如此。"[③]

（三）晚期真腊时期

16世纪末叶开始，真腊走向衰落，至18世纪末，真腊基本上处于暹罗的控制下，成为暹罗的属国。17世纪至18世纪，越南逐步吞并柬埔寨的全部领土，形成今天的越南南方。

---

① 许海山：《亚洲历史》，线装书局2006年版，第65页。
② （元）周达观：《真腊风土记》，中华书局2000年版，第67页。
③ （元）周达观：《真腊风土记》，中华书局2000年版，第75页。

二、古代老挝国家与法的演进

（一）老挝国家的产生

8世纪以后，在老挝出现了一些小国，其中有857年在今琅勃拉邦建立的南掌国。老挝人从吴哥与素可泰处受印度文化的影响。在国王范甘统治时期（1353—1383年），传入小乘佛教，又由吴哥传入巴利文佛经，首都南掌开始建立佛寺。范甘合并万象、川圹、占巴塞等小国，在琅勃拉邦建立了老挝历史上第一个统治整个老挝地区的中央集权国家澜沧王国。澜沧王国曾在中南半岛强盛一时，领土由奠边府边境起，沿湄公河直达柬埔寨北部边境，西接清迈、暹罗，东临越南和占婆。人口不多，全国男子仅30万人。

越南黎利建国后，曾一度控制老挝。16世纪老挝又为暹罗所控制。国王菩提萨洛在位时（1520—1547年），迁都万象，内部分裂，国势日衰，缅甸不断入侵。1707年后，老挝逐渐分裂成琅勃拉邦、万象和占巴塞3个王国。

（二）老挝国家的法律

澜沧王国法律制度的主要特点是：第一，土地国有制即王有制贯穿整个封建领主时期。第二，在土地国有制下，各阶层领有、占有和使用土地都是有条件的。第三，各级领主领有土地数量不等，官职大小不同，形成了严格的封建等级制度。第四，土地所有权属于国家即国王，交由村社占有、使用。第五，寺院占有大量土地。由于实行领主分封制，所以澜沧王国内讧从来没有停止过。

第四节　古代缅甸国家与法的演进

一、蒲甘王国的产生及法制

从 8 世纪中叶起，骠国首都卑谬衰落，骠人渐与缅人融合。849 年，缅人在卑谬以北建立蒲甘王城，11 世纪中叶蒲甘王朝（1044—1287 年）兴起。国王阿奴律陀在位时（1044—1077 年），征服南缅诸小国，又控制阿拉干北部，统一上下缅甸大部分地区。北部掸族部落酋长称臣纳贡。蒲甘王朝势力远达孟加拉湾和暹罗边境，是缅甸史上第一个统一王朝。

阿奴律陀把小乘佛教定为蒲甘的正式宗教。为了获取巴利盛典——《特里皮塔卡》以正确训导人民，他攻克了保存有 30 部完整的《特里皮塔卡》的孟人国家直通，并把其国王马库塔及其全部 3 万生灵发配到蒲甘。[①]

蒲甘王朝统治下的缅甸是一个早期封建国家，保存着奴隶制残余。阿奴律陀和他的臣下创制缅甸字母。这一时期许多碑铭都有关于印度男女俘虏献给塔寺的记载，可见奴隶的主要来源是战俘。除了塔寺奴隶之外，还有王家奴隶。国王把从战争中占领的土地分赐官吏贵族，把附着在土地上的农民役为佃农，形成封建剥削关系。农村公社仍然存在，村中一切大事都由长老主持。农民须向地主缴纳贡赋，并为国家服劳役，如建寺庙、修水利等。蒲甘王朝第三代王江喜陀（1084—1112 年）继续在首都大兴土木。1090 年兴建的阿难陀寺，是缅甸著名的佛教建筑。蒲

---

① 李谋、姚秉彦、蔡祝生等译注：《琉璃宫史》，商务印书馆 2010 年版，第 253 页。

甘逐渐成为新兴的佛教中心，从印度各地来参拜的佛教徒络绎不绝。

13 世纪初，蒲甘宫廷中长期内讧，暗杀和篡位情况不断发生。1253 年，忽必烈取大理，建立云南行省。1273 年，元朝派使臣来缅甸劝降，缅王拒绝，并杀元使。1277 年，忽必烈派大军侵入缅甸北部，攻略城池，杀戮大批人民。1287 年，元军又攻陷蒲甘，缅王投降。直到 1303 年，元军才被缅人逐出。①

蒲甘王朝衰落后，缅甸北部的掸族向南转移，逐渐占据大部国土，形成小国分立的局面，历史上称为掸族统治时期（1287—1531 年）。缅甸在掸族统治 200 余年间始终未能统一。掸族统治下的人民，很多逃到南部的东吁。东吁虽然在名义上隶属于阿瓦王朝，但实际上处于独立地位，是缅甸重新建立统一国家的中心。南方的孟人以勃固为中心，建勃固国。北部和中部除掸族小邦相互争雄外，1364 年，在今曼德勒不远的阿瓦城，兴起缅人的阿瓦王朝。勃固和阿瓦南北对峙，直到 16 世纪缅人在西当河上游建立东吁王朝，缅甸才重新统一。

克耶兹瓦是蒲甘王国后期最能干的一位君主，他于 1249 年发布了一部很长的法令，这部法令迄今尚存。该法令对各种罪行适用刑罚的细节描写令人毛骨悚然。这部法令似乎还指明克耶兹瓦下了很大的决心铲除盗匪。②

二、勃固王国的产生及法制

曾经被蒲甘王朝国王阿奴律陀在 11 世纪征服并将其并入版图的孟

---

① 周一良、吴于廑主编：《世界通史：中古部分》，人民出版社 1973 年版，第 292 页。

② ［英国］D.G.E 霍尔：《东南亚史：古代部分》，赵嘉文译，云南人民出版社 1979 年版，第 225~226 页。

王国，在蒙古人入侵并导致蒲甘王朝崩溃后获得了新生。勃固国因 1369 年定都勃固而得名。

1281 年，素可泰王朝拉玛坎亨国王卫队长瓦瑞鲁带着国王的一个女儿私奔并夺取了马达班港。1287 年，瓦瑞鲁取得了卑谬以南和东吁地区的控制权。瓦瑞鲁向拉玛坎亨称臣，成为拉玛坎亨的属国。勃固国的统治维持到 1539 年东吁王朝将其灭亡。

瓦瑞鲁给今天留下的纪念物是一部律书——《哇戛鲁·达马塔特》，这是《摩奴法典》的一个摘要，是在他命令之下，由僧侣从孟族寺院中选取保存的早期学者著作改编而成。这是缅甸现存的最早律书。

勃固王朝留下的另一部律书是勃固王达马则迪（1472—1492 年）的《达马则迪判卷》。达马则迪是一名僧侣，以智慧著称。这部书是他判案的集子，迄今尚存。从这部集子可以看出，他的统治以宽厚仁慈为主要指导思想。

三、东吁王朝

16 世纪，东吁国势日强。国王莽瑞体（1531—1550 年）获得来避难的缅族人民的支持，于 1535 年进攻沿海的勃固国。勃固国王依恃葡萄牙人的支持，与之长期对抗。直到 1539 年，莽瑞体才攻陷勃固。1541 年，莽瑞体又攻陷勃固国最富庶的马都八城，夺获大量金银财物。次年，进攻卑谬，围城 5 个月，迫使其投降。此后，葡萄牙人又转而协助莽瑞体，于 1546 年占领阿拉干。莽瑞体死时，缅甸中部和南部基本统一。①

缅族人莽应龙在 16 世纪建立了缅甸历史上第二个统一王朝——东吁王朝（1516—1581 年）。莽应龙先于 1555 年占领阿瓦，1556 年至 1557

---

① 周一良、吴于廑主编：《世界通史：中古部分》，人民出版社 1973 年版，第 497 页。

年间又征服北部掸族诸小国。经过三次战役，先后占领孟养、孟拱、蛮莫、孟密、沙伽、猛别等地，东部国境达到今日泰国境内。这一时期，封建关系在缅甸虽已占统治地位，但奴隶制甚至原始公社制残余仍然存在。国王占有大片肥沃的土地，垄断对外贸易。王族近臣也占有大量土地。耕种王田的是世袭佃农，广泛使用奴隶劳动。中央和地方文武官吏都有世袭封地，称为赐田。农村公社逐渐解体，公社上层强占土地，变为私有财产。因此除王田和赐田外，还有私田。

1752 年，缅甸的一个缅族首领雍籍牙建立了缅甸最后一个王朝贡榜王朝。1885 年，缅甸沦为英国殖民地。

第五节　古代印度尼西亚国家与法的演进

一、新柯沙里王朝兴起与三佛齐衰落

夏连特拉王朝走向衰落之际，爪哇岛上各国掀起争夺霸权的斗争，东爪哇兴起了马打蓝国。马打蓝在国王达摩望沙统治期间（990—1007年），实现对外扩张，先后征服巴厘岛、东加里曼丹和邦加，并和室利佛逝争霸。室利佛逝虽曾附属于夏连特拉王朝，但其经济、文化仍继续发展，国力不弱。马打蓝和室利佛逝的争霸战争发生于 11 世纪初。1007 年，室利佛逝联合马六甲攻陷马打蓝首都，达摩望沙战死。11 世纪后期，马打蓝国分为东部的戎牙路和西部的谏义里，由国王两子分别统治。后来谏义里合并戎牙路。国家统一后，经济获得发展。1222 年，爆发农民和奴隶起义，胜利果实被地方长官庚安洛所夺取。庚安洛以新柯沙里为首都，建立新柯沙里王朝，13 世纪后期，这个王朝征服了爪哇和马来半岛南部，建立新加坡城，势力一直到达加里曼丹、巴厘岛和摩鹿加。

新柯沙里王朝还占领苏门答腊东部的末罗游（占碑），从这里继续向内地扩张。到 13 世纪末，三佛齐领土只剩下巨港附近地区。

二、满者伯夷王朝

（一）王朝的建立

正当新柯沙里王朝向外扩张之际，谏义里国王查耶迦望积极准备复国。1292 年，查耶迦望发动两次暴动反对新柯沙里王朝，刺死国王，夺回政权。就在这一年，忽必烈遣使到爪哇劝降受到黥面之辱后，派史弼、高兴等率兵 2 万余人，军舰千艘，大举进攻爪哇。1293 年，元军在爪哇登陆。新柯沙里国王的女婿罗登维阇耶先诈降元军，借之力推翻查耶迦望，然后集合兵力，乘元军不备突袭，把元军逐出爪哇。罗登维阇耶以满者伯夷为首都，建立印度尼西亚历史上最强大的满者伯夷王朝。[1]

（二）土地、税收制度

满者伯夷王朝统治时期，印度尼西亚的经济有了很大发展，封建制生产关系形成。国王把土地作为采邑分封给官吏，受封者从采邑内的农民征收一部分收获物，但封地不能世袭。农村公社仍然存在，保留一些集体互助的痕迹。税负共同负担，主要用实物缴纳。佛教僧侣虽可受封

---

[1] 周一良、吴于廑主编：《世界通史：中古部分》，人民出版社 1973 年版，第 294 页。

土地，但只司宗教和教育事务，不得参与政事。^①国王从全国土地收获中征课 10%，但实际上远超过这个比例。除土地税外，还有路税、河税、堤防税、进出口税、码头税以及各种营业税。人民还需负担筑路、修桥、建造仓库等劳役。

（三）行政体制、法律制定、司法

满者伯夷王朝特里布哇纳统治时期，1330 年被任命为宰相的加查·马达一直是满者伯夷王国真正的统治者。在他的辅政之下，建立了强有力的中央政权，国王的地位提升，权力加强。政府分为军事、内政、司法和移民四个部。全国领土分为内领即本土和外领即属地。地方设省、县、乡，各级长官拥有军政权力。每乡抽调壮丁 100 名，组成水军和陆军，以防止领主叛乱和镇压农民起义。

王族成员行使着重要职权。国王的父亲总揽司法、税务等要务。国王的叔父监督农务、维修道路桥梁。对全国的田亩进行普查，设置警察、统计户口，按不同的等级分配固定职业。加查·马达还颁布了一系列法令诸如给官员和宗教建设的赠礼，对军队的维持，对农业及土地所有权的保护，对皇家费用的交付，赋税以及劳役的实施。这些条例大多数是由加查·马达本人制定的。加查·马达下令编制一部律书，以便取代《库塔拉马纳哇》。《库塔拉马纳哇》是以《摩奴法典》为蓝本移植的律书，是满者伯夷时期之前关于爪哇法律的主要文字资料。^②

拉查萨纳加拉统治时期刻在一块铜牌上的一段判决词表明当时法官如何按其条例审理民事案件。他们必须参照律书所定的条文、地方习

---

① 周一良、吴于廑主编：《世界通史：中古部分》，人民出版社 1973 年版，第 296 页。

② ［英国］D.G.E 霍尔：《东南亚史：古代部分》，赵嘉文译，云南人民出版社 1979 年版，第 142 页。

俗、先前判例以及精神领袖和长者的意见行事。在最后断决之前，他们还要征询公正的邻居的意见。

三、印度尼西亚伊斯兰教王国

满者伯夷王朝在 15 世纪开始衰落，印度尼西亚其他各岛伊斯兰教封建主的势力逐步强大起来。满者伯夷王朝信仰印度教，沿海各地的封建上层分子利用伊斯兰教反对它的统治。15 世纪后期，满者伯夷国瓦解，首都于 1478 年被东爪哇的封建主攻陷。从此，爪哇、苏门答腊和马来半岛的伊斯兰教封建主纷纷独立，建立了很多小国。其中，较为重要的有东爪哇的淡目、西爪哇的万丹、马来半岛的马六甲和苏门答腊的阿齐。

淡目国建于 1478 年，占有满者伯夷的本土。在苏丹特伦干诺统治时期（1521—1546 年），淡目达到极盛，统治着爪哇的大部分。以后各封建领主之间混战，巴央地方的封建主阿弟维查雅平息内乱，接替特伦干诺的统治，建立巴央国。1582 年，日惹的封建主纳巴蒂灭巴央，统一爪哇中部和东部，建立后马打蓝国，与 1527 年华达伊拉在西爪哇建立的万丹国相对抗。

万丹的封建主用实物地租的形式迫使农民缴纳胡椒。16 世纪末，每年收获达 300 万磅，卖给欧洲商人获取巨额利润。当地的农村公社遭受破坏，贫困的农民沦为佃农和债务奴隶。封建主、高利贷者和包买商则因此致富。万丹聚集了中国、伊朗、阿拉伯、印度、缅甸和埃塞俄比亚的商人，成为南洋各国商品贸易中心。

新建的阿齐王国也很繁盛，不但包括苏门答腊西海岸的全部，还征服马来半岛的许多地方。在西方殖民者入侵时期，阿齐一直是反抗殖民侵略的主力。

第六节 古代菲律宾国家与法的演进

一、菲律宾奴隶制国家

（一）麻逸国的产生及制度

据我国史书《宋史》和《文献通考》记载，10—14 世纪，在民都洛岛上曾经出现过一个叫麻逸国的奴隶制国家。这个国家贸易发达，在菲律宾各岛间用竹排进行岛际间的交通和贸易往来，商船曾到达我国广州。麻逸国手工业已经相当发达，能够冶炼铁、铜等金属，并生产花布、绢等纺织品。13 世纪是麻逸国全盛时期，其实力曾扩展到吕宋西部的仁牙因和马尼拉地区。我国元代汪大渊的《岛夷志略》曾记述过麻逸国奴隶殉葬的情况："酋豪之丧，则杀奴婢二三十人，以殉葬。"

（二）苏禄国的产生及制度

与麻逸国同时期，在菲律宾南部出现了另一个重要的奴隶制国家——苏禄国。据《岛夷志略》记载，苏禄国的珍珠采集和手工业比较发达，其珍珠为上品："此苏禄之珠，色青白而圆，其价甚昂，号为绝品。"苏禄国是当时东南亚贸易中心之一，其商船往来于柬埔寨、占婆、中国、爪哇、苏门答腊之间。14 世纪是其全盛时期，曾出兵攻打加里曼丹的渤泥国。[1]

---

① 胡才：《当代菲律宾》，四川人民出版社 1994 年版，第 72 页。

（三）马迪加拉斯国的产生及制度

据菲律宾《班乃纪年》记载，12世纪在班乃岛还有另一个奴隶制国家马迪加拉斯。这是一个发展程度较高的奴隶制国家。其奴隶主十分残酷，曾激起多次奴隶反抗。奴隶主曾于1250年和1433年颁布了《马塔斯法典》《卡兰来亚奥法典》。法典规定：奴隶主可以把偷懒、消极怠工的人抓起来。破坏贵族坟墓及宗教建筑将被处死。欠奴隶主债的人，如一次不能还清债务者则断其手指；二次不能归还者，处死。可见马迪加拉斯奴隶制度已经发展到较高的程度，统治者能够用法律维护统治。14—15世纪，菲律宾的奴隶贩运活动已遍及各岛。据史料记载，当西班牙殖民者1521年来到宿务时，已有暹罗大船在这里进行黄金和奴隶的贩卖。[①]

二、菲律宾封建国家

在西班牙殖民者到来之前，菲律宾部分地区已经进入早期的封建社会。15世纪在菲律宾中部和北部地区，如吕宋、邦加锡南，虽然在他加禄和木沙鄢族的社会中还有较多的奴隶制残余势力，但以劳役地租和实物地租形式出现的封建生产关系已经产生。

---

① 胡才：《当代菲律宾》，四川人民出版社1994年版，第73页。

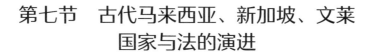

第七节　古代马来西亚、新加坡、文莱国家与法的演进

一、古代马来西亚国家与法的演进

（一）满剌加王国的产生与演变

1 世纪，马来半岛北部出现了一个叫羯荼的国家，但这个国家远远不能与扶南、占婆那样的古代东南亚大国相比拟。2 世纪，马来半岛东北部还出现了狼牙修国，也是一个类似于羯荼的小国。7 世纪，马来半岛遭到了来自苏门答腊室利佛逝王国的侵略，众多马来小国不得不向室利佛逝俯首称臣。①

马来西亚历史上最有影响的国家，是 1400 年建立的满剌加王国（又称马六甲王国）。这是由苏门答腊王子拜里迷苏剌在马六甲海峡最窄处马六甲建立的。拜里迷苏剌在海盗的帮助下在马六甲建立了满剌加王国。1403 年中国使臣中官尹庆访问马六甲时，拜里迷苏剌抓住时机请求明朝皇帝承认他并支持他对抗暹罗。1405 年他遣使中国，其请求很快得到承认。据《明史》记载："永乐元年（1403 年）十月遣中官尹庆使其地，赐以织金文绮、销金帐幔诸物。其地无王，亦不称国，服属暹罗，岁输金四十两为赋。庆至，宣示威德及招徕之意。其酋拜里迷苏剌大喜，遣使随庆入朝贡方物，三年九月至京师。帝嘉之，封为满剌加国王，赐诰印、彩币、袭衣、黄盖，复命庆往。其使者言：'王慕义，愿

---

① 赵和曼主编：《东南亚手册》，广西人民出版社 2000 年版，第 165 页。

同中官列郡，岁效职贡，请封其山为一国之镇。'帝从之，制碑文，勒山上，末缀以诗曰：'西南巨海中国通，输天灌地亿载同。洗日浴月光景融，雨崖露石草木浓。金花宝钿生青红，有国于此民俗雍。王好善义思朝宗，愿比内郡依华风。出入导从张盖重，仪文裼袭礼虔恭。大书贞石表尔忠，尔国西山永镇封。山君海伯黾鼍从，皇考陟降在彼穹。后天监视久弥隆，尔众子孙万福崇。'"[①]1409 年，郑和出使马六甲，之后的 1411 年，国王为表感谢亲自到北京回访。这个最初为避免毁灭而向暹罗进贡的新兴国家，很快不再认为自己是阿瑜陀耶的属国了，特别是在 1409 年明朝郑和给拜里迷苏剌带来一枚银印、一顶冠冕和官服"封他为王"之后。他甚至要求巨港向他臣服。为保持现状，永乐皇帝进行干预，这是 1415 年郑和第三次下西洋的目的之一。[②]满剌加王国一度繁盛，在当时是东南亚国际贸易中心。其势力一直扩大到整个马来半岛和苏门答腊，成为当时东南亚强盛国家之一。1511 年，满剌加在葡萄牙的坚船利炮下灭亡。

（二）满剌加王国的法律

满剌加王国最具代表性的法律是《马六甲法典》。《马六甲法典》的编纂历经了数代国王。最早制定法起源于二世国王依斯干达沙，《马来纪年》记载："统治者制定国家的习惯和礼仪。"习惯和礼仪带有规则性质，用来确保社会和谐。这是法的原型，在 15 世纪初马六甲王国建立不久已经出现。[③]

---

① （清）张廷玉等：《明史》（第 325 卷），满剌加条，中华书局 1975 年版，第 47 页。

② ［英国］D.G.E. 霍尔：《东南亚史：古代部分》，赵嘉文译，云南人民出版社 1979年版，第 315~316 页。

③ 张榕：《从马六甲法典看马六甲王国的治理文化》，载《云南大学学报（法学版）》2016 年第 2 期。

国王颁布了一系列更细致的王位禁令，建立皇家仪式，这时的规则和禁令已经成为法，由专业人士拟定，违反者将受到惩罚。[1]穿黄衣侵犯王权者、不敬王而崇敬他人者、违反或反对王命者皆处死；犯罪居民，大罪刺穿、火焚，小罪则将手伸入沸腾的开水和溶锡中；人死后，未留下遗嘱的财产全部充公，留下遗嘱的财产也必须一半充公。[2]

五世国王穆扎法尔·沙时期，马六甲王国发生了很大的变化，在前世立法成果的基础上，结合实际，原始版本的《马六甲法典》问世，初步的法典化得以实现，但这还不是真正的《马六甲法典》。伴随着王权和文化的发展，《马六甲法典》被不断地修订、完善，直到15世纪末，即八世国王穆扎法尔·沙执政时期，马六甲王国立法集大成者——《马六甲法典》问世，以规范人们的行为。[3]

《马六甲法典》是一个混合的文本，不同部分的编纂时间不同，《马六甲法典》是马六甲王国时期法律的总称。[4]传世的《马六甲法典》都是手抄本，出自不同的年代，条款的数目也不相同，但核心部分的意思大体一致。在众多版本中，44条的版本获得最广泛的认可。《马六甲法典》的结构是清晰的，分为以下6个层次[5]：（1）《马六甲法典》的核心部分；（2）海洋法（部分）；（3）伊斯兰婚姻法；（4）贸易与伊斯兰证词法；（5）城镇法；（6）柔佛律法。

上述第一部分主要包括皇家规范、习俗、民事责任、刑事责任等。

[1]　朱振明主编：《当代马来西亚》，四川人民出版社1995年版，第84页。
[2]　朱振明主编：《当代马来西亚》，四川人民出版社1995年版，第84页。
[3]　［新加坡］廖裕芳：《马来古典文学史》，张玉安、唐慧等译，昆仑出版社2011年版，第266页。
[4]　［新加坡］廖裕芳：《马来古典文学史》，张玉安、唐慧等译，昆仑出版社2011年版，第266页。
[5]　［新加坡］廖裕芳：《马来古典文学史》，张玉安、唐慧等译，昆仑出版社2011年版，第266页。

第二部分是有关航海和船上纠纷处理的部分规定，细化的规定可以参见同时期编纂的《马六甲海洋法》。以上六部分的编纂时间有先后，第一部分和第二部分可能在穆罕默德·沙时期制定，其中的宫廷规则可能是在穆扎法尔·沙的命令下，由官员搜集并整理的，这是马六甲王国的黄金时期。第三部分和第四部分应该是更晚些制定的，此时伊斯兰教已经深入人心。第五部分大约在 16 世纪初，葡萄牙人踏上马六甲的土地后不久出现的，这一时期马六甲王国努力加强对偏远地区的控制以防范葡萄牙人。第六部分大概在 18 世纪下半叶，由柔佛[①]苏丹下令编纂。《马六甲法典》的结构勾画出马六甲王国的历史脉络，而法典的内容则为我们描摹出那个社会的治理脉络。[②]

二、古代新加坡国家与法的演进

新加坡最早的居民是原始马来人的后裔。他们是从马来半岛南迁而来的，自称奥郎·罗越，意思是"海人"。1 世纪前后，东西方交通逐渐发展，新加坡成为往来船只的停泊地。古代希腊学者托勒密（90—168年）所著的《地理志》一书，在今天的新加坡相应的位置上标出了萨巴拉港。中国人很早就到达了新加坡。三国时期吴康泰所著《吴时外国传》中记载了一个叫"蒲罗中国"的地方。据新加坡学者考证，这是马来语 Pulau Ujong 的音译，意思是"崎头"，即指新加坡。[③]唐宋以后，中国商船在东南亚活动增多，在新加坡出土了宋朝真宗、仁宗和神宗时期（997—1085 年）的铜币和瓷器。据宋朝赵汝适《诸蕃志》记载，从中国

---

① 马六甲王国灭亡后其国王流亡柔佛后建立的柔佛王国。

② 张榕：《多元社会文化背景下的马来西亚法律》，厦门大学出版社 2021 年版，第17 页。

③ 鲁虎编著：《新加坡》，社会科学文献出版社 2004 年版，第 30 页。

开往苏门答腊地区的船只，都要经过新加坡，并在那里停靠。[①]

新加坡古称单马锡，8世纪建国后，归属于室利佛逝王国。10世纪前后，已成为繁荣的商港。13世纪中叶，随着室利佛逝王朝的衰落，"单马锡"改称"信诃补罗"。据《马来纪年》记载，信诃补罗王朝传五世而亡，历123年。信诃补罗是封建国家，但也存在家庭奴隶。国王掌握最高权力，下设盘陀阿罗、盘阿里、门特里及其他各重要部门的大臣。信诃补罗国力强盛，拥有多达300艘战舰的海军力量。

14世纪，信诃补罗王朝进入鼎盛时期，成为连接东西方的一个著名的国际贸易港口。此时，其北方的素可泰王朝迅速强大，南方的满者伯夷也逐渐坐大，两者都图谋称霸东南亚。素可泰王国占领北大年和彭亨之后，开始觊觎信诃补罗，于1344年出兵进犯未果。满者伯夷王国随后进攻信诃补罗也以失败告终。满者伯夷不甘心，于1377年再次进犯，一举成功。暹罗素可泰军队此时也兵临城下，满者伯夷退兵，把洗劫后的空城留给暹罗军队，从此，信诃补罗成为暹罗的属国。18—19世纪又成为马来西亚柔佛王国的一部分。[②]

三、文莱国家与法的演进

（一）文莱国的产生

中国史籍记载，5世纪中叶，有一个国家叫"婆黎"，指的就是文莱。其控制的范围是现在加里曼丹西北部的沙捞越、沙巴及现在的文莱

---

① 鲁虎：《新加坡》，社会科学文献出版社2004年版，第30页。

② 米良：《古代东南亚国家法制的产生及发展》，载《云南大学学报（法学版）》2007年第2期。

本土。① 唐代以后，中国史书将其称为"渤泥"。15 世纪之前，文莱先后处于邻近的强国室利佛逝国和麻喏巴歇国的支配和控制之下，向其称臣纳贡。15 世纪初，文莱国王麻那惹加那试图摆脱麻喏巴歇国的控制，曾向中国明朝皇帝上书求援。1408 年，他又亲率家属和陪臣来中国访问，在南京逗留了两个月，突然不幸病故，被安葬在南京安德门外的石子岗。

（二）建立文莱苏丹国

麻那惹加那去世后，他的儿子遐旺·阿拉克·贝塔塔尔继承王位。遐旺为尽快改变文莱当时所处的不利局面，转而投向满剌加国。他出访满剌加国，并于 1414 年与满剌加苏丹的女儿结婚，通过联姻加强与满剌加的盟友关系。作为回报，满剌加苏丹授予他文莱苏丹的头衔。遐旺成为文莱的第一位苏丹，以后的文莱君主都使用"苏丹"这个头衔。遐旺·阿拉克·贝塔塔尔被尊称为穆罕默德一世。② 他在满剌加的影响下，积极地把伊斯兰教引入文莱，将伊斯兰教当作争取独立、巩固政权的有力武器。由于他的努力，伊斯兰教为封建统治阶级上层及发展程度较高的沿海地区居民所接受。在遐旺的领导下，文莱取得了独立，成为一个国家。③

15 世纪末，文莱在第五世苏丹博尔基亚（1473—1521 年）的治理下空前强盛。博尔基亚苏丹不仅把文莱的疆域扩展到整个婆罗洲，还数次派军队远征爪哇、马六甲、吕宋等地，迫使位于现在马尼拉一带的塞鲁隆国俯首称臣，每年向文莱称臣纳贡。④ 由于国力强大，文莱得以在

---

① 米良：《古代东南亚国家法制的产生及发展》，载《云南大学学报（法学版）》2007 年第 2 期。

② 俞亚克、黄敏编著：《当代文莱》，四川人民出版社 1994 年版，第 29 页。

③ 俞亚克、黄敏编著：《当代文莱》，四川人民出版社 1994 年版，第 28~29 页。

④ 俞亚克、黄敏编著：《当代文莱》，四川人民出版社 1994 年版，第 29 页。

15—16 世纪向整个东南亚地区传播伊斯兰教，文莱实际上成了当时东南亚地区的一个伊斯兰教中心。①

（三）古代文莱的法制

1. 土地所有权制度

文莱的土地按照所有权的性质划分为王室所有的土地、贵族官僚的封地和私人土地三类。王室的土地和贵族官僚的土地一般不能转让，特殊情况下的转让必须经过苏丹和枢密院的批准。私人土地可通过继承和购买而获得。土地主人可以把自己的土地转让给他人，但要经苏丹的同意并在地契上盖上苏丹的御印方为合法有效。

2. 政治制度

在伊斯兰化之前，早期文莱是麻喏巴歇国的一个属国，其政治社会制度深受印度文化的影响，从君主的加冕仪式、宫廷礼仪到官府名称无不都带有印度化的色彩。在古代文莱的社会等级中，高踞于社会顶层的是苏丹国王，其下是王公贵族，再其下是各级官吏。普通百姓尽管已居于社会的下层，但仍可以进一步细分为不同的等级。官员按照出身和职权分为四级，即大臣、武士贵族、地方官吏和村社首领。前两级官员出身贵族，后两级官员出身平民。四级官员中，除了村社首领是由村民推选的以外，其余都是经过苏丹批准，由朝廷委任。大臣共有 4 个：首席大臣代表苏丹行使职权，处理日常事务，并负责国土防卫；财务大臣负责管理国库及宫廷事务；海务大臣统领海军，兼管战争事务，行使司法职权；第四位大臣是内务大臣。②

---

① 俞亚克、黄敏编著：《当代文莱》，四川人民出版社 1994 年版，第 29 页。
② 俞亚克、黄敏编著：《当代文莱》，四川人民出版社 1994 年版，第 31 页。

第三章
古代东南亚国家对域外法律的接纳与吸收

　　古代东南亚制定法是随着东南亚地区阶级形成的过程逐步孕育、萌芽，并与国家相伴随而发展和确立起来的，经历了由习惯演变为习惯法，再发展为成文法，与此同时，法、道德和宗教等社会规范从混沌一体逐渐分化为各自相对独立的规范系统。这是法产生的一般规律，东南亚地区也不例外。笔者认为最大的特点是：古代东南亚制定法是在习惯法的基础上大量移植古代中国法、伊斯兰法和印度法而形成的。这是总体的一个结论，并非每一个东南亚国家都同时接纳、吸收了古代中国法、伊斯兰法和印度法的主要规定、内容。每一个东南亚国家的情况都有所不同，有的国家（如越南）仅移植了古代中国的法律，有的国家（如缅甸）则同时接受了伊斯兰法和印度法的双重影响。

第一节　古代东南亚国家对中国法的
接纳与吸收

　　古代中国法在东南亚的传播和影响可追溯至秦始皇时期。公元前221年秦始皇统一中国之后，派遣50万大军南征，这次南征曾深入越南。司马迁写道："斯时，秦祸北构于胡，南挂于越，宿兵无用之地，进而不得退。行十余年，丁男被甲，丁女转输，苦不聊生，自经于道树，死者相望。"① 自此以后的漫长岁月里，古代中国法通过战争、移民、通商等渠道传入泰国、老挝、缅甸、柬埔寨、马来西亚、新加坡、印度尼西亚和菲律宾等东南亚诸国。

一、古代中国法在越南的传播和影响

（一）中国统治时期中国法在越南的传播

1. 秦汉时期，从其俗而治之

在古代越南，最早的国家是文郎国。在距今四五千年，文郎国开始分化成为有阶级的社会。② 公元前 3 世纪下半叶，居住在山区的瓯越族的首领蜀泮，趁雄王末期衰落的时候，消灭了雄王朝、蜀泮建立瓯雒国，自称"安阳王"。③ 公元前 207 年，秦朝官吏赵佗占领南海、桂林及象 3 郡，自称王，建立了南越国。公元前 111 年，汉朝调动了数十万军队攻打南越并将其消灭。汉朝也和秦朝一样，采用"诸雒将主民如故"和"从其俗而治之"的政策。

汉朝官吏马援上奏皇帝说："越律和汉律有十余条不相同，请求在越族地区推行汉律。取消世袭的雒将制度，废除当地法律。"④ 但是，由

---

① （西汉）司马迁：《史记》卷 112，中华书局 1975 年版，第 126 页。

② ［越南］越南社会科学委员会：《越南历史》，越南科学出版社 1972 年版，第 34 页。

③ 越南各类史书中提到的"文郎国"和"瓯雒国"，均源自《山精的传说》或《水精的传说》，并无史料证实。笔者更愿意相信越南国家开始于吴权发动起义建立政权的 938 年，因此在本节的"越南建立国家后的立法及中国法的影响"中即以此观点为基础。

④ ［越南］越南社会科学委员会：《越南历史》，越南科学出版社 1972 年版，第 70 页。

于建立在越族公社基础上的强有力的社会传统的限制，汉朝统治者最后仍然采用松弛的"羁縻"政策。[①]

2. 南北朝至隋唐时期，儒家文化、法家思想传入越南

南朝时期，封建统治者大量移民到越南，改变了越族的风俗，汉字和北方文化也跟着输入越南，儒教从这时起输入越南，三纲变成越南封建时代的法律。儒家的经典著作《论语》《春秋》等书，在封建政权和士大夫开办的学校里普遍讲授。[②]隋唐时期，越南仍在中国的统治之下。在这一时期，儒、道、佛在越南同时盛行，相互影响、相互渗透。

（二）越南建立国家后的立法及中国法的影响

1. 主要立法活动

938年，越南吴权发动起义，结束了中国对越南长达1000年的统治。随着中央集权制的发展，到李朝时期，越南的立法活动得到发展。1042年，李太祖颁布了《刑书》，这是越南历史上第一部成文律书。[③]其中有偷牛者杖一百，禁止买卖满18周岁男子为奴等规定。

之后，越南经历了陈朝、黎朝及阮朝等朝代，立法进一步完善，但有一个共同的特点即继续大量移植中国古代法律制度。

陈朝时期的《国朝通制》（共20卷）明确规定了政权的组织和行政的各种规章制度。这部法典从形式到内容明显照搬了中国的法律。

黎朝时期，儒教取得了统治地位，成为封建制度的正统思想体系。从此，封建政权以儒教作为建国治民的典范，是各种政治和社会制度的

---

① ［越南］越南社会科学委员会：《越南历史》，越南科学出版社1972年版，第70页。

② ［越南］越南社会科学委员会：《越南历史》，越南科学出版社1972年版，第76页。

③ 米良：《越南刑法的伦理特点及文化伦理特色》，载《云南大学学报（法学版）》2009年第5期。

金科玉律。① 与此同时，佛教和道教受到压抑。15 世纪，僧侣在经济、政治、文化等方面的势力已衰落。黎朝之所以对佛教和道教采取限制的政策，是因为这两种宗教容易使人脱离尘俗，即脱离君主专制制度的控制。② 这一时期，立法活动频繁，制定了《伦理二十四条》《国朝刑律》《均田法》等法典。《伦理二十四条》的主要内容是确定封建尊卑等级秩序。

1483 年，黎圣宗派人搜集过去颁布的所有法律，进行补充和系统化，并仿照中国的律令制定了《国朝刑律》。《国朝刑律》包括官制、军制、刑法、民法等篇目，对叛国、欺君等罪处以死刑或流放；对侵犯他人的稻田、住宅、池塘者处以严刑。③

黎利于 1429 年颁布《均田法》，旨在丈量公私田地和荒地，规定分给官员及军民田地的等级。其中，军士给田 5 分，普通百姓给田 4 分，孤寡和残疾者给田 3 分，村中余地分配给其他村无地者耕种。田主不得多占田地任其荒芜，违者以强占土地论罪。但《均田法》实施的结果是，人民分得的土地仅占极小一部分，贵族官僚得到大量土地。亲王所得世业田、赐田、祭田等，往往达 2000 亩。《均田法》实施以后，农民变成王室或官吏的佃农，附着于土地上。

阮朝时期的立法活动也是效仿中国的专制集权制和加强对人民的镇压制定的。1815 年颁行的《皇朝律例》（又称《嘉隆法典》），是阮朝立法的代表作。

---

① 米良:《越南刑法的伦理特点及文化伦理特色》，载《云南大学学报（法学版）》2009 年第 5 期。
② 米良:《越南刑法的伦理特点及文化伦理特色》，载《云南大学学报（法学版）》2009 年第 5 期。
③ 米良:《越南刑法的伦理特点及文化伦理特色》，载《云南大学学报（法学版）》2009 年第 5 期。

《嘉隆法典》几乎是《大清律》的翻版。《嘉隆法典》的主导思想是保卫皇帝的绝对权威，恢复和巩固落后的封建秩序，残酷镇压人民的一切反抗行动和意图。这部法典的反动和残酷的性质，集中表现在其极为残酷的刑罚制度上。例如对于犯叛逆罪的，首犯和从犯凌迟处死，罪犯的亲属，16 周岁以上的男子处斩，16 周岁以下的男子和妇女强迫为奴。各种刑罚对人身进行野蛮的折磨，如凌迟、斩挑（斩首示众）、分尸、碎尸等。鞭笞棍打的刑罚在该法律条文中随处可见。阮朝的制度被称为"鞭子制度"。①

阮朝法制指导思想是取消一切进步改革思想，恢复旧的封建秩序，拒绝一切革新措施。任何一个想改变社会经济结构的条陈、建议，不是被处以"轻君罪"，就是被定为"违理，不合古人"的罪名。

2. 中国法的影响

日本学者牧野异在《安南黎朝刑律中之家族制度》一文中写道："安南②者，形成中国法系国之南端者也……安南于秦、汉时期即接受中国文化。迨后汉马援之远征，遂完全成为中国之领土，直至唐末犹然。故此时代安南所行之法律，恐即以唐之律令为主也。"③这段话虽是猜测，然而据前所列举介绍的各部越南法典之内容和形式，中国法在古代越南的影响基本如此，只是还不够全面而已。事实上，马援平定越南之前，中国法律文化在越南已得到广泛传播。

我国知名学者王云霞教授将唐朝以前中国法律对越南的影响划分为两个阶段：汉朝以前为一个阶段，汉朝至唐朝为另一个阶段。汉代以前

---

① 米良：《越南刑法的伦理特点及文化伦理特色》，载《云南大学学报（法学版）》2009 年第 5 期。

② 越南古代称为"安南"。

③ 王云霞、何戍中：《东方法概述》，法律出版社 1993 年版，第 123 页。

虽然没有史料记载中国法典传入越南，但是中国文化已通过军事占领和移民传入越南，这为汉朝以后中国法在越南的实施奠定了基础。由汉至唐，中国法典开始直接传入越南。先是汉律，后是唐律，均被越南接受并在当地实施。在此基础上，唐朝之后至清朝末年法国殖民者入侵越南之前可作为古代中国法对越南影响的第三阶段。这一阶段，尽管其政治、经济和文化等方面发生了许多变化，但越南的法律仍以汉唐律令为主。

没有任何一个国家受古代中国法影响之大能和越南相提并论。这一点可从各国学者的只言片语中找到旁证。日本学者衫山直治次郎在《法律之演变》一书中提道："李朝及嘉、隆之二部法典相继施行于安南，而此二法典乃脱胎于中国之唐律和清律。"[①] 法国学者菲拉斯德在《安南律之新译本》中也提到，安南几乎一字不改地采用了中国法典之大部分。

二、古代中国法对东南亚其他国家的影响

中国作为东亚和东南亚文明的轴心，影响了东南亚国家的法律和立法。这种影响的路径是战争、移民和贸易。儒家文化和法家思想的传播使这个地区的人们有了相同或类似的价值观，中国法的移植有了文化土壤，中国的法律制度由此被引进。

在东南亚国家中，中国法对越南法的影响是最大的，但中国法对越南以外的其他国家的影响仍然不能忽视，主要表现在习惯法、官制和文书制度。

中国法对缅甸的影响是通过武力进行的。早在 1 世纪以前，缅甸就出现了掸国；5 世纪，缅甸中部骠国兴起，兼并了掸国；832 年，骠国为南诏

---

① 王云霞、何戍中：《东方法概述》，法律出版社 1993 年版，第 124 页。

所灭；1057年，阿奴律陀建立缅甸历史上第一个封建王朝蒲甘王朝。1287年，元军攻陷蒲甘，缅王投降，元朝的云南行省包括缅甸的掸邦。元朝驻军统治，直到1303年才被缅甸人民逐出。南诏及元朝分别对缅甸进行了长期统治，把中国文化传入缅甸，也把中国的一些法律制度带到了缅甸。

柬埔寨是古代扶南的一部分。3世纪以后，扶南和中国不但常有使臣交聘，而且有商人来往。三国时东吴使者吴康泰、朱应曾泛海到扶南，扶南的使者也带领乐工到中国。中国南朝首都特设"扶南馆"，请扶南僧人翻译佛经，两国交往频繁。这些交往也把中国文化、法律特别是习惯法传到柬埔寨。

19世纪和20世纪早期，中国的习惯法得到了英国殖民地即海峡殖民地的承认，在沙捞越、婆罗洲北部以及荷属东印度群岛得到承认。1961年之前，新加坡一直没有废除中国的习惯法，马来西亚直到1982年才废除中国习惯法。沙捞越和沙巴的法院仍然适用这种习惯法。在新加坡，常常诉诸儒家的学说来解释和论证新的立法，例如在推行忠孝学说和矫正社会行为等方面就是如此。[1]

中国古代的官制和文书制度，也曾经传播到东南亚许多国家，如泰国、缅甸等国，这对当地的司法机构和诉讼程序等产生一定的影响。

---

[1] 〔意大利〕D.奈尔肯、〔英国〕J.菲斯特编：《法律移植与法律文化》，高鸿钧等译，清华大学出版社2006年版，第269页。

第二节　古代东南亚国家对伊斯兰教法的
接纳与吸收

一、伊斯兰教法在东南亚的传播过程

阿拉伯文化在东南亚地区的传播和影响是通过伊斯兰教的传播进行的，而伊斯兰教的传播也把伊斯兰教法传入东南亚地区。

13 世纪末，伊斯兰教开始传入印度尼西亚。西印度古扎拉特和苏门答腊北部的须文达那巴赛国都接受伊斯兰教。伊斯兰教最初先由古扎拉特商人传到苏门答腊北部，然后传到马六甲、爪哇等地。由于伊斯兰教教义反映了当时从事农业者和手工业者的愿望，因此，伊斯兰教很快成为农奴、自由手工业者和自由商人所信仰的宗教。15 世纪中叶，出现了第一批印度尼西亚职业传教士，通称教长。这些教长由王室贵族充任，驻在经济繁荣的港口教堂传教布道。伊斯兰法随着伊斯兰教的传播而传播。此后，印度尼西亚的法律制度形成伊斯兰法和当地习惯法相结合的局面。[①]

据 D. 奈尔肯、J. 菲斯特编的《法律移植与法律文化》记载："伊斯兰教法是在中古时代通过苏菲派的中介和阿拉伯贸易而在苏门答腊北部的阿西地区安家落户，并在马来西亚和印度尼西亚全国以及泰国和菲律宾的部分地区找到了土壤。"[②]

---

① 米良：《越南刑法的伦理特点及文化伦理特色》，载《云南大学学报（法学版）》2009 年第 5 期。

② ［意大利］D. 奈尔肯、［英国］J. 菲斯特编：《法律移植与法律文化》，高鸿钧等译，清华大学出版社 2006 版，第 268 页。

二、伊斯兰教法在东南亚的影响

1. 马来西亚是受伊斯兰教法影响最大的国家

由于马来西亚历史上很少有法典，其法律主要是历代国王的敕令和习惯，主要有"凯里阁法律""吉打法律""霹雳法律""双溪·乌戎法律""马六甲法律"①。这些不是统治者颁行的法典，而是由学者根据抄本整理而成的法律文件汇编，因此，只能通过这些抄本的内容来研究伊斯兰教法对马来西亚的影响。综观其内容，可看出有大量伊斯兰教法的内容，如关于伊斯兰信仰的规定，依据阿拉伯法律制定的关于奴隶、财产、犯罪和刑罚的规定，关于禁止违反安拉的命令，每天必须做祈祷、违者受罚的规定等。

伊斯兰教是马六甲王国的国教，国王也称苏丹。三世国王斯里麻哈刺统治时期（1424—1444 年），马六甲建立了较完备的君主统治制度。国王是国家的最高元首，其下有三位大臣分别掌管政务。盘陀诃罗，地位相当于宰相，管理国家的内外政务，战时统领军队；天猛公是军务大臣和司法大臣，负责训练军队和维持治安，同时兼掌礼部，凡使者觐见国王均由他主持礼节仪式；奔呼卢盘诃黎是财政大臣，主管征收赋税和国家财政收支。此外有水师统帅管理海军。当时还颁布了一系列宫廷法规，包括国王的起居、祈祷、接见、授勋等。有关制度一直沿用至今。

2. 文莱

文莱皈依伊斯兰教之后，其政治制度便逐渐与马来半岛的政治制度趋同，但也有自己的特点，即把印度教和伊斯兰教中有关等级制度的观念融为一体。②

---

① 王云霞、何戎中：《东方法概述》，法律出版社 1993 版，第 124 页。

② 米良：《古代东南亚国家法制的产生及发展》，载《云南大学学报（法学版）》2007 年第 2 期。

3. 菲律宾

14 世纪后，在菲律宾南部，随着伊斯兰教的传入，苏禄、棉兰老岛等地区出现了封建苏丹政权。1450 年，苏门答腊巴邻旁（今巨港）人阿布·贝克到苏禄传教，后在和乐建立苏丹政权，采用伊斯兰正统的苏丹政治制度进行统治，并用伊斯兰法典结合当地习惯法建立了一套立法和司法制度。1475 年，阿拉伯人谢里夫·卡本斯旺从马来西亚的揉佛带领一批人到棉兰老岛传播伊斯兰教，也在棉兰老岛建立了苏丹政权。伊斯兰教的传入加快了奴隶制的瓦解，苏丹政权建立，实行政教合一的政治制度，使苏丹成为最高统治者。苏丹又通过村社酋长对人民实行封建统治，征收赋税，逐步形成封建等级关系。为保证贵族地主的特权，苏丹还根据伊斯兰教法制定《卢瓦兰法典》，这是一部保护贵族地主私有财产的法律。①

第三节　古代东南亚国家对印度法的接纳与吸收

一、印度法在东南亚的传播过程

在东南亚的西部地区及相邻的缅甸、泰国、柬埔寨等，自古就受印度文化的影响。印度文化通过移民、贸易、宗教传播等方式传入东南亚地区。在印度尼西亚，公元后一世纪，不断有印度人移入。他们带来了先进的生产技术和文化，以及印度语言、文字、历法、宗教、艺术等。这些移民首领在沿海港口附近建立政权，形成若干奴隶制小国，运用他

---

① 胡才:《当代菲律宾》，四川人民出版社 1994 年版，第 74 页。

们自己的文化、习惯法进行统治。印度法对印度尼西亚的影响最初就是通过移民的方式开始的。到中世纪，印度法通过宗教、文化等方式继续影响印度尼西亚。满者伯夷王朝统治时期，佛教密宗和印度教的湿婆教派十分流行，印度诗文、舞蹈也特别流行。

二、印度法对东南亚法的影响

在东南亚国家当中，受印度法影响最大的是缅甸。无论是在法律形式上还是在内容上，缅甸都大量移植了印度法律的模式和制度。[①]

缅甸古代最重要的法律渊源是《法界论》，其内容分为序言和正文。其序言指出，该法源于神的意志而非人的意志。其内容也和《摩奴法典》极为相似。[②]

印度法对缅甸的影响从莽应龙制定的两部法律中看得更为清楚。缅族人莽应龙在 16 世纪建立了缅甸历史上第二个统一王朝——东吁王朝。莽应龙统治时期，缅甸的统一最后完成。为巩固统治，莽应龙令僧人和官吏根据勃固国的《伐丽流法典》[③]编成两部律书，又统一全国的司法制度和度量衡。《伐丽流法典》是僧侣根据《摩奴法典》改编而成，而莽应龙令僧人和官吏编成的两部律书则基本照抄了《伐丽流法典》，由此可见印度法对缅甸的影响是相当大的。[④]

印度法律对泰国、柬埔寨、老挝的影响仅次于缅甸，它们有一个共

[①] 米良：《论中国法、伊斯兰法和印度法对东南亚的影响》，载《河北法学》2008年第 8 期。

[②] 米良：《论中国法、伊斯兰法和印度法对东南亚的影响》，载《河北法学》2008年第 8 期。

[③] 勃固国王伐丽流（1287—1296 年在位）命僧侣根据印度《摩奴法典》改编而成。

[④] 米良：《论中国法、伊斯兰法和印度法对东南亚的影响》，载《河北法学》2008年第 8 期。

同的特征就是通过宗教传播进行的。①

　　几百年来，佛教对泰国的政治、社会、文化生活一直有重大影响。佛教在泰国具有国教的地位。在广大农村，佛寺不仅是信徒的宗教活动场所，而且是村社的社会、文化活动中心。佛教僧侣在泰国享有崇高的地位。通过佛教的教义来统一国民的思想是泰国长期以来的法制指导思想。阿瑜陀耶王朝时期的拉马底帕提不仅武功高强，而且在文治方面也是一个在泰国历史上名垂千古的国君。其最突出的成就即制定各种法律，如证据法、强盗法、叛逆法等。凡反抗王朝的，都处以极刑；侵犯私有财产的，如纵火、抢劫、偷盗等，也处重刑；奴隶、乞丐、讨债和流浪者，剥夺在法律上作证的资格。还确立各种政治制度，如朝政礼仪和官礼。中央政府分为政务、宫廷、财政、田务四部。婆罗门教占有重要地位，重要案件由婆罗门审判。戴莱洛迦纳王在位时设立了法院，由宫务部管理，精通法律的僧侣担任法官。泰国许多制度特别是诉讼方面的规范和印度法十分相似。②

　　特别值得一提的是《三印法典》。这部法典因盖有内务部、军务部和财政部三部印章而得名。该法典形式上仿照《摩奴法典》，内容上由《摩奴法典》中的基本法和拉玛一世颁布的现行法令组成，由此可看出印度法对泰国法的影响。③

　　5世纪初，在柬埔寨出身的印度婆罗门的扶南王侨陈如进行改革，采用《天竺法》，使婆罗门成为佛教的统治势力。在老挝，澜沧王国在

———————

① 米良：《论中国法、伊斯兰法和印度法对东南亚的影响》，载《河北法学》2008年第8期。

② 米良：《论中国法、伊斯兰法和印度法对东南亚的影响》，载《河北法学》2008年第8期。

③ 米良：《论中国法、伊斯兰法和印度法对东南亚的影响》，载《河北法学》2008年第8期。

法制指导思想下以国教小乘佛教为思想基础。苏里拉旺萨颁布了一系列法律法令，严格执行，对他唯一的儿子也不例外。他唯一的儿子因为和国王随从的妻子通奸而被处死，这一事件直接导致澜沧王国的分裂。[①]

印度法在马来半岛、印度尼西亚、文莱等也有不同程度的影响。例如在马来西亚的"凯里阁法律"中有的规定源于《摩奴法典》。[②]

在伊斯兰化以前，早期文莱是麻喏巴歇国的一个属国，其社会、政治和法律制度深受印度文化的影响，从君主的加冕仪式、宫廷礼仪到官府名称无不都带有印度化的色彩。[③]

[①] 申旭、马树洪：《当代老挝》，四川人民出版社 1992 年版，第 121 页。

[②] 米良：《论中国法、伊斯兰法和印度法对东南亚的影响》，载《河北法学》2008 年第 8 期。

[③] 米良：《论中国法、伊斯兰法和印度法对东南亚的影响》，载《河北法学》2008 年第 8 期。

第四章
近代东南亚国家与法的演进

第一节　近代越南国家与法的演进

一、法属时期（1858—1945 年）的司法体系

自 16 世纪起，欧洲封建制度进入最后的、为资产阶级革命做准备的阶段。越南的封建制度同样也从鼎盛转向衰退，但是，尚未出现资本主义的萌芽。18 世纪至 19 世纪，世界发生了翻天覆地的变化，资产阶级相继掌握了政权。在东方，只有日本进行了明治维新，率先走上发展资本主义的道路。从此，各个资本主义国家争先恐后地侵占殖民地，越南未能幸免，最终沦为法国殖民地。

1858 年 9 月 1 日，法国军队攻入岘港山茶半岛，开启了法国在越南的殖民统治。由于在岘港战场陷入了战争泥沼，法国军队被迫改变进攻计划并且调动军队攻打嘉定。越南人民开展了遍布各地的抗法运动，法国军队速战速胜的计划失败，侵略越南的战争拖延了近 3 个世纪。在此过程中，法军实行了"蚕食"的方针，逐步占据土地、侵蚀政权并建立

统治机器。1859 年 2 月，法军占领了嘉定省。1861 年 4 月，法军占领
了定祥省；12 月，占领了边和省。1862 年 6 月 5 日，阮朝与法国签署
了一份有 12 个条款的《壬戌条约》，根据这一条约，越南将上述 3 个省
全部割让给法国。1874 年 3 月 14 日，顺化朝廷与法国签署了第二份条
约——《甲戌条约》，增加永隆、安江、河仙 3 个省，正式确认南圻 6
个省为法国的殖民地，侵略一直持续到 1879 年，这一过程同时也是法
国在南圻的统治机器得以确立的过程。自 1882 年起，法国扩大了对北
方的侵略。1883 年 8 月 25 日，阮朝与法国签署条约，承认法国对越南
全部领土的统治。

（一）印度支那联邦成立

1887 年 10 月 17 日，法国总统颁布了法属印度支那联邦的敕令。这
份敕令与随后颁布施行的有关印度支那总督的部分敕令成为法国完善和
巩固在印度支那和越南的殖民政权的法律文件。法属印度支那联邦刚成
立时包括越南和柬埔寨。1889 年 4 月 19 日颁布施行的敕令将老挝纳入
法属印度支那联邦，1890 年起增加广州湾（法国占领的中国领土）。法
属印度支那联邦由法国殖民部直接管理。法属的整个印度支那联邦是法
国的殖民地、法国的海外领土。

（二）法国在越南确立法律体系

法国法院不仅在享有殖民地制度的地区——南圻和河内、海防、岘
港得以建立，还建立在包括北圻和中圻保护地。法国的法院负责审理与
法国人相关的各种案件，欧洲人、美国人、日本人、中国人及在殖民地
地区出生的越南人可以像法国人一样享有区别对待的权利。法国在越南
的各种法院可以适用宗主国的一些司法原则；在法院的内部，设有三个

机关即公诉机关、调查机关、审判机关。其中司法与行政分立，确保各方当事人的辩护权利，当事人有权雇佣律师为自己辩护。①

法国在越南的法律体系如下：

1. 普通调解法院

这是最低级别的法院。普通调解法院有两种类型：一是由法国人主持担任审判官的普通调解法院，设有三个法院，分别位于西贡、河内和海防，负责审理与法国人或者像法国人一样享受区别对待权利的相关案件；二是由越南人主持担任审判官的普通调解法院，在这类法院中，没有设立公诉庭，它只审理与越南人相关的案件，这类法院设立在南圻各个省。在民事与商事领域，普通调解法院只负责审理价值在 300 贯（300 法郎）以下的动产方面的各种诉讼案件并且是终审，无权审理涉及不动产的各种案件；在刑事领域，普通调解法院只负责审理各种违警罪的案件（如果判决案件的罚金不超过 5 贯，则该判决就是终审判决）。

2. 扩大调解权法院

在南圻，设有三个扩大调解权法院：管辖整个巴地—头顿的法院、管辖整个土龙木的边和法院以及西宁法院。位于南圻的三个法院归西贡高级法院管辖。在中圻，设立有管辖义安、清化、河静三个省的荣市法院。在北圻，设立有管辖南定、太平、河南三个省的南定法院。南定法院和荣市法院归河内高级法院管辖。在不属于上述五个法院管辖的其他各个省，扩大调解权法院的调解权由各个省的公使行使。每一个扩大调解权法院有一名审判长和一名助理书记官。在民事与商事领域，这类法院负责审理有关动产方面的诉讼案件或者全部不动产方面的诉讼案件。如果有关动产方面的诉讼案件价值在 3000 贯以下、有关不动产方面的

---

① ［日本］M. AiKyo、T. Inacô：《越南法律系统研究》，越南社会科学出版社 1993 年版，第 79 页。

诉讼案件价值在 300 贯以下，则法院的审判为终审。在刑事领域，这类法院负责复审，同时也负责对各类违警罪、轻罪进行终审。

3. 初审法院

初审法院虽与扩大调解权法院同级，但是它具备完整的三个机关：由检察官负责提起公诉并且有副检察官辅助；由预审法官负责调查；由法院院长负责审理案件并且有其他审判官辅助。初审法院分为三级：第一级初审法院的三个法院分别设在河内、海防和西贡；第二级初审法院的四个法院分别设在岘港市、美荻省、永隆省和芹苴省；第三级初审法院设在南圻其余各省。初审法院拥有同扩大调解权法院一样的审判权。

4. 高级法院

共有两个高级法院，分别设在河内和西贡。高级法院设有三个机关，相互之间分工明确：公诉厅（也称为掌理厅），组成人员包括掌理和副掌理，助审员和副助审员；案件审理委员会，组成人员包括法院院长、各个审判庭庭长、陪审员。案件审理委员会设有两个法庭：一个专门负责审理民事案件，另一个专门负责审理刑事案件，每一个法庭由庭长负责。民事案件的审理由民庭庭长担任审判长，同时由两名陪审员陪同审理。刑事案件的审理由刑庭庭长担任审判长，同样也由两名陪审员陪同审理。案件审究机关（调查机关）组成人员包括三名审判官。高级法院负责复审，同时也对初审法院、扩大调解权法院已经审理但是被提出上诉的各种判决案件进行终审。

5. 重刑法庭

只有发生重刑案件时才设立重刑法庭以便进行审理。重刑法庭的组成人员包括高级法院的审判官以及部分陪审员。这些陪审员通过在地方高级官员每年建立的豪绅名册中抽签筛选。被告有权请求与案件有牵连的陪审员回避，陪审员只有权参与定罪事宜而无权参与决定有关民事赔偿的问题。

重刑法院只负责审理刑事案件并且只限于各种重罪。重刑法院的判决案件是终审判决案件，被告无权申请其他任何法院重新审理该判决案件，这种案件只有一种抗诉方法即申请翻案。当时，与共产主义相关的案件通常是在各个重刑法院予以审理的。

因此，在法国的各个法院只有两级审理（初审和复审）或者说只有一级审理——终审（针对各种轻微的民事案件或者轻微的违警罪、重罪）。

（三）阮朝法院体系

法国殖民者为殖民统治的稳定和有效，专门为阮朝皇帝划定了一些地方让其维持统治。在这些地方，行政、法制、税收等都维持阮朝制度不变，由阮朝皇帝统治，税收供其享用。阮朝皇帝统治的地区只在中圻的保护区和北圻的半保护区范围内，保护区和半保护区范围外由法国殖民者统治，因此，北圻和中圻的法律地位不同，阮朝的法院体系存在于保护区和半保护区范围内且有所不同。

1. 审判权、裁定权

阮朝法院只审理在保护区出生的越南人即皇帝的臣民的各种案件，在北圻和中圻生活的外国人被视为与越南人有相同的地位。但对于保护区范围内的外国人所订立的契约在发生纠纷时，由法国法院负责审理，阮朝法院无权审理。法国的司法原则不得在阮朝管辖的法院适用。

2. 法官、律师

阮朝法院没有像行政机构那样有编制员额，统治各个地方的官员兼职履行法院院长的职能。除了位于北圻的第三级法院外，其他各法院案件当事人均无权雇佣律师为自己辩护。

（四）阮朝在北圻的法院

阮朝在北圻的法院组织在北圻法院编制中予以规定。据此，在北圻设有三级法院：

1. 初级法院

这一类法院设立在府、县、州。法院院长通常是知府、知县或知州，再加一名助理书记官。初级法院的审判权、裁定权如下：

（1）在民事和商事方面，初审法院有权对价值在 300 元 [①] 以下的动产案件或者价值在 100 元以下的不动产案件进行调解和审理。调解是初级法院的主要任务。初级法院首先应当进行调解，不能调解才开庭审理。如果是有关动产的且价值在 100 元以下的案件，则初级法院的判决为终审判决。

（2）在刑事方面，初审法院只有权审理各种违警罪。对于轻罪和重罪，初审法院无权审理，但具有调查、制作笔录并呈递上级法院的职责。

2. 二级法院

二级法院设立在各个省，通常称为省级法院。省级法院设有正式任命的法院院长，由法国公使担任，还设候补院长，由布政使或者按察使担任。重大案件或者各种政治案件由正式任命的法院院长即法国公使担任审判长进行审理，其他案件则由候补院长即布政使或者按察使负责审理。除此而外，法院设有协助审判长工作的预审法官、录事、陪审员。二级法院的审判权、裁定权如下：

（1）在民事和商事方面，省级法院有权对初审法院已经下达裁定书但是被提起上诉的各种案件进行终审裁定，主要是对价值在 300 元以上

———————

① 越南阮朝的货币，未用"半银半币"制度。这里的"元"指银圆。

的各种动产诉讼案件或者价值在 100 元以上的各种不动产诉讼案件、有关人的诉讼案件进行初审。[①]

（2）在刑事方面，省级法院负责对初级法院已经审理的判决案件、初审法院已经审理的轻罪案件和重罪案件进行终审。

3. 三级法院

三级法院还被称为高级法院或者抗诉院。整个北圻只有一个三级法院，设在河内，与法国高级法院机关在一起。三级法院组成人员有院长，由审判长或者法国高级法院处长、陪审员、一名法国审判法官和一名越南官吏组成。因此，三级法院实质上只相当于法国驻河内的高级法院的一个处。

三级法院拥有下列审判权、裁定权：负责对二级法院已经审理、裁定但是被提起上诉的初审的各种审判书、裁定书（包括民事、商事、刑事）进行复审；审理下级各个法院已经终审但是当事人制作销案申请书以及三级法院审理认为下级法院已经审判、裁定错误的案件。

4. 北圻法院与皇帝及殖民者之间的关系

阮朝在北圻的所有法院的负责人是一名法国的审判法官，被称为北圻首宪律政衙南官，隶属于北圻统使，而不隶属于顺化朝廷。每年，该首宪律政衙南官必须将阮朝在北圻的各个法院的审判工作情况制作成呈文，报送印度支那总督，并将一份副本报送机密院以供皇帝审阅。对于南朝在北圻的各个法院而言，顺化朝廷的权力只是形式而已。在北圻，虽然有三级法院，但是案件最多只能审理两次，即初审和复审。

（五）阮朝在中圻的法院

阮朝在中圻的法院组织在中圻法院编制中予以规定。据此，在中圻

---

① ［越南］《北圻民法典》，越南公安出版社 2001 年版，第 56 页。

同样也设有三级法院。

1. 一级法院

同北圻一样，在中圻设立的一级法院是初级法院，设立在各个府、县、州。设有一名院长，由知府、知县或者知州兼任，同时还设有一名助理书记官。在中圻，一级法院的审判权限、裁定权限比北圻此类法院的审判权限、裁定权限更大，具体包括：在民事和商事方面，中圻的一级法院负责对财产价值在30元以下的各种案件进行终审，负责对监禁或者是罚金超过30元的案件进行初审。值得一提的是，一级法院有权对轻罪案件进行初审。

2. 二级法院

中圻二级法院的判决权、裁定权包括：

（1）在民事和商事方面，法院具有下列职权：对一级法院已经初审但是被提起上诉的各种案件进行终审；对财产价值在150元以上的各种案件进行初审；对一级法院已经判决下达的各种裁定书进行重新审理（尽管当事人尚未提起上诉但是法国代表不认可）。

（2）在刑事方面，法院具有下列职权：对各种重罪案件进行初审并将重罪案件初审判决案件呈报三级法院（无论当事人是否对该判决案件提起上诉）；对一级法院已经判决但是被提起上诉的各种轻罪案件进行复审，对于尚未提起上诉的判决案件同样也要重新审阅；对一级法院已经初审但是被提起上诉的各种违警判决案件进行终审；对一级法院已经终审但是法国代表不认可的违警案件进行重新审理和终审。

3. 三级法院

在中圻同样也只设立了一个三级法院，设在顺化。1942年改革之前，三级法院设有院长即刑部尚书，三名陪审员即侍郎、参知、助理，该法院被称为刑部法院。1942年，阮朝对该法院进行了改革，院长和三名陪审员不再是刑部的尚书、侍郎、参知、助理，但是，同样仍然是官吏编制内的人员。自此，该法院被称为复审法院。除此而外，在审理与皇族中人员有关的案件时必须由宗人府的一名代表端坐在陪审员的位置上陪审。三级法院的判决权、裁定权包括：对二级法院已经初审的所有的各种重刑案件进行终审；对二级法院已经审理而被提起上诉的各类轻刑案件进行终审。对于各类轻刑案件尽管当事人尚未提起上诉，但是因为法国代表的反对，所以，均应当由三级法院进行重新审理。对二级法院已经初审而被提起上诉的各类民事、商事案件进行终审，对于此类案件，尽管当事人尚未提起上诉，但是因为法国代表的反对，所以，必须对此类案件进行重新审理。因此，在中圻，除了各种违警案件而外，其他各种案件，包括刑事、民事、贸易案件，无论当事人是否提起上诉，均审理三次。[1]

4. 司法特权

在中圻，有一些当事人可以享受司法特权，具体如下：

（1）对于皇族内部人员，只有在征得尊人府府丞的同意之后和征得刑部尚书的批准之后才能对其提起公诉；

（2）对于县级以上的各级首脑官员，只有在吏部尚书提议之后和钦使大员同意之后才能对其提起公诉。

在中圻法院中，尽管尚未像北圻法院那样设立法国首宪律政衙南官，且未设立由法国人担任的审判官，但是，阮朝在中圻的各个法院同样仍然附属于法国政权。这一点集中体现在确保政权对各个法院审判活动的检查。这种检查在 1932 年 8 月 2 日、1933 年 5 月 3 日皇帝颁布的两道谕旨中予以规定。

总的来看，尽管在组织形式上设有两种法院体系（即法国人担任审

---

① ［越南］《北圻民法典》，越南公安出版社 2001 年版，第 106 页。

判官的法院和本土封建法院），在三个地区存在三种不同的法院组织形式，但是，实质上是殖民制度的法院组织。

二、法属时期越南法制的特点

近一个世纪的法属时期，包括越南在内的印度支那是法国的殖民地。法属时期越南的政权和法律是法国殖民者的主要政治工具，法国殖民者通过其维持殖民统治，保护宗主国和本土封建集团的权力。法国人在越南的统治方式的特殊性是将分而治之的政策与权力集中于法国人手中的原则紧密地结合在一起。

1. 两种政权体系

越南有两种政权体系：一种是法国人的政权，另一种是本土封建的政权。与之相对应的是两种法律体系，即法国的法律体系和阮朝的法律体系。政权所管理的对象和法律所适用的对象被划分成两类人即法国人和越南人。越南人是本土皇帝的臣民，外侨则被列入与越南人同等的地位。

2. 三种不同的政治制度

越南被划分成三个地区：南圻和三座城市（即河内、海防、岘港，这三座城市通常被看作割让地，类似于殖民地）是殖民地；中圻是保护地；北圻一开始同样也是保护地，但是，逐渐变成了半保护地半殖民地。由于越南有三种政治制度，所以这三个地区有三种政权组织形式、法律制度、法院组织方式和法律渊源。

3. 国家权力集中于法国人手中

各级首长，包括印度支那、各圻、各省均由法国人担任。具体而言，印度支那总督、北圻统使①、中圻钦使②、南圻统督③、省公使或者省长等官职，均由法国人担任。在各级政权，所有的机关只是为这位法籍首脑官员扮演咨询、助手的角色。

4. 法国殖民者把本土的封建政权作为其在越南的一种统治工具

阮朝政权只是法国殖民政权体系的一部分。在殖民政权体系中，下级首脑官员必须接受上级首脑官员的指导，对上级首脑官员负责并且最终归结为：印度支那总督、位于印度支那的殖民政权，其中包括越南，置于宗主国政权的直接指导和监督之下。如果说分而治之的政策旨在让生活在各个地区的越南老百姓像在各个不同的"国家"中生活，破坏越南民族在争取民族解放斗争中的团结，便于采用与各个地区相适应的统治形式和措施，那么，将一切权力集中于法国人的手中则是为了快捷和卓有成效地指导统治事宜。

5. 法国人不向殖民地输入资产阶级民主的基本思想和基本体制

不仅无产阶级运动，在此之前带有资产阶级民主色彩的各种爱国运动，如潘佩珠发起的东游运动④、潘珠桢发起的维新运动⑤等也均遭到法国殖民者的残酷镇压。在法属时期中的越南没有像立宪制度、代议制度、选举制度那样的各种资产阶级的民主体制。自 20 世纪初期，法国建立了北圻民选机关、中圻民选机关、省一级的各种议会，但是实

---

① 即法国侵占时期在越南北部设立的统管内外事务的最高法籍官员。

② 即法国侵占时期在越南中部设立的统管内外事务的最高法籍官员。

③ 即法国侵占时期在越南南部设立的统管内外事务的最高法籍官员。

④ 潘佩珠，先为爱国儒家，后转变成为资产阶级民主人士。他认为，越南最重要的事情是完全独立、完全主权，包括对内和对外。要想恢复独立，只能通过暴动、流血和武器。潘佩珠发起的东游运动旨在建立像日本资产阶级国家一样的君主立宪政体。

⑤ 潘珠桢发起的维新运动带有改良性、妥协性并且旨在按照法国的共和代议模式建立一个独立的国家。

质上不是资产阶级的代议机关、民选机关，因为这些机关仅仅享有咨
询权。

三、法属时期阮朝封建政权及其法制的变化

阮朝封建政权及其法律，在法国的殖民统治下发生了重大的变化，
完全改变了原来法制发展的走向。完全东方特色的法制逐步向多元化法
制转变。

（一）阮朝不再是一个独立的封建国家

在法国殖民统治下，越南已经完全丧失主权，沦为法国殖民地。从
国家权力范围来看，阮朝的政权仅仅存在于中圻和北圻，中圻和北圻是
位于法国人保护下的两个地区，但是，实质上同样也是殖民地。其中，
北圻逐步脱离了顺化朝廷的管理并且沦为半保护地、半殖民地。从国家
权力的内容上看，阮朝的诸位皇帝不再拥有军事权力和收税权，立法
权、执法权和司法权同样也最大限度地受到了限制。只有皇帝的神权还
相当完整，因为它非但不会影响殖民政权统治，反而有利于法国殖民者
的统治。

（二）西方法律和制度引入越南

在国家机构设置方面，六部原本是越南封建官僚机器中的骨干机
关，到了法属时期，六部几乎完全被解体且被取而代之的是设立了许多
部，其中多部首次在越南的行政体系中出现，例如教育部、财政部、司
法部、公政部、农村经济部。法院同样也是首次出现的机关。这表明在
越南改变了以前司法行政合一的制度。

在立法方面，凭借颁布施行各类民事法典、刑事法典、民事诉讼

法、刑事诉讼法，立法家已经开始将法律划分成各种部门法。在各部法典中，立法技术、法理概念、法律形式等方面已经体现出西方法律的一些特点。

第二节　近代泰国国家与法的演进

一、泰国法制古代向现代法制转变的原因

（一）殖民者的外在压迫

1855 年，泰国与英国签订《英暹条约》，又称《鲍林条约》。条约的重要一项是对涉外法律的规定："外国人在泰国犯法不能够按照泰国的法律进行判处。"规定这一条款的理由是英国认为泰国的法律过于陈旧落后。1855 年至 1899 年，泰国先后与法国、丹麦、荷兰、德国、瑞士、挪威、比利时、意大利、俄国和日本签订了不平等条约。[①] 这些条约除了使泰国在法律上丧失司法主权外，还使得泰国在经济上遭受损失。为使国家不沦为西方国家的殖民地，泰国不得不予以接受。与此同时，其他东南亚国家则先后沦为西方国家的殖民地。英国学者霍尔曾说："毫不夸张地说，泰国人从国王拉玛四世身上所受到的恩惠比谁都大，在东南亚许多国家都沦为西方国家殖民地的时候他却保持了泰国的独立。"[②]

---

① 田禾、周方冶：《泰国》，社会科学文献出版社 2005 年版，第 101 页。
② ［英］D.G.E. 霍尔：《东南亚史》（下册），中山大学东南亚历史研究所译，商务印书馆 1982 年版，第 357 页。

（二）维护民族独立及变革图强的内在需要

在被迫与西方国家签订了诸多不平等条约之后，西方势力涌入泰国，泰国逐渐成为欧洲列强的商品倾销市场和廉价原料供应地。泰国社会经济发生激烈变化，封建统治面临瓦解危机。在严峻的形势面前，实行必要的社会改革，富国强兵，维护国家的独立和封建君主制度的统治，成为曼谷王朝统治者的选项。这可以从国王拉玛四世逝世前与一位大臣所说的话中看出端倪："从今后来看，与安南、缅甸的战争都将没有了，要有战争的话也是与西方人打仗。切记，要小心与其周旋，他们有什么新思想新事物，就拿回来用，但不要学习他们的信仰。"①

（三）拉玛四世内部改革的需要

由于前述原因，泰国必须改革法律体系并成为现代国家。这种改革始于泰国国王拉玛四世统治时期。他从登基后就致力于对国家法律进行改革，学习西方现代的法律制度，并在有生之年颁布了500多份法律。这些法律除了满足当时的社会需要以外，还显示了拉玛四世希望改变泰国人的传统观念，向西方学习的英明决策。比如，禁止父母或丈夫为了偿还贷款在儿女或妻子不愿意的情况下将其当奴隶出卖，并指责这种行为没有给予妇女儿童公正的待遇。②允许嫔妃离开王宫或是改嫁他人，认为她们在王宫中的生活犹如坐牢，缺少自由，健康状况令人担忧，生活缺乏意义。③拉玛四世还对国家机构进行调整，取消了一些落后的风

---

① ［泰国］拉玛：《拉玛四世语录》（第4卷），泰国前进出版社1982年版，第26页。
② ［泰国］拉玛：《拉玛四世语录》（第4卷），泰国前进出版社1982年版，第76~81页。
③ ［泰国］帕林·马哈抗：《泰国现代历史》，泰国法政大学出版社1999年出版，第73~74页。

俗习惯。① 例如严禁大臣直视国王等。注重公民的财产所有权，改变了人们"普天之下，莫非王土"这一传统思想。这些举动充分说明拉玛四世想要废除当时不适合社会需要、落后的法律制度。此外，由于担心国民不能改掉陋习或是不能正确理解新法，使得变法起不到实质的效果，同时也为了帮助国民更好地理解新法，拉玛四世还在王宫内建立了印刷厂，在新法律出台时向国民宣传新法。②

二、拉玛五世时期泰国行政、立法及司法改革

1868—1910 年是泰国国王拉玛五世统治时期。拉玛五世学习了西方的先进思想，命令建立现代化的陆军和海军，修筑铁路将全国各地连接起来，并制造轮船，与此同时，还进行了大规模的立法、行政及司法改革。③

（一）行政体制改革

泰国进行现代化改革始于拉玛四世统治时期，但拉玛五世对于泰国的改革才是最重要、最全面的。拉玛五世在 1868 年即位时，正值英法两国入侵东南亚，因此对国家进行改革就显得刻不容缓。为了使泰国能够早日摆脱涉外法律带来的不利影响，司法体系进行改革尤为急迫。拉玛五世命令建立枢密院作为统治国家及制定法律的机构。④

---

① 米良：《〈泰王国民商法典〉制定的历史背景》，载《云南大学学报（社会科学版）》2018 年第 2 期。
② 米良：《〈泰王国民商法典〉制定的历史背景》，载《云南大学学报（社会科学版）》2018 年第 2 期。
③ 米良：《〈泰王国民商法典〉制定的历史背景》，载《云南大学学报（社会科学版）》2018 年第 2 期。
④ 米良：《〈泰王国民商法典〉制定的历史背景》，载《云南大学学报（社会科学版）》2018 年第 2 期。

1. 任命国家事务顾问

要让泰国转变为一个现代国家，必须对国家行政机构进行改革。但要让民众接受现代国家及新法律思想，并非易事。正如拉玛五世在诏书中所说："从寡人登基开始，就意识到如果要对现在已经无法使用的法律规定进行修改，必须有一批有学历、有能力、受到现代法律思想影响的学者作为顾问参与修改工作。因此我们决定设立一个我们自己的国家事务顾问，其对于我们进行现代化改革具有重要作用。"① 寻找担任国家事务顾问对泰国关系重大，对于泰国的未来具有重要影响，因此必须寻找具有先进思想的人担当此重任。当时找到了这样杰出的人来负责这一工作，他就是古斯塔夫·罗林（Monsieur Gustave Roln Jaequemyns），比利时人，后在泰国被授予二等爵位，称为"阿披拉差披耶"。1892 年至 1901 年，他在泰国担任国家事务顾问。②

古斯塔夫·罗林担任国家事务顾问期间，给予泰国很大的帮助，除了完成国家事务顾问工作外，他还为泰国做了一件意义重大的事情，即建立法律学校。现在泰国法政大学内还有学校第一任校长拉差布立公摩万和古斯塔夫·罗林的半身雕像。③

2. 改革泰国的行政体系

泰国曼谷王朝早期的行政体系仍然是大成王朝时期的统治方式，即由"四大臣"统治国家。当时泰国统治下的附属国和边境城市有很大的自治权，中央很难对其进行管理。拉玛五世认为泰国要想成为现代国

---

① ［泰国］国家信件中心：《拉玛五世档案》，泰国法政大学出版社 1988 年版，第 78 页。
② 米良：《〈泰王国民商法典〉制定的历史背景》，载《云南大学学报（社会科学版）》2018 年第 2 期。
③ 米良：《〈泰王国民商法典〉制定的历史背景》，载《云南大学学报（社会科学版）》2018 年第 2 期。

家，必须将权力收归中央，由中央对地方实施统一的管理，才能使泰国保持独立不受外国侵犯。将地方权力收回中央，并非一段时间内就能够完成的，因为这需要花费巨大的人力与物力。由于部分边境城市与英法国殖民地相交，如果过快地将地方权力收回中央会引发地方执政官的不满，进而成为英法出面干涉的借口。① 国王拉玛五世曾说："我们必须尽全力将曼谷王朝建设成为一个自由民主、繁荣富强的国家。"② 拉玛五世凭借自己的聪明才智，在改革国家的过程中先任命了国家事务顾问，随后又任命了国王政务顾问，希望能够将行政与法律事务分开。③

拉玛五世改革的主要内容是将权力收归国王。这是一件刻不容缓的大事，因为当时藩王的权力过大，特别是一个叫"铁刀木"的藩王权势尤大。为保持泰国的领土统一，不被外部势力消灭，将权力收归国王势在必行。④

在中央机构方面，拉玛五世也作了相应的改革，取消了原来由"四大臣"统治国家的机构，并于 1892 年新设立了 12 个"部"对国家进行管理，具体是：内务部、军务部、财政部、宫务部、政务部、农业部、国库部、司法部、作战部、教育部、工程部和总务部。⑤

在地方行政管理方面，拉玛五世设立了"省"来对全国进行管理。拉玛五世刚开始时仅在个别地区进行改革，进而推广至全国各地。将原来的两个城市合并为一个"省"，每个"省"下面又设置"县"一级行

---

① ［法国］德·卜奈：《按照风俗习惯来进行统治》，泰国法政大学出版社 1988 年版，第 62 页。

② ［泰国］国家信件中心：《拉玛五世档案》，泰国法政大学出版社 1988 年版，第 81 页。

③ ［泰国］《泰国政治与统治资料》，泰国法政大学出版社 1996 年版，第 16 页。

④ ［泰国］《泰国政治与统治资料》，泰国法政大学出版社 1996 年版，第 15 页。

⑤ 米良：《〈泰王国民商法典〉制定的历史背景》，载《云南大学学报（社会科学版）》2018 年第 2 期。

政单位。再下一级行政单位则是"镇",最后是"村"。1897年,拉玛五世将地方行政改革推广到全国多个地方。与此同时,他还采用了新的公务员选拔制度,以便让国家公务员能够按照中央的政策来管理民众。[①]

（二）司法体制改革

泰国原来对案件进行审理的办法自大成王朝时期一直延续到曼谷王朝初期,这种旧时的司法体系虽然在古代适应当时的社会发展需要,但随着时间的推移给国家造成了许多负面影响,无论是司法体系本身还是法官对于案件的审理,都不适应社会发展的需要。随着时间的推移,这些问题越积越多,到拉玛五世时期已经积重难返,必须尽快解决。拉玛五世对此曾经形容:"审讯部,即现在的司法部,当时分为好几个审讯机构,十分腐败,按照当时的社会体制根本没有办法对其进行改革。因此有必要从司法体制上进行一次大规模的革新,建立新的司法体系,使得案件的审理能够有统一的标准,不会对每件案子单独作出判决。当时泰国的司法体系如同一艘被虫蛀的帆船,什么地方被虫蛀了就单独去对那个地方做修补,而其他地方任凭其腐烂坏掉。帆船使用的时间越长这些问题就越明显,现在是时候对整艘船进行全面翻新重修了。如果不进行重新翻修的话就会同其他被虫蛀或是使用时间太长的船一样沉没。"[②]

拉玛五世改革前的泰国有14个法院,即中央法院、刑事法院、疆域刑事法院、京畿法院、宫廷法院、中央民事法院、民事安全法院、港口法院、农事法院、财政法院、行政法院、宗教法院、兵役法院、医师

---

① 米良:《〈泰王国民商法典〉制定的历史背景》,载《云南大学学报（社会科学版）》2018年第2期。

② ［泰国］参见《国王下令要求改革统治方式》,载国家信件中心:《拉玛五世档案》,泰国法政大学出版社1988年版,第81页。

法院。除此以外，根据文献记载，在拉玛三世统治时期，1837 年在曼谷王朝初期还设立了其他一些法院，如隶属国防部的涉外法院、隶属内务部的上诉法院、隶属港口厅的外国法院、隶属农业部的食品法院、隶属宫务部的宫务法院等。多个部门设立多个法院造成在审理案件时面临案件审理速度慢、行政机构干涉导致司法腐败等问题。因此拉玛五世于 1891 年 3 月 25 日下令设立司法部，将原来隶属不同部门的法院收归司法部统一管理，并且使用了新的案审制度，将行政权与司法权分割开来。除了建立司法部将各个法院集中起来，其他一些与司法有关的事务也是由司法部负责处理，即检察厅、御刑厅及法律厅的工作。[1]

（三）立法改革

泰国进行立法改革，使用新式法律始于拉玛四世时期，拉玛四世颁布了许多法令以解决社会中出现的各种问题。但是对泰国法律作出重大调整并改革法律制度的是拉玛五世，拉玛五世的改革使得泰国的法律制度发生了根本的变化并完成了泰国由古代法律制度向现代社会法律制度的转变。[2]

1. 人权的改革

泰国旧社会等级分明，有奴隶和贱民存在。在外国人眼里及从现代法律的角度来看，这与"人人生而平等"的理念大相径庭。但改革这一体制并非易事，因为当时社会存在大量的奴隶和贱民。拉玛五世充分发挥聪明才智，废除泰国的奴隶制度。采取循序渐进的方式，先禁止奴隶

---

[1] 米良:《〈泰王国民商法典〉制定的历史背景》，载《云南大学学报（社会科学版）》2018 年第 2 期。

[2] 米良:《〈泰王国民商法典〉制定的历史背景》，载《云南大学学报（社会科学版）》2018 年第 2 期。

赎身，之后于 1874 年发布命令要求奴隶主将奴隶进行登记并区分开来。1868 年以后出身的奴隶年满 8 周岁就可获得自由，为奴隶主服务满 21 年的奴隶可以不再为其服务。放宽贱民服徭役的时间，只要贱民年满 60 周岁就可免除徭役。此外还为遭到国家征集的服徭役的贱民发放工钱。这些举措使得奴隶和贱民的生活状况得到了改善。1905 年 4 月 1 日，拉玛五世强制下令要求奴隶主在 1905 年末释放所有的奴隶，并于同一年制定了新的兵役制度。①

2. 财产的改革

拉玛五世下令修订一部有关土地使用权的法律，并命令农业部于 1901 年在泰国旧时首都大成发放土地契约，这种契约是由政府发放的首个现代国家的土地凭证，以书面形式规定了财产所有权。设专门的登记处负责处理这一事务，改变了税收制度。除明确规定土地所有权外，拉玛五世还制定了多部法律规定动产方面的所有权。例如，1895 年颁布的《典当法》，方便民众在需要钱财时可以通过变卖家产的方式获得；1900 年颁布的《出售与典当法》。②

3. 刑事审判与刑罚的改革

泰国旧社会对案件的审理方式主要以折磨犯人的身体为主，认为被抓捕的人都是有罪的，只有通过刑讯逼供的方式才能迫使其招认。对案件的审理也进行得非常草率。刑罚非常残酷、恐怖，比如犯人犯罪常常要牵连周围的人、犯人常被砍手砍脚等。要对旧社会残酷的司法制度进行全面的改革，使得刑罚规定符合现代社会的要求，就必须对所有法律

---

① 米良:《〈泰王国民商法典〉制定的历史背景》，载《云南大学学报（社会科学版）》2018 年第 2 期。

② 米良:《〈泰王国民商法典〉制定的历史背景》，载《云南大学学报（社会科学版）》2018 年第 2 期。

规定进行重新制定。如果制定新的《刑法法典》《刑事案件审理规定》，需要花费相当长的时间，但这一问题又亟待解决，因此拉玛五世首先于1894 年制定了《证人法》，让询问证人的方式符合现代社会的需要。之后又于1896 年废除了通过刑讯审理犯人的方式，制定《案件审理方式暂行规定》，并于同年制定了《民法法典》。[①]

三、拉玛五世对西方法律的接纳及法典编撰

（一）拉玛五世对西方法律的接纳

自拉玛五世统治时期进行国家行政体系调整和法院改革之后，需要继续进行的重要工作是改革泰国法律，使其符合现代法律的标准，这也是当时必须尽快完成的工作，目的是解决泰国在外交方面效率低下的问题。然而，改革所有法律或编写现代法典不仅是一项长期的工作，还面临着许多亟待解决的问题。其中，首先要解决的问题是逐步推广使用现代法律，或者引入西方法律原则用于案件的审理判决，之后才能以欧洲法律为范本编写法典。[②]

1. 初期对英国法律的接纳

英国法律在初期对泰国法律的影响始于将英国法律原则引入泰国法律，泰国于佛历 2437 年（1894 年）宣布废除"刑讯断案"，转而以颁布法律的方法惩治刑事犯罪，同时，还出台了专门用于处理民事纠纷的法律。上述泰国法律的制定以英国法律原则为基础，但也有部分法律以欧洲其他国家法律为范本，如宣布实行的《法院章程》，就是以法国法律

---

① 米良：《〈泰王国民商法典〉制定的历史背景》，载《云南大学学报（社会科学版）》2018 年第 2 期。

② 米良：《〈泰王国民商法典〉制定的历史背景》，载《云南大学学报（社会科学版）》2018 年第 2 期。

原则为基础进行分析起草的。[①]

值得注意的是，上述时期内泰国宣布实行的法律都是为解决当前的首要问题，除了这些法律外，还陆续公布了其他法律，如曼谷王朝佛历2344年（1801年）的《红字法》、曼谷王朝佛历2346年（1803年）的《藐视法》《关于强奸犯罪的规定》、曼谷王朝佛历2347年（1804年）的《关于贪污腐败犯罪的说明》、曼谷王朝佛历2347年（1805年）的《著作权法》等。至于民事案件，尤其是商业案件，若没有相应的法律文件或著作，也没有法院出具的判决证明作为标准，法院则可依据惯例风俗处理案件。[②]

英国法律原则，即习惯法（common law）对于泰国的影响，不仅体现在泰国将其用于法律实践，还由于泰国将大部分英国法律原则引入当时法律学校的法学教育之中。正如"昭披耶玛希通"在谈到"恭銮叻武里"在法律学校进行的某次法律教育时表示："那次法律学习气氛活跃热烈，学生敢说敢问，老师乐于讲解回答，为学生释疑解惑。人们一致认为殿下有能力成为一位伟大的教师，而需要教授的法律书籍有2本，即《部分法律汇编》或《叻武里法》。刑事犯罪案件主要使用印度法典，民事纠纷和民事伤害案件的审理则利用英国法律。可以说，在案件审理过程中不能偏向任何一方或只重某一法律，必须按照国际通行法律办理，对此，不仅每天必须教授相关法律知识，还要编写各类法典，导致教师和学生辛苦劳累。殿下非常关心教师和学生，希望法律学科能够带来真正的利益，于是支持进行辩护，任何学生无辩护任务时可代替狱中

---

① ［法国］塔宁·戈维奇：《拉玛五世对于法律及司法系统的改革》，泰国法政大学出版社1986年版，第20页。

② 米良：《〈泰王国民商法典〉制定的历史背景》，载《云南大学学报（社会科学版）》2018年第2期。

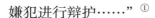

嫌犯进行辩护……"①

2. 对欧洲法律接纳

随着时间的推移，英国法律的影响逐步消退，泰国决定建设以欧洲法律为范本的法律体系。泰国专门聘用了日本与法国的法学专家作为顾问，负责协助泰国进行各项工作，比利时人罗蓝·耀明就是当时国家行政事务的顾问。通过对各方因素的全面讨论分析，拉玛五世最终决定以拥有法典的欧洲国家为范本建设泰国的法律体系。此外，虽然泰国的法律体系朝着民法法系的方向改变，但英国法律中的某些原则仍然存在于泰国法律之中，如证人法、破产法、股票法等。②

（二）编撰泰国刑法典

在拉玛五世下定决心以欧洲国家的民法法系作为泰国法律体系改革的范本之后，他下令组建专门委员会负责法典的审核和起草工作。

1.《泰国曼谷王朝第127年刑法》的编撰及颁行

曼谷历第116年，宣布成立由泰国法律专家和外国法律专家组成的法律委员会，与此同时，还对新旧版本的国王审案御令进行了审核校对，并就案件审理方式和法律法规的制定编写进行了探讨。拉玛五世恩准设立的法律委员会在设立初期的任务就是起草泰国历史上第一部法典——《刑法典》。该法典于1901年完成起草工作。当时编写的泰国《刑法典》是以欧洲国家法典为范本进行起草的。用作《刑法典》起草思路的外国法律有：法国1810年《刑法》、德国1870年《刑法

---

① ［泰国］銮宋奈巴萨：《泰国法律教育发展过程》，泰国前进出版社1986年版，第8~9页。

② 米良：《〈泰王国民商法典〉制定的历史背景》，载《云南大学学报（社会科学版）》2018年第2期。

典》以及其他有关上述《刑法典》的思路。此外，用于《刑法典》编写引用材料的法典有：匈牙利 1978 年关于"极刑和中等刑法"规定的法典、1979 年关于"轻罪"规定的法典；荷兰 1881 年《刑法典》；意大利 1880 年《刑法典》；埃及 1904 年《刑法典》增订版；日本 1903 年《刑法典》修订版草案以及 1907 年审核版草案。泰国《刑法典》的编写者并没有将某一部"刑法典"作为特定范本。[①]当《刑法典》的编写工作顺利完成之后，便将稿子送交各有关部局进行查缺补漏，随后将定稿上呈拉玛五世。拉玛五世又专门设立委员会，以内政部大臣"恭披耶党隆拉差弩帕"为主席，负责同相关人员一道再一次审核新编写法律的遣词造句。当法律稿件顺利通过再次审核之后，拉玛五世颁布谕令于佛历 2451 年（1908 年）4 月 1 日正式实行，赐名"刑法"，这是泰国历史上第一部《刑法典》。

2. 泰国第一部刑法典的主要内容

（1）刑法的结构。刑法典将各类内容分为两大部分：第一部分是总则，共包括 10 大项（第 1 条至第 96 条）；第二部分是关于各种罪名的界定，共分为 10 大类（第 97 条至第 340 条），每一类罪行又细分成许多小项，"轻微犯罪"专门被列为 1 类，即第 10 大类。

（2）刑罚体系。根据《刑法典》第 12 条的规定，将刑罚分为死刑、监禁、罚款、禁止出境、没收财产、要求悔过 6 种。

（3）"最高"和"最低"处罚原则。泰国刑法虽借鉴了法国的经验，但在编写时拉大了"最高处罚"和"最低处罚"之间的距离，以保证法院在审理案件时拥有更多的权利。

（4）关于儿童与青少年犯罪。《刑法典》明确记载有关处理儿童与

---

① ［泰国］勇·巴度：《关于制定刑法的事宜》，泰国法政大学出版社 1985 年版，第 17 页。

青少年犯罪的方法是泰国法律史上的创新之举。泰国《刑法典》已将其写入第 56 条、第 57 条、第 58 条。

3. 泰国第一部刑法典的意义

颁布实行的《泰国曼谷王朝第 127 年刑法》可以说是泰国历史上首部经过认真分析起草的现代法典。负责起草法典的委员除了泰国资深法学专家之外，还有大批精通刑法、知识渊博的国外法学专家，包括马绍①博士、蒙西尔·乔治·巴渡②等人。除此之外，拉玛五世还亲自对法典的起草工作进行审核。法典中的某些条款仍旧保留着泰国特色，如被执行死刑的罪犯尸首虽由家属认领，但不允许隆重安葬，因为泰国社会认为，为罪犯举办隆重仪式是不妥当的。③ 由于《泰国曼谷王朝第 127 年刑法》内容详尽全面，因此该法律作为母本一直使用了 50 年。在半个世纪的时间里，虽然有过多次的修改和增订，但每次修订都只是对某一部分的细节进行修改和补充，使其符合国家发展形势。该部法典的内容一直都未改变，直至被佛历 2500 年（1957 年）的《刑法典》所取代。新法典并未背离旧法典太远，从学术价值的角度看，《泰国曼谷王朝第 127 年刑法》仍具有较高的学术价值，后辈法学家仍然对该部法典充满兴趣，可学习历史、对比研究，在了解当今泰国刑法方面仍然具有很高的价值。

（三）编撰泰国民法典

1.《泰国民商法典》的编撰

在佛历 2451 年（1908 年）宣布实施《刑法典》之后，同年，拉玛

---

① 马绍（Masao），日本法学家，时任泰国法律委员会顾问。
② 蒙西尔·乔治·巴渡，比利时法学家，时任泰国法律委员会顾问。
③ ［泰国］《泰国曼谷王朝第 127 年刑法》，泰国朱拉隆功大学出版社 1975 年版，第 7 页。

五世下令组建法律委员会负责编写《泰国民商法典》。拉玛五世认为："现如今所使用的民法和商法仍散落各处，应当将其归拢整理，编写成册，以便符合国家的时代背景、商业的繁荣发展以及对外关系的发展。[①] 要获得既定利益，就应当以其他国家的做法为榜样，将提到的法典和法律文件整理成为完整的'民法典'和'商法典'。目前已经做了大量有关法典的整理审核工作，应当将'民法典'和'商法典'中重要的、能够获得利益的某一部分先宣布实行，其他部分则等到整理完结后再宣布实行。"[②]

专门成立的负责《民商法典》起草工作的法律委员会由清一色的法国法学专家组成，原因是法国有权有势，泰国必须遵照其行事。起草《民商法典》时首先进行的工作是分析框架结构。本届法律委员会对《民商法典》的框架结构进行了交流讨论，首先讨论的问题是当宣布法典实行时，是否将法典分成两部分，即"债务"部分和"其他"部分分别实行，而如此做法在瑞士、突尼斯和摩洛哥可见。[③]通过讨论，法律委员会达成最终意见，即应当将"民商法典"作为整体统一实行更为合适。[④]

2.泰国民商法典的施行

宣布实施《民商法典》对泰国来说是一项具有重要意义的事件。泰

---

① 米良:《〈泰王国民商法典〉制定的历史背景》，载《云南大学学报（社会科学版）》2018年第2期。

② ［法国］塔宁·戈维奇:《拉玛五世对于法律及司法系统的改革》，泰国法政大学出版社1986年版，第45页。

③ 米良:《〈泰王国民商法典〉制定的历史背景》，载《云南大学学报（社会科学版）》2018年第2期。

④ ［泰国］勒勇·吉勇:《对于泰国法律的检视》，泰国法政大学出版社1986年版，第107页。

国国王拉玛六世于佛历 2466 年（1923 年）11 月 11 日下令施行起草完成的两编，没有立即生效，而是等到佛历 2476 年（1933 年）1 月 1 日才正式生效。[①] 佛历 2476 年（1933 年）11 月 11 日，泰国出台法典，同时宣布废除原先起草完成的两编内容，以重新修订过的内容代替。如此是因为原先宣布施行的法典内容在某些方面存在较大争议，应当进一步修订完善，在经过仔细的分析之后，决定对原先的两编内容进行重新修订。[②]《民商法典》第 3 编继前两编之后宣布施行至佛历 2471 年（1928 年），随后对内容进行重新修订。修订的原因是进一步完善《民商法典》。新修订完成的第 3 编内容自佛历 2472 年（1929 年）4 月 1 日起施行。佛历 2473 年（1930 年）宣布《民商法典》第 4 编内容于佛历 2475 年（1932 年）4 月 1 日起施行。佛历 2475 年（1932 年），泰国的统治方式发生剧变，在泰国必须依照同外国签订的契约起草全面翔实的法典的大背景下，泰国政府依次进行了《民商法典》第 5 编、第 6 编的起草工作，并于佛历 2478 年（1935 年）以"国王签署谕令"的方式宣布《民商法典》第 5 编、第 6 编内容施行。[③]

3. 泰国民商法典的结构、内容和特点

泰国民商法主要是借鉴欧洲法律的原则、依照欧洲法律的框架而制定的。早期泰国法律条文中涉及民商方面的内容非常少，只对一些简单、容易处理的民商行为有所表述，如贷款、存款、典当或家庭财产分割、遗产分配等相对简单的行为。在泰国《民商法典》的制定上，制定

---

① 米良：《〈泰王国民商法典〉制定的历史背景》，载《云南大学学报（社会科学版）》2018 年第 2 期。
② 米良：《〈泰王国民商法典〉制定的历史背景》，载《云南大学学报（社会科学版）》2018 年第 2 期。
③ 米良：《〈泰王国民商法典〉制定的历史背景》，载《云南大学学报（社会科学版）》2018 年第 2 期。

者把合同独立出来，自成一编。这有别于德国把合同视为债法的一部分并将其列入债法内容的做法。进一步研究泰国民商法典所有 6 编的内容，还会发现，前 4 编的内容主要借鉴西方法律样式进行制定，其中第 1 编、第 2 编尤其借鉴了德国法律。在第 3 编中，则有英国法律的影响，如在证券法、有限公司法等方面。在关于财产问题的第 4 编中，制定者按照西方民法原则进行了编写，为审理有关所有权保护的案例提供了裁决依据。

第三节　近代印度尼西亚国家与法的演进

一、荷兰殖民时期印度尼西亚的国家与法

（一）荷兰殖民者对印度尼西亚的占领

17 世纪中叶，印度尼西亚处于分裂割据状态。群岛上的伊斯兰教封建王国主要有：东爪哇的马塔兰、西爪哇的万丹、苏门答腊的亚齐和苏拉威西的戈阿等。在加里曼丹等岛上，还残存着一些印度教王国。[①] 当时，印度尼西亚割据王国的社会经济和社会制度各不相同。在爪哇，封建的自然经济占主导地位；在沿海地区，商品货币关系和手工业都比较发达。封建地主让商人承包税收，越来越多地用货币租税代替实物租税。在其他各岛上，社会经济则显著落后，有的地区如苏拉威西仍盛行

---

① 刘祚昌、光仁洪、韩承文等主编：《世界史：近代史》，人民出版社 1984 年版，第 39 页。

奴隶制。①

印度尼西亚盛产珍贵香料如胡椒、豆蔻、丁香等，驰名欧洲市场。为垄断香料贸易，1511 年，葡萄牙人强行占领了安汶岛，第一个入侵印度尼西亚。荷兰人接踵而至并成立许多经营香料的公司。1602 年，荷兰国会通过决议，把各公司合并成为联合东印度公司。该公司由国会颁发特许证，有权以国会名义发动战争，签订条约。1610 年，东印度公司在印度尼西亚设置总督府。1619 年，荷兰殖民者打败英国人，占领雅加达，后于 1621 年把雅加达改名为巴达维亚，成为荷兰侵略印度尼西亚的大本营。之后不久，东爪哇的马塔兰、西爪哇的万丹先后成为荷兰殖民地。

（二）荷兰殖民者的殖民制度

荷兰东印度公司在爪哇建立了两种制度：一是公司直辖制，二是藩属土邦制。18 世纪末，属东印度公司直辖的殖民地已占爪哇总面积的 1/5。② 直辖殖民地由公司委任荷兰人为省长，掌握最高权力，保留原来印度尼西亚封建王公的地位，让他们担任各级殖民机构的官吏。藩属土邦在爪哇有万丹、井里汶、梭罗、日惹和莽古尼拉卡。它们名义上是独立的，由各邦苏丹统治，但公司派驻的驻扎官拥有极大的权力，可直接干预苏丹的继承，监督条约的实施。③

东印度公司还在印尼实行盗人和贩卖奴隶制度。为了掠夺奴隶，公

① 刘祚昌、光仁洪、韩承文等主编：《世界史：近代史》，人民出版社 1984 年版，第 39 页。
② 刘祚昌、光仁洪、韩承文等主编：《世界史：近代史》，人民出版社 1984 年版，第 41~42 页。
③ 刘祚昌、光仁洪、韩承文等主编：《世界史：近代史》，人民出版社 1984 年版，第 42 页。

司最初在苏拉威西实行盗人制度。马克思对此进行了描述："荷兰人为了使爪哇岛得到奴隶而在苏拉威西实行盗人制度。为此目的，训练了一批盗人的贼。盗贼、译员、贩卖人就是这种交易的主要代理人，土著王子是主要的贩卖人。盗来的青年在长大成人可以装上奴隶船之前，被关在苏拉威西的秘密监狱中。"① 公司还与巴厘岛等封建主缔结供应奴隶的协定，并到中国东南沿海掠夺中国居民到印尼为奴。②

二、英国、法国和荷兰争夺殖民统治权下的印度尼西亚法制

19 世纪初，印度尼西亚成为英法争夺的对象。1806 年，拿破仑占领荷兰，委派亲法的荷兰人丹德尔斯为印度尼西亚总督。丹德尔斯对爪哇的行政体制进行了彻底的改革。他在各乡区建立了法院，根据当地人的习惯法进行审判。这些法院独立于设在巴达维亚、三宝垄和泗水的司法会议。司法会议只受理涉及外国人，包括欧洲人、华人、阿拉伯人以及非爪哇本地人的案件。③ 在这些法院里，以荷兰东印度法律为依据进行审判。在当地的初级法院中，由当地官吏和教士担任法官。在中级法院里则由行政长官负责，由一位荷兰官吏担任书记和若干本地人助理，建立了从初级法院向司法会议上诉的制度。④

1806 年年底在雅加达港口的荷兰舰队被英国舰队歼灭。1811 年 8

---

① ［德国］中共中央马克思恩格斯列宁斯大林著作编译局编译：《马克思恩格斯选集》（第 2 卷），人民出版社 1972 年版，第 256 页。

② 刘祚昌、光仁洪、韩承文等主编：《世界史：近代史》，人民出版社 1984 年版，第 43 页。

③ ［英国］D.G.E. 霍尔：《东南亚史》（下册），中山大学东南亚历史研究所译，商务印书馆 1982 年版，第 560~561 页。

④ ［英国］D.G.E. 霍尔：《东南亚史》（下册），中山大学东南亚历史研究所译，商务印书馆 1982 年版，第 561 页。

月，英国驻印度总督明多带领战舰百艘，进攻巴达维亚，荷兰总督投降，爪哇统治权落到英国人手中。英国统治印度尼西亚后，委派莱佛士为总督。莱佛士到印度尼西亚后推行了一系列殖民政策法律。主要如下^①：

（1）宣布全部土地为宗主国所有，农民为世袭佃农；

（2）废除强迫供应制，改为地税制，依收成而定税率，税额从四分之一到二分之一，收税以村社为单位，直接向殖民财政机构缴纳，地租可用货币或稻米缴纳；

（3）废除贸易垄断制和国内关卡税，鼓励私人资本开辟、经营种植园；

（4）分爪哇为18州，每州设一州长，封建地主普巴蒂的权力被削弱；

（5）设立陪审制。

莱佛士的另一项重要法制改革是废除奴隶制。1812年，莱佛士对拥有奴隶的人实现课税，并颁布一项法令：从1813年1月开始，禁止再向爪哇和它的属领输入新的奴隶。此后，他又批准了一项规定，禁止在整个群岛贩卖奴隶。1815年，他取缔了源于当地的潘德林斯哈普制度。^②这一制度规定，如债务人未偿还债务，债主可以抓捕他和他的儿女，他们就得无偿为债主劳动。

在司法体制方面，为简化诉讼程序，莱佛士废除了旧有的最高法院和地方法院，而在巴达维亚、三宝垄和泗水三大港口都建立了高等法院、小额债权法庭和警察法庭。这些法院在民事案件中实施荷兰的殖民地法律，而在刑事案件中则采用有陪审团的英国诉讼程序。^③在所有法

---

① 刘祚昌、光仁洪、韩承文等主编：《世界史：近代史》，人民出版社1984年版，第47页。

② 即偿还债务的抵押制度。

③ ［英国］D.G.E.霍尔：《东南亚史》（下册），中山大学东南亚历史研究所译，商务印书馆1982年版，第570页。

律程序中都废除了刑讯逼供。关于当地人的司法权问题，他废除了由丹德尔斯建立的法庭，而代之以每个管辖区设立一个地方法院，共 16 个法院。莱佛士还建立了一个巡回法院，处理涉及死刑的案件，法院在犯罪地点进行审理。[①] 以上这些政策的施行扩大了英国的市场，外国商船迅速增加。

拿破仑帝国覆灭后，荷兰恢复独立。根据 1814 年英荷签订的条约，印度尼西亚重新归荷兰统治。[②] 荷兰重新控制爪哇后，接受了莱佛士的行政司法改革的大部分。

太平洋战争爆发后，1942 年 2 月 28 日，日本入侵印尼，对印尼人民实行残酷的统治。1945 年 8 月，日军濒临溃败。同年 8 月 17 日，苏加诺和哈达在人民的支持下宣布独立，成立印尼共和国。

第四节　近代菲律宾国家与法的演进

一、西班牙殖民统治下的菲律宾国家与法

1521 年，麦哲伦奉西班牙朝廷的命令，率领殖民舰队经美洲侵入菲律宾的萨马岛、宿务岛和马克坦岛。当他们侵犯马克坦岛时，遭到当地居民的顽强抵抗，麦哲伦被击毙。之后，西班牙人再次入侵，菲律宾变成其殖民地。[③]

---

① ［英国］D.G.E. 霍尔：《东南亚史》（下册），中山大学东南亚历史研究所译，商务印书馆 1982 年版，第 570 页。

② 刘祚昌、光仁洪、韩承文等主编：《世界史：近代史》，人民出版社 1984 年版，第 47 页。

③ 胡才：《当代菲律宾》，四川人民出版社 1994 年版，第 74 页。

西班牙殖民者在菲律宾建立起残酷的殖民统治。西班牙在菲律宾设置总督，行使行政和司法权，按照西班牙大陆法系的体系在菲律宾建立起一整套法律制度。[①] 推行"授地制度"，把掠夺来的大片土地，包括其土地上的居民和资源授给西班牙官吏、军官和天主教修道会，强迫授地内的居民缴纳各种捐税，从事无偿劳役。1571 年起，规定凡 16 周岁至 60 周岁的男子缴纳 8 里尔赋税，1 里尔什一税，1 里尔地方税，每年服徭役 40 天。[②]

政教合一是西班牙殖民统治的特点，修道会是殖民奴役的精神支柱。在政治上，教会可以左右总督和地方行政事务；在军事上，很多修道士本身就是军队的头目；在经济上，修道会掠夺和兼并土地，成为菲律宾最大的庄园主。天竺教修道会的统治权力渗透到菲律宾社会的方方面面，其往往把成批居民驱入河中，强迫他们接受洗礼，如有反抗，便以异教徒的罪名处死。菲律宾居民从生到死，无不处于修道会的控制之下，有"修道会之国"之称。[③]19 世纪初，由于西班牙国势衰落，已经无法阻止欧美商人涌进菲律宾。特别是西班牙失去了拉丁美洲大部分殖民地后，被迫放松了菲律宾与外界联系的控制，陆续开放了马尼拉等 7 个港口，实行自由贸易政策。19 世纪中期，菲律宾进一步卷入世界市场，变成欧美列强的商品销售市场和原料产地。随着外国资本主义的入侵和社会经济的发展，菲律宾社会阶级结构发生了变化。19 世纪六七十年代，菲律宾民族资产阶级开始形成。[④]

---

① 米良：《东盟国家宪政制度研究》，云南人民出版社 2011 年版，第 1 页。

② 刘祚昌、光仁洪、韩承文等主编：《世界史：近代史》，人民出版社 1984 年版，第 346 页。

③ 刘祚昌、光仁洪、韩承文等主编：《世界史：近代史》，人民出版社 1984 年版，第 347 页。

④ 刘祚昌、光仁洪、韩承文等主编：《世界史：近代史》，人民出版社 1984 年版，第 346~ 347 页。

二、菲律宾共和国的建立与失败

1896 年，以安德烈斯·波尼法秀（1863—1897 年）为首的资产阶级激进派，于 1896 年 7 月，在马尼拉工人区建立了秘密组织"卡蒂普南"（意即民族儿女最尊贵协会）。"卡蒂普南"在菲律宾历史上第一次提出依靠人民群众，通过武装斗争取得民族独立的纲领。1896 年 8 月 26 日，波尼法秀在马尼拉近郊的巴林塔瓦克镇发出武装起义的号召，得到群众的广泛响应，从吕宋岛、棉兰老岛到苏禄群岛普遍爆发了革命，并在很多地方夺取了政权。正当革命迅猛向前发展的时候，"卡蒂普南"内部发生了分裂。以艾米利奥·阿奎那多为首的地主资产阶级保守派，同以波尼法秀为首的资产阶级激进派展开了尖锐的斗争。阿奎那多害怕革命深入发展，特别是害怕农民土地革命危害地主阶级利益，便纠集甲米地的地方势力，使用阴谋手段篡夺了革命领导权，取消了"卡蒂普南"并捏造罪名，于 1897 年 5 月 10 日，杀害了波尼法秀。西班牙殖民者利用革命阵营的分裂，向革命军反扑，同时诱降阿奎那多。1897 年 11 月 1 日，在比阿克纳巴多召开起义队伍的代表会议，通过菲律宾共和国临时宪法，成立新政府，由阿奎那多担任总统。但阿奎那多在殖民当局的威胁利诱下妥协，同殖民当局签订了《破石洞条约》。阿奎那多获得巨额金钱，同意缴械投降，解散政府，流亡香港。[①]

1898 年 4 月，美西战争爆发。美国一方面作军事准备，另一方面派人与阿奎那多密谈。阿奎那多希望在美国的"援助"下取得民族独立，乘美国军舰回到菲律宾。1898 年 6 月 12 日，阿奎那多在甲米地发表独立宣言，成立革命政府。革命军在宣言的鼓舞下，连战连捷。同年 8 月，吕宋全岛解放，马尼拉也被人民武装包围。9 月，菲律宾议会在首

---

① 米良：《东盟国家宪政制度研究》，云南大学出版社 2011 年版，第 1 页。

都马洛洛开幕，制定宪法。1899 年 1 月，《菲律宾宪法》正式颁布，史称《马洛洛宪法》，菲律宾共和国诞生，阿奎那多担任总统。菲律宾共和国的成立，标志着西班牙在菲律宾 300 多年的殖民统治结束。[①]

三、美国殖民统治下的菲律宾国家与法

美西战争以美国的胜利而告终。1898 年 12 月 10 日，美西在巴黎签署和约。和约规定，西班牙以 2000 万美元的代价，将菲律宾转让给美国。美国侵占菲律宾后，便着手建立殖民统治机构。收买极端亲美分子布恩卡米诺等人，组成代表地主买办阶级利益的联邦党，作为其控制菲律宾的工具。1901 年成立由美国把持的"菲律宾委员会"作为民政机关，拥有立法和行政大权，由美国第一任总督塔夫脱任主席。1902 年，美国国会通过《菲律宾法案》。该法案宣布菲律宾的行政、立法和司法大权均由美国掌握。该法案允许在菲律宾设立一个由选举产生的立法议会。议会形式上有立法权，但是殖民总督对议会的决议享有批准和否决的权力，美国国会有权修改菲律宾议会通过的任何法律。[②]1934 年 3 月 24 日，美国国会制定《泰丁斯-麦克杜菲法案》，指定美国驻菲律宾最高专员监督人，成立菲律宾自治政府，规定 10 年之后菲律宾独立。1934 年 5 月，在菲律宾参众两院联席会议上通过这项法案，7 月召开制宪会议。1935 年 3 月，菲律宾临时自治政府根据《泰丁斯-麦克杜菲法案》起草了一个 10 年过渡的宪法，并于 1935 年 5 月 14 日经由所谓全民投票形式通过。1935 年 11 月，自治政府成立，菲律宾的法制进入一个新的历史时期。[③]

---

①　米良：《东盟国家宪政制度研究》，云南大学出版社 2011 年版，第 1~2 页。

②　刘祚昌、光仁洪、韩承文等主编：《世界史：近代史》，人民出版社 1984 年版，第 352~ 355 页。

③　米良：《东盟国家宪政制度研究》，云南人民出版社 2011 年版，第 1~2 页。

第五节　近代柬埔寨、老挝、缅甸国家与法的演进

一、近代柬埔寨国家与法的变革

19 世纪中叶，法国殖民势力开始进入印度支那。他们先在越南取得立足点，然后逐步向柬埔寨推进。法国殖民柬埔寨的先行者是传教士，紧接着军舰大炮接踵而至。1863 年 8 月 11 日，法国驻交趾支那总督德拉格朗迪埃尔以军舰大炮为威胁，强迫柬埔寨国王诺罗敦在一份事先准备好的条约上签字。该条约共 19 条，规定柬埔寨"享受"法国的"保护"，并在柬埔寨派驻 1 名领事，法国人有权在柬埔寨自由定居、经商、传教、砍伐木材；法国货物进入柬埔寨免征税收。这份条约仅仅是让柬埔寨成为法国殖民地的开始。[①]

1884 年 6 月 24 日，法国驻交趾支那总督查尔斯·汤普森带领一支军队闯入金边的柬埔寨王宫，强迫国王签署一项条约，迫使国王交出柬埔寨全部权利。条约规定国王必须保证实行法国政府认为符合保护国利益的有关行政、司法、财政、商业上的改革；国王同意接受法国留守使，并同意法国在柬埔寨各省设置直接由留守使领导的驻扎官等。1887 年 10 月，法国宣布成立印度支那联邦，由柬埔寨和越南组成，之后不久，老挝也被纳入。柬埔寨彻底沦为法国殖民地。柬埔寨国王丧失颁布政令、征税、任命官员的权力。法国驻柬埔寨的首席殖民官事实上行使着柬埔寨的国家权力，王位继承、柬埔寨军队均由他操控，甚至国王的

---

① 王士录：《当代柬埔寨》，四川人民出版社 1994 年版，第 107 页。

命令、枢密院的决议、政府大臣的任命均必须经他批准。[①]1941年至1945年，柬埔寨被日本人控制。之后，法国人恢复了对柬埔寨的殖民统治。在柬埔寨人民的反抗下，法国殖民者不得不在1954年7月从柬埔寨撤军，柬埔寨终于成为一个主权独立的国家。

二、近代老挝国家与法的变革

法国殖民者到来之前的老挝是暹罗的属国。1893年10月3日，暹罗在法国殖民者的军舰大炮下在曼谷签署了《法宣条约》，老挝从此沦为法国殖民地。《法宣条约》规定：（1）暹罗割让湄公河东岸的老挝领土给法国；（2）划湄公河西岸25公里和巴丹孟、安谷尔两地为中心地带，法暹双方均不得驻军；（3）暹罗向法国赔偿军费300万法郎。从此，老挝由法国的属国沦为法国的殖民地，被并入法属印度支那联邦。[②]

二次大战期间，老挝在日本的控制之下。日本投降之后，根据《波茨坦公告》，中国进入印度支那北纬16度以北地区接受日本投降，法军进入北纬16度以南接受日本投降。随后蒋介石同意撤出印度支那，法国人则进入老挝，卷土重来。1949年7月19日，老挝王国政府同法国政府在巴黎签约，正式确定老挝为法兰西联邦内的独立国家，但主权并不独立。[③]老挝人民经过多年斗争，终于在1954年结束法国的殖民统治，赢得国家独立。

1947年5月11日，老挝国王西萨旺·冯颁布了老挝历史上第一部宪法。这部宪法的颁布标志着老挝君主立宪国家的诞生及宪政制度的产生。这部宪法规定，国王为国家元首、军队的最高统帅和佛教的最高保

① 汪慕恒主编：《当代印度尼西亚》，四川人民出版社1997年版，第108~109页。
② 申旭、马树洪：《当代老挝》，四川人民出版社1992年版，第126页。
③ 申旭、马树洪：《当代老挝》，四川人民出版社1992年版，第135页。

护人。同年成立国民议会，由首相和内阁组成政府，对国民议会负责。国王有权解散国民议会。老挝是法兰西联邦中的一员。这部宪法先后于1949年、1952年、1956年和1957年进行过4次修定。其中1956年国民议会修订后的新宪法规定：老挝不再是法兰西联邦的成员。[①]

三、近代缅甸国家与法的变革

16世纪初，西方殖民势力开始渗透东南亚，葡萄牙、英国、法国也开始对缅甸的争夺。18世纪，当英国殖民者在印度建立起完整的统治体系后，便加紧对缅甸的渗透。英国对缅甸的渗透开始于暗中支持孟族反对贡榜王朝中央政府，不断利用缅甸封建统一时期较为松散的谬都纪（土司头人制度）挑起事端，离间缅甸各族人民，寻找入侵缅甸的借口。1824年至1885年，英国对缅甸发动了三次侵略战争。1886年，英国宣布上缅甸为其殖民地。延续1000年的缅甸封建王国，终于在英国的入侵下灭亡。

英国占领缅甸后，在政治上采取"以印制缅"的策略，把缅甸并入印度，成为英属印度的一个省，并委派一名专员统治缅甸。1935年8月，英国议会批准《1935年缅甸政府组织法》，规定从1937年4月1日起，印缅分治，成为英国直接管辖的殖民地，由英王任命的总督直接进行统治。[②]缅甸国家机构由总督、部长会议、上下议院组成。英王任命总督，总督任命部长会议成员。部长会议形式上对下议院负责，实际上由总督总览立法、司法和行政大权。议会通过的法案必须经总督或英国

---

① 米良：《老挝人民民主共和国经济贸易法律指南》，中国法制出版社2006年版，第17页。

② 何跃：《试析英国在东南亚的早期殖民扩张》，载《曲靖师范学院学报》2005年第1期。

政府同意才具有法律效力。缅甸的外交、国防、财政、海关是总督的职权范围。总督直接管辖占全国 43% 的掸族、钦族、克钦族、克耶族等少数民族聚居区。

1938 年后，缅甸持续爆发反英运动。1941 年至 1945 年，缅甸处在日本侵略军的占领之下。日本投降之后，英国人试图恢复对缅甸的殖民统治，于 1945 年 5 月 17 日发表缅甸问题白皮书，遭到缅甸人民的拒绝。缅甸人民在昂山的领导下开展民族独立斗争，主张民族独立和民族平等，并于 1947 年 2 月与掸邦土司、克钦族和英国的代表在掸邦彬龙镇召开了会议，就这些少数民族加入缅甸联邦达成共识，通过了《彬龙协议》，史称"彬龙会议"。英国人想在一个较短的时间内直接管理政务，与缅甸人合作，在适当的时候举行普选。普选后就可以重新确立 1937 年《宪法》，而缅甸人也就可能在自治基础上开始制定一部宪法，这部宪法将被英国议会纳入其立法之中。同时还要谈判一项条约，以处理准予自治之后仍属于英国政府责任范围内的问题。[①] 但昂山领导的政党不同意把缅甸作为英国自治领的方案，提出要完全独立。1947 年 1 月，昂山率领一个代表团前往伦敦谈判并达成协议，规定普选在 1948 年 4 月举行。结果，昂山在选举中获胜，但于 1947 年 7 月 19 日被谋杀。昂山被害后，吴努领导缅甸人民继续开展民族独立斗争。1947 年 8 月 2 日，缅甸临时政府成立。同年 9 月 24 日，缅甸制宪会议通过了《缅甸联邦宪法》。1948 年 1 月 4 日，缅甸宣告独立，英国的殖民统治结束。

---

① ［英国］D.G.E. 霍尔：《东南亚史》（下册），中山大学东南亚历史研究所译，商务印书馆 1982 年版，第 946 页。

第六节　近代马来西亚、新加坡、文莱
国家与法的演进

一、近代马来西亚国家与法的变革

（一）葡萄牙的殖民统治与法制

葡萄牙在 1511 年用枪炮征服了马六甲，将其变成殖民地。苏丹被
迫逃往廖内群岛一带，继续反抗葡萄牙殖民者，多次反攻马六甲。1525
年，苏丹曾围困马六甲长达一年之久而未克。苏丹玛末死后，其子于
1536 年在廖内建立柔佛王国。葡萄牙人占领马六甲后，拆除伊斯兰教
堂，建造城堡和基督教教堂并强迫人们皈依基督教。委派总督统治马六
甲，由大法官、市长、主教等人组成的咨询委员会协助总督处理行政事
务，大法官管理司法案件。葡萄牙殖民者也委任一些当地人参与政事。
一个由 7 名民选成员组成的市政委员会负责税收、调解纠纷；委任 1 位
天猛公，管理当地的马来臣民；委任 1 位居民为盘陀诃罗，管理马六甲
的所有外侨，各种外侨又分别由各自的甲必丹进行管理。[①]

（二）荷兰人的殖民统治与法制

16 世纪末，葡萄牙势力走向衰落。其他新崛起的欧洲国家纷纷转向
远东。荷兰东印度公司于 1602 年成立后，积极策划攻占马六甲。荷兰
人采取了与葡萄牙人完全不同的策略，他们不像葡萄牙人那样强迫当地

---

① 朱振明主编：《当代马来西亚》，四川人民出版社 1995 年版，第 86~87 页。

人皈依基督教，而是容许当地人信仰伊斯兰教。这个做法得到了当地人的支持。在军事、政治的双重手段下，荷兰人于1641年占领了马六甲，结束了葡萄牙人对马六甲130年的统治，开启了荷兰人长达183年的殖民统治。

荷兰人占领马六甲后，将马六甲纳入荷兰东印度公司的统治范围之内，按照荷兰东印度公司的治理模式治理马六甲。

（三）英国人的殖民统治与法制

18世纪，荷兰殖民者被迫把马来半岛让给英国。1824年，通过英荷订立的《伦敦条约》，英国从荷兰人那里得到了整个马来半岛包括马六甲地区的殖民权。1826年英国将槟榔屿、马六甲和新加坡合并为一个省区，总称海峡殖民地，省府设在槟榔屿。1867年4月海峡殖民地脱离英属印度管辖，成为皇家殖民地。随后，英国开始把马来半岛各邦置于直接控制之下。1874年，英国人首先强迫霹雳苏丹接受英国的驻扎官，并在此后的20年中迫使雪兰莪、森美兰、彭亨的苏丹接受英国的驻扎官。1896年组成马来亚联邦。1909年，英国人强迫暹罗放弃对吉兰丹、吉打、玻璃市、丁加奴的宗主权力，并向这些地区派驻顾问。1914年，柔佛苏丹被迫接受英国的驻扎官，与吉兰丹等4个地区一道组成马来属邦。① 至此，马来半岛全部沦为殖民地。1888年，沙捞越、沙巴沦为英国殖民地，文莱苏丹国的领土被蚕食殆尽。英国对马来西亚统治了100多年。

英国殖民政府在统治马来西亚期间，将马来西亚划分为三个行政区进行统治：海峡殖民地、马来联邦和马来属邦。

---

① 赵和曼主编：《东南亚手册》，广西人民出版社2000年版，第165页。

1. 海峡殖民地

由英国殖民大臣指定的总督在行政、立法两个委员会的协助下进行统治。行政委员会包括财政司、律政司等高级官员以及数名非官方议员。立法委员会除高级官员外，还包括 13 名非官方议员。新加坡、槟榔屿和马六甲三地再分别设辅政司进行统治。

2. 马来联邦

马来联邦设总驻扎官，向海峡殖民地总督负责。英国人在马来联邦各邦设立州议会，讨论宗教和马来人风俗等问题，苏丹权力受到削弱。为了缓和同苏丹的矛盾，1909 年，英国人又设联邦议会，苏丹和英国驻扎官及商人代表一起讨论财政、立法等问题，但苏丹没有决定权和否决权。1927 年，联邦会议改组，苏丹不再参加，改由官方议员 13 人，非官方议员 11 人组成。[①]

3. 马来属邦

马来属邦属海峡殖民地总督管辖。马来属邦的政务必须听从驻扎官的意见，但苏丹享有较大的自治权。属邦没有统一的立法会议，只在各邦设立以苏丹为首的州务会议。

二、近代新加坡国家与法的变革

1819 年英国殖民地开拓者莱佛士登陆新加坡，揭开了新加坡近代历史的序幕。英国殖民者为了使占领新加坡合法化，利用廖内·柔佛王国内部矛盾，把已被剥夺王位继承权的王子东姑·隆从布兰岛接到新加坡，立他为柔佛苏丹。接着又于 1819 年 2 月至 1824 年 8 月期间，同东姑·隆及其派驻新加坡的天猛公进行多次谈判，签署了相关条约，规定将新加坡及其周围岛屿完全割让给英国，允许英国在柔佛王国的所有商

---

① 朱振明主编：《当代马来西亚》，四川人民出版社 1995 年版，第 91~92 页。

埠和海港以最惠国的待遇进行贸易，柔佛苏丹和天猛公放弃对新加坡的统治权，并承诺未经英国许可不得与任何国家订立盟约等。至此，新加坡沦为英国殖民地。[①]1826 年，英国将槟城、马六甲和新加坡合并为海峡殖民地，设首府于槟城。1867 年 4 月 1 日，海峡殖民地由英国殖民部管理，成为英国皇家直辖殖民地。1832 年，海峡殖民地的行政中心从槟榔屿移到新加坡。[②]1942 年 2 月 15 日，马来西亚英军向日军投降，新加坡被日本占领至 1945 年。日本投降后，英军重新占领新加坡。英国发表了《马来亚和新加坡关于未来宪法的声明》和《马来政制建议书》两个文件。主要内容是将战前分散的海峡殖民地、马来联邦和马来属邦合并成英属殖民地的马来亚联邦。

三、近代文莱国家与法的变革

16 世纪初，葡萄牙、西班牙、荷兰、英国等相继入侵文莱。1580 年，西班牙再度进攻文莱，文莱人民在苏丹的领导下赶走了西班牙人。在文莱第九世苏丹哈桑去世之后，文莱国力走向衰落。1838 年在沙捞越爆发的起义使英国人有了可乘之机。1842 年，文莱苏丹把沙捞越地区割让给英国人詹姆士·布鲁克。1847 年，布鲁克根据英国政府的指示，迫使文莱苏丹同他签订了一项不平等的《英国和文莱友好通商条约》，标志着文莱成为一个半殖民地国家。1881 年，布鲁克又将今沙巴的领土授予英北婆罗洲渣打公司。1888 年，英国插足干涉，在文莱、沙捞越和北婆罗洲建立保护国。1888 年 9 月 17 日，文莱同英国订立保护协定，规定文莱接受英国的保护，文莱苏丹继续行使其国内统治权，英国享有苏

丹王位继承决定权和外交权。[①]1906 年，英国与文莱签订补充协定，主要内容是由英国派驻扎官掌管文莱的一切内政司法和外交事务，文莱的苏丹王朝虽然保持不变，但实际权力仅限于掌管传统习俗和伊斯兰宗教事务，文莱从此完全沦为英国殖民地。[②]1946 年文莱被日本占领。

---

① 俞亚克、黄敏编著：《当代文莱》，四川人民出版社 1994 年版，第 42 页。

② 赵和曼主编：《东南亚手册》，广西出版社 2000 年版，第 16 页。

第五章
殖民地时期西方法律对东南亚的影响

西方殖民者为了对殖民地进行有效统治，把本国的法律制度带到了东南亚。D. 奈尔肯、J. 菲斯特这样描述欧美法在东南亚的传播过程："自 1500 年之后，殖民主义者将葡萄牙和西班牙的欧陆法传统带到了马六甲、印度尼西亚南部和菲律宾；英国普通法连同英-印法典在新加坡、马来亚等海峡殖民地得到继受；后来，马来西亚、文莱和沙巴及沙捞越也作了同样的选择。美国法则在菲律宾传播；法国法影响了泰国的法律。荷兰将罗马-荷兰法强加于印度尼西亚，构成印度尼西亚《民法典》的基础，并影响了其他诸多法律领域。"[①]

第一节　西班牙、美国殖民统治对菲律宾法制的影响

一、西班牙殖民统治对菲律宾法制的影响

1521 年，麦哲伦带领西班牙远航队来到菲律宾群岛，被菲律宾人

---

① ［意大利］D. 奈尔肯、［英国］J. 菲斯特：《法律移植与法律文化》，高鸿钧等译，清华大学出版社 2006 年版，第 270 页。

民击毙。利牙石比带领的西班牙远航队于 1565 年再度入侵菲律宾群岛。16 世纪末，大部分地区被西班牙殖民者占领。西班牙殖民者废除了菲律宾各地原有的习惯法和成文法，推行西班牙法。在西班牙统治的早期，除了原有的西班牙法以外，治理菲律宾的法律主要包含在《印地亚群岛的法律》中，这部法典是历代西班牙国王在不同时期为治理西班牙的殖民地而颁布的王室诏谕的总集，它被法律学者赞为世界上殖民地法律的最伟大的法典之一。有些在西班牙本国施行的老法律也应用在菲律宾，例如《七部律》《牛城法律》《最新编法典总集》，还有 1805 年以后编纂的最新法令集以及相继制定的民法典、刑法典、商法典、典当法、矿业法和版权法等，菲律宾几乎适用所有的西班牙法。①

二、美国殖民统治对菲律宾的影响

在美国统治时期，美国积极在菲律宾推行美国法律。1902 年 7 月，美国国会通过《菲律宾法案》，宣布菲律宾的行政、立法、司法权由美国政府掌握。法案规定，菲律宾最高法院的法官由美国总统任命，其成员中美国人应占多数，美国最高法院有权审查、修正、补充和取消菲律宾各级法院的任何判决。②民政总督、副总督、委员会委员及各部部长均由美国总统任命。菲律宾按美国法的模式制定了公司法、破产法、担保法、保险法、银行法等。③

---

① ［菲律宾］格雷戈里奥·F.赛义德：《菲律宾共和国：历史、政府与文明》，吴世昌、温锡增译，商务印书馆 1979 年版，第 105 页，转引自张卫平：《菲律宾的法律制度》，载《东南亚研究资料》1985 年第 4 期。
② 刘祚昌、光仁洪、韩承文等主编：《世界史：近代史》，人民出版社 1984 年版，第 355 页。
③ 林榕年主编：《外国法律制度史》，中国人民公安大学出版社 1992 年版，第 379 页。

第二节　法国殖民统治对越南、老挝法制的影响

一、法国殖民统治对越南的影响

16 世纪 30 年代起，葡萄牙和荷兰殖民者侵入越南。17 世纪初，法国耶稣会士也进入越南。17 世纪中叶，罗马教廷在越南成立"异域传教会"。19 世纪下半叶，越南沦为法国的殖民地。法国对越南采取了"分而治之"政策，把统一的越南分割成三个部分，在南、中、北三圻分别建立了不同形式的殖民统治制度。在越南，南圻划为"直辖领地"，废除原有机构，设法籍总督统治。中圻称"保护领"，保留阮氏封建统治机构，同时派驻法籍总监。一般内政事务名义上由顺化朝廷管理，但实际决策人是法国总监。[①] 北圻称"半保护领"，形式上由阮朝政府派经略使统辖，实际上一切听命于法国殖民者，经略使制度也被废除。中圻和北圻地方行政组织相同，越籍官吏受总督委派的法国殖民官吏控制。1887 年，法国把印度支那半岛上的法国侵占地区合并，称为"印度支那联邦"，归驻西贡的法国总督统治。印度支那联邦最初只包括越南和柬埔寨，19 世纪末，又把老挝合并进去。这一时期，越南在法国殖民者的统治下，大量移植了法国的法律制度，其典型代表是 1883 年颁布的《简明南圻民事法》、1931 年颁布的《北圻民事法》和 1936 年颁布的《中圻民事法》（即《黄越中圻民事法》），基本上是法国民法典的翻版。[②]

法国法对东南亚影响最大的国家应为越南。越南根据 1862 年 6 月

---

① 米良：《越南民法典的历史沿革及其特点》，载《学术探索》2008 年第 5 期。

② 米良：《越南民法典的历史沿革及其特点》，载《学术探索》2008 年第 5 期。

和 1874 年 7 月的法令，开始建立系统的法律制度，法令第 37 条规定法国法律包括著名的《拿破仑法典》在越南可以直接适用。这个法令也提及了当地的习惯法，保留了原有法律对一些民事案件的裁决作用。在刑事案件方面则规定必须适用法国刑法。1868 年 3 月又颁布了关于设立法院的法令。1921 年 2 月，越南设立本地司法调解机构，专门用来处理当地人的轻微案件。这是法国法与当地习惯结合的产物。越南在接受法国法律的同时，还设立了立法机构，根据法国的方式制定了不少法律。[①]

二、法国殖民统治对老挝的影响

1893 年，老挝沦为法国的殖民地。法国主要采取"以老制老""分而制之"的手段对老挝实行殖民统治。为了便于统治，老挝的封建君主制在形式上被保留了下来。从表面上看，传统的老挝三个王国依然存在：北部的琅勃拉邦为王都，其国王代表全国；中部的万象是行政首都，有副王，管理国防、行政和财政；南部的占巴塞王管理社会福利。实际上，一切大权都掌握在法国人手里。1895 年，法国把老挝分为上寮和下寮，各由一名法国最高行政专员控制，其行政机构所在地分别设在琅勃拉邦和孔埠，最高行政专员则通过各地的驻扎官进行统治。1899年，上寮和下寮合并成一个整体，撤销各自的最高行政机构，全老挝成为一个向法国印度支那总督负责的、最高驻扎官管理之下的"自治保护国"和法属"印度支那联邦"中的一员。法国殖民者还在老挝建立了具体负责各方面事务的分支机构，如司法部、工务管理局、税务部、邮政部、教育部、农业部等。1911 年，法国殖民当局进一步强化了在老挝的地方殖民统治，正式废除各地土王，取消各地土王属下的"昭公""昭帕耶琅""披耶""寻""门""昆"等封建王侯贵族爵位头衔，将全国划

---

① 王云霞、何戍中：《东方法概述》，法律出版社 1993 年版，第 130 页。

分为省、县、乡、村镇级行政单位。在各行政区内，设立由法国人担任的省长和由老挝人担任的县长、区长、乡长和村长。同时，又派遣法国人在除琅勃拉邦以外的县以下各级机构进行监督和控制。1920年，法国殖民者将老挝全国划分为12个省，直接任命省长和下属各级行政机构的官员。同时，法国殖民者还设置了法院、监狱、密探局、宪警队等镇压威慑机构。通过这些措施，法国在老挝逐步建立和完善了从中央到地方的殖民统治体系。

第三节　英国殖民统治对印度尼西亚、马来西亚、新加坡、缅甸法制的影响

英国法对东南亚产生了广泛而深远的影响。尽管有的地区影响较大，有的地区影响相对较小，其影响的程度因英国对其殖民统治的方式和程度不同而有所不同，但相对于法国法律、荷兰法律、西班牙法律和美国法律而言，英国法对东南亚的影响是最大的，并且经历了一个漫长的过程。

一、英国法对马来半岛和印度尼西亚影响的两个阶段

（一）早期渗透阶段

马六甲海峡、马来亚、婆罗洲等地区，历史上存在过由槟榔屿、马六甲和新加坡三者组成的马六甲联盟，1825年前，这个组织并不是一个稳定的统一体，没有形成统一的法律。自从英国东印度公司在18世纪后期从吉打苏丹手中夺得槟榔屿之后，该地就属印度管辖，但法律与

行政制度一直很混乱，基本上沿用过去的一些法律。^①1807 年设立了法院，并制定了一部法典，也颁布了几种一般性的规则，用来规定刑事案件审判方式和刑罚性质。这些简单的法律制度只是印度人仿照英国法律制定的，非常粗浅，而且这些法律不适用英国臣民所犯的杀人罪和其他罪行。岛上各种国籍的居民都有他们自己的法律，一般的民事案件由其头领审理。这基本上就是 1825 年前马六甲和新加坡等地的情况。在以后较长的一段时间里，印度化了的英国法律在这一地区始终起着主导性的作用。^②

（二）全面继受阶段

1826 年 11 月 27 日英国颁布《第二司法宪章》之后，英国的法律在新加坡迅速得到推行。^③关于英国法在新加坡适用的依据，存在两种观点：第一种观点是我国学者秦瑞亭提出的，他认为《第二司法宪章》中并没有规定新加坡必须适用英国法，但其中规定："新加坡法院在审理案件时要依据正义和权利进行判决。"这个规定被殖民当局解释为"法院应当依据英国法进行判决"。英国法在新加坡的适用依据就是这一司法解释。^④英国法成为新加坡法的重要渊源，包括英国的普通法、衡平法和成文法。第二种观点是 A.B.L.Phang 提出的，他认为新加坡适用英国法的依据是 1826 年《英王乔治四世特许令》，该特许令规定，新加坡法院适用英国法，包括普通法和制定法。^⑤虽然两位学者对新加坡适用

---

① 王云霞、何成中：《东方法概述》，法律出版社 1993 年版，第 126 页。

② 王云霞、何成中：《东方法概述》，法律出版社 1993 年版，第 127 页。

③ 召卜芬：《新加坡法制独特道路原因浅析》，载《现代法学》1997 年第 1 期。

④ 秦瑞亭：《论新加坡法对英国法的继受》，载《外国法学研究》1995 年第 1 期。

⑤ A.B.L.Phang, *The Development of Singapore Law: Historical and Socio-Legal Perspectives*, Singapore：Butterworths, 1990, p. 35.

英国法的根据持有不同观点，但有一点是共同的，那就是英国法自 1826 年起开始在新加坡法院适用。英国普通法在新加坡适用特别广泛，新加坡法院在审理案件时经常引用英国法的传统，在新加坡法律没有具体规定时，可广泛采用英国法的原则与原理。[①] 根据《英国法令应用法令》第 3 条的规定，已经成为新加坡法律一部分的英国普通法将继续作为新加坡法律的一部分，只要其经过修订能够适合于新加坡本土的环境和居民。而衡平法作为弥补普通法不足而产生的规则，同样被新加坡法所吸收。[②] 对于判例，则英国枢密院审理新加坡居民向其上诉的案件所产生的判例同样为新加坡法院所遵循。

二、英国法对马来西亚法制的影响

1873 年，英国开始对马来亚进行全面控制，设立了由欧洲治安法官主持、马来亚治安法官协助的法院，还根据英国法律建立了马来亚法律制度。

在马来群岛中的婆罗洲，虽然其面积是马来群岛中最大的，从 1888 年起的近 60 年间处于英国的保护之下，但受英国法律的影响相对较小。直到 1928 年的沙捞越法律中才规定用英国法解释当地的习惯法。而在沙巴则到 1938 年才开始用英国法解释当地习惯法。在此前则仅限于适用少量英国判例。

三、英国殖民统治对新加坡的影响

1824 年新加坡沦为英国的殖民地。二战期间新加坡被日本占领。二战后英国把新加坡并入英属马来亚联邦。1958 年 4 月 11 日，英新代表

---

① 刘涛：《新加坡刑法的渊源及特色》，载《中国刑事法杂志》2006 年第 1 期。

② 《新加坡刑法》，刘涛、柯良栋译，北京大学出版社 2006 年版，第 5 页。

签订了《关于新加坡自治宪法草案》，被迫同意新加坡成立自治邦，实行内部自治，英国保留国防、外交，修宪和颁布紧急法令权，英国驻有军队。1962 年 9 月 1 日，新加坡就通过马来亚联合邦合并问题举行公民投票并获得通过，新加坡成为马来西亚联邦的一个成员州。1965 年因政治问题脱离马来西亚成为一个独立自主的共和国。

四、英国法对缅甸法制的影响

英国法对中南半岛的影响主要集中在缅甸。相对新加坡等地，缅甸受英国法的影响较小、较晚。缅甸地区在 1824 年至 1886 年属英国管辖。当时缅甸的行政管理和司法制度等都是根据印度的模式建立起来的。直到 1897 年，英属缅甸的具体法律还来自印度，仅在缅甸设立了法律委员会。1922 年，仰光设立了高等法院，取代了前期的上缅甸和下缅甸的首席法院。1935 年缅甸的政府法案被送到英国枢密院，这是缅甸法律相对独立的开始。1898 年的缅甸法案中第 12 节规定了缅甸法的渊源，具体是：在佛教徒之间使用佛教法；在伊斯兰教徒之间使用伊斯兰教法；在印度教徒之间使用印度教法；还规定了适用中国法的条件。如果上述法律及英国法律都不能适用，则根据公平、正义的原则裁决案件。[①]

第四节 西方法律思想对泰国法制的影响

泰国的情况比较特殊。19 世纪，英国、法国等西方殖民者先后入侵泰国。他们在争夺泰国的同时，为了各自的利益不得不相互妥协。1896

---

① 王云霞、何戍中：《东方法概述》，法律出版社 1993 年版，第 129 页。

年英法签订条约，芒新割让给法国，法国、英国两国都保证湄南河谷的
独立，并一致同意不在暹罗谋取独占的权益，因此泰国也就自然被看成
一个缓冲国。^①中南半岛国家普遍受法国法的影响，尽管泰国未成为法
国殖民地，但由于地域等因素，泰国法事实上受法国法的影响较大。这
一点从泰国的《刑法典》和《民商法典》就可看出。泰国 1908 年制定
的《刑法典》吸收了法国和比利时的刑法原则，有关刑罚的规定也和法
国相关制度极为类似。1935 年的《民商法典》采用了法国法与泰国法相
结合的原则。^②

　　虽然泰国存在很多接受西方现代法律的原因和现实需要，但泰国在接
受这些西方法律的时候并非全盘照搬，也并非没有考虑泰国社会的现实的
情况。拉玛五世曾对法律改革的问题发表训话："也许你们当中有人经常
拿泰国的法律与外国的进行对比，尤其是通常只拿外国法律中特有的东西
与泰国相比。从理智的角度看，我们不应该将保留至今的传统全部改造成
'现代'化的东西，当然也不能对他国先进的东西置之不理。"^③

　　正因为如此，在制定泰国法典的时候，制定者考虑制定的法律是否
适用泰国社会，尤其在制定关于家庭关系方面的法律持谨慎态度。虽然
一些法律规定可能不可避免地改变泰国民众原先的生活方式和习惯，但
力求做到将影响减到最少。如泰国虽然接受了现代法律中"一夫一妻"
的法律内容，并以结婚登记的方式确定下来，但并非意味着如果某人违
反了这一规定，就要像其他国家一样被处以"重婚罪"，如果这样做的

---

① ［英国］D.G.E. 霍尔:《东南亚史》(下册)，中山大学东南亚历史研究所译，商务印
　　书馆 1982 年版，第 793~794 页。
② 米良:《〈泰王国民商法典〉制定的历史背景》，载《云南大学学报(社会科学
　　版)》2018 年第 2 期。
③ 参见《1894 年 1 月 24 日御训》，载国家信件中心:《拉玛五世档案》，泰国法政
　　大学出版社 1988 年版，第 85 页。

话，将给泰国社会带来很多的问题，因为还有相当一部分民众的传统思想还没有转变过来。虽然没有规定这是一种罪行，但如果没有如实向负责婚姻登记的官员报告婚姻情况的话，将被判为"欺骗罪"。而在关于宗教信仰、传统文化的法律内容方面，制定者也考虑到并且制定的法律符合泰国传统信仰和文化，如规定"杀害家长者，其罪行判定要比杀害普通人还要重"①；子孙不得控告本人的家长或家中长辈，无论是民事案件还是刑事案件，这被称为"有违常理而不许控告"。因为泰国传统观念认为，这是家庭内部发生的矛盾，解决矛盾的应该是家庭成员自己。②

尽管制定者在制定法典时充分考虑了泰国社会、家庭传统的实际情况，但西方法律的影响力还是显而易见的。例如在关于家庭关系的法律规定中，很多已经不再是泰国民众所习惯的传统约定。这一改变可以从婚姻登记中看出，新法律明确规定一夫一妻制。在离婚的规定上，新法律允许夫妇任何一方在另一方身染无法医治的、严重的传染病的时候提出离婚申请。而泰国传统思想认为，"结婚"就是结为生命伴侣，同艰共苦，越是在艰难的时候越要不离不弃。在西方有关婚姻关系的观念里，离婚后要求抚养费是正常的，而泰国传统思想认为，离婚意味着断绝关系，是婚姻关系最坏的一种选择。甚至在泰国古代，认为如果离婚断绝关系后，就意味着各走各的路，就连死了以后都不能合葬，也不可能索要钱财作为补偿。离婚后要求补偿抚养费源于西方的文化。③

虽然新法典中的一些内容仍然保留了泰国传统思想，但总体来看，

---

① 《泰国曼谷王朝第 127 年刑法》第 250 条。
② 米良：《〈泰王国民商法典〉制定的历史背景》，载《云南大学学报（社会科学版）》2018 年第 2 期。
③ 米良：《〈泰王国民商法典〉制定的历史背景》，载《云南大学学报（社会科学版）》2018 年第 2 期。

新制定的法典里面吸纳了西方的法律规定，既体现在法典框架设置上，又体现在具体的法律内容上。如果从思想道德的大原则角度进行研究，我们会发现，影响泰国法律的西方法学理论并非新鲜的事物，各种法律所秉持的基本法理是从我们能理解并一直恪守的基本道德规定中抽象总结出来的。其中的一些法理之所以看起来比较复杂，是因为很多法律原则经过长时间的发展和积累变得复杂，一部分复杂到变为"法学家的法理"，一部分则变为"技术法"。但无论是哪种法律，都体现出最基本的道德规定，正如"犯错须受罚"就是刑法产生的最基本法理。同样，在民法法典上，每一卷内容的法理基础都来自民众能够理解的思想道德、传统习俗和社会准则。例如第一编总则，第二编、第三编是关于债务和契约的内容，法理基础大部分都来自"有约必守"这一传统的原始的道德认知。第四编关于财产关系的内容，则来自"谁的就是谁的"原则，明确规定了处理财产所有权的处理方法。第五编、第六编则是关于家庭和遗产的内容，主要涉及亲属成员之间的关系，其主要法理基础也是泰国社会中传统的道德观念、传统习惯和社会准则。[1]

---

[1] 米良：《〈泰王国民商法典〉制定的历史背景》，载《云南大学学报（社会科学版）》2018年第2期。

第六章
当代东南亚国家与法的演进与发展

纷纷获得独立后的东南亚国家在形式上继受了西方法，在内容上也移植了西方法的大量制度、理论，但与此同时也保留了大量传统的习惯法、古代中国法、伊斯兰教法和印度教法的内容，其现代化的进程是在西方法的形式框架下各种法系法律制度的融合的过程。

第一节　当代越南国家与法的演进与发展

一、争取民族独立的斗争及人民民主国家的建立

（一）胡志明的革命道路及其 1930 年政治纲领中关于国家的论述

在法国的殖民统治下，越南人民连续不断地奋起斗争，其中最具有代表性的是由爱国封建士大夫于 19 世纪末 20 世纪初期所领导的勤王运

动中的各次武装斗争，其目的旨在重新建立封建君主国家。主要的武装斗争有潘佩珠发起的东游运动、潘珠祯发起的维新运动、越南国民党的暴动运动① 等。但是，这些爱国运动最后均以失败而告终。

正当上述运动或斗争不断失败，越南人民正在为民族解放道路而困惑的时候，阮爱国② 启程前去寻求救国的道路。胡志明接触了马克思列宁主义，为民族独立寻找到了正确的道路。1930 年，胡志明领导的越南共产党成立，并提出了党的 1930 年政治纲领。该纲领提出，确定民权资产阶级革命进入社会主义革命准备时期。民权资产阶级革命的任务是推翻法国殖民主义，争取民族独立，推翻封建地主阶级，将土地分配给农民。这两项任务紧密相连、密不可分。工人和农民是民权资产阶级革命的两支主力军，工人阶级必须掌握领导权。在斗争的过程中，一旦革命的时机来临，党必须领导群众进行武装起义，夺取政权，建立一个苏维埃模式的新型的国家。1930 年政治纲领明确："必须建立起工农苏维埃政权。只有工农苏维埃政权才是推翻帝国主义、封建地主，使农民耕者有其田，使无产者有法律保护自身权利的强有力的工具。"③1930 年政治纲领提出了革命夺取国家政权的最基本的问题，创造性且准确地运用了马克思列宁主义。

（二）义静苏维埃政权及其新型国家形式

自 1930 年末至 1931 年上半年，在越南共产党的领导下，人民群众大规模的游行示威活动蔓延至义安和河静两个省的各个县城。政治斗争

---

① 越南国民党的暴动运动，以中国的辛亥革命为榜样，旨在建立一个资产阶级统治的国家。

② 胡志明在此时期，为躲避法国殖民者的追捕，使用"阮爱国"这个名字。

③ ［越南］《越南共产党历史》（第 1 卷），越南河内马列教科出版社 1978 年版，第40 页。

与武装自卫相结合。连续不断的斗争沉重地打击了殖民者和封建王朝政权的政治基础，致使土豪劣绅惶恐不安并且导致敌人在基层的政权机器土崩瓦解。在义安省，苏维埃政权在隶属于清章县、南坛县的各个村、社，英山县、义禄县、兴源县和演州县的一部分村、社得以成立。在河静省，革命政权在172个乡得以形成，这172个乡大部分位于干禄县、石河县和德寿县。各级苏维埃政权废除了殖民者设立的各种体制和一切赋税，把公田、公地重新分配给农民，强迫地主减少正式的地租并且废除附加的地租，组织人民群众在生产中互相帮助，开办各种国语识字班，动员人民群众破除陈风陋习、破除迷信，遵守治安秩序。义静苏维埃政权首次创建的革命政权为越南人民参与建立新型政权树立了信心。

（三）越南共产党关于国家政权形式的新的认识

从1939年9月至1941年5月，面对世界形势和国内形势迅猛的变化，越南共产党及时地通过第六次党中央会议（1939年11月）、第七次党中央会议（1940年11月）、第八次党中央会议（1941年5月）调整了革命战略指导方向，形成关于革命政权形式的新的认识，对1930年政治纲领中提出的苏维埃政权形式进行了验证，对义静苏维埃政权运动高潮中的失败进行了检讨。在随后近10年的时间里，面对新的形势，越南共产党凭借历史经验和锐利的眼光，使用建立民主共和政府的口号取代了建立工农苏维埃政府的口号。会议决议明确："反帝阵线尚未提出建立工农兵苏维埃政府是劳动民众的特殊政府形式的口号"，而是主张"国内各个民众阶层的共同政府形式和民族解放运动，在某一阶段中，资产阶级的一部分可以与民众共同前进"。[①]第八次党中央会议，党关于国家形式的新的认识更加明确、清楚且更加具体地被予以肯定。按

---

① ［越南］《党的文件（1939—1945）》，河内实事出版社1968年版，第59~60页。

照此次会议的决议，"在赶走法国、日本帝国主义之后将成立一个越南民主共和国的革命政府……越南民主共和国政府由国民大会选举产生"，这是"遵循民主精神的一种民主共和制度"。① 因此，在党的认识中，苏维埃国家形式已经被人民民主共和形式取代，旨在凝聚一切力量反对帝国主义。国家形式的新认识和战略指导方向的转变对八月革命的胜利和越南民主共和国的诞生而言是一个先决的重要因素。在后来的各个时期中，关于国家形式的新认识为关于越南人民民主国家的认识和理论提供了前提条件。

（四）八月革命与新政权的建立

1945 年 8 月 13 日，国民大会在新潮召开。60 多名来自中部、南部、北部的代表，海外侨胞代表，各种政治党派，各个人民团体，各个民族和各派宗教的代表出席了会议。大会赞成越南共产党关于在同盟军介入印度支那之前举行总起义夺取政权的策略。大会通过了越盟阵线的十大政策，决定以金星红旗作为国旗，《进军歌》作为国歌，选举产生了越南民族解放委员会（即临时革命政府）。该委员会由胡志明担任主席，同时设立一个由 5 人组成的常务委员会。在紧急情况下，越南民族解放委员会赋予全国起义委员会全权指挥。同年 8 月 14 日至 18 日，总起义军在北部平原农村、中部大部分地区、南部一部分地区以及北江市、海阳市、河静市、内安市取得了胜利。8 月 19 日，总起义军夺取了胜利，解放了河内，这一胜利确立了发动全国总起义的局面。8 月 19 日至 22 日，总起义军在安沛、太平、富安、清化、庆和、北宁、宁平、太原、高平、宣光、北件、山西、义安、宁顺、兴安、建安、广安（省）市夺取了政权。8 月 23 日，起义军夺取了胜利，解放了京城顺化。8 月 23 日

① ［越南］《党的文件（1939—1945）》，河内实事出版社 1968 年版，第 289 页。

晚，临时革命政府下达了通牒，要求保大皇帝退位。8 月 30 日下午，保大皇帝宣读退位诏书，将象征阮朝权力的国玺和宝剑交给了越南政府特派团，越南封建制度至此终结，越南历史上出现了一个由共产党领导的全新的政权。

二、初步建立新的法律体系，制定 1946 年《宪法》

（一）1946 年《宪法》

在夺取政权仅一个月之后，临时政府于 1945 年 9 月 20 日颁布了敕令，成立宪法起草委员会。1946 年 3 月 2 日，在第一届国会上，正式通过了宪法起草委员会。1946 年 11 月 9 日，国会通过了越南人民民主共和国的首部《宪法》。1946 年制定的《宪法》包括序言和七个章节，共 70 条。1946 年制定的《宪法》在团结全民，不分民族、性别、阶级、宗教；保障各种民主自由权、实现强大的政权、发挥人民的聪明才智这三项原则的基础上制定。在序言中，《宪法》承认"八月革命为国家重新夺取主权、为人民争取自由以及建立民主共和"的巨大成果，"现阶段我国的任务是维护领土完整和在民主的基础上建设国家"。

政体章节对政治制度作了规定。《宪法》记载："越南是一个民主共和国。国家的一切权力属于全体越南人民。不分种族、性别、贫富、阶级、宗教信仰"（第 1 条），"越南是一个统一的国家，北部—中部—南部不可分割"（第 2 条）①。对一个封建君主制度存在上千年和殖民制度存在近百年的国家而言，这些肯定的条款是十分新颖的，在各方面均具有重大的意义，为国家、民族以及人类的解放奠定了法理基础。

---

① ［越南］《越南人民民主共和国宪法（1946）》，越南真理出版社 1987 年版，第 2 页。

在公民的权利与义务章节中规定，越南公民必须履行下列各种义务：保卫祖国，尊重宪法，遵守法律，服兵役。公民享有：各民族之间一律平等、男女一律平等的权利；选举权和被选举权；言论、出版、集会、宗教信仰、居住的自由权；往来、人身自由权等。

在国家机器组织章节中，国会被称为人民议会，任期为三年。由于1946年制定的《宪法》是战时宪法，所以，对人民议会的权限只笼统地作了规定，不但不具体，而且在战争环境中，国会的一些权限还难以履行。因此，一些权限如对政府的各种法令草案的表决权、对政府的监督权和批评权等只能由宪法赋予人民议会常务委员会、政府和国家主席。在1946年制定的《宪法》中，国家主席的职务位列政府序列，国家主席是政府的首脑。在有关国家主席和政府的基本原则的规定中，还有一些其他的特别规定，如国家主席无须承担任何一项责任，但犯叛国投敌罪时除外。政府的每一道敕令必须有国家主席的签字并且依照各部的权限，应当要有一名或者多名部长的续签，政府无须对一名部长的行为承担连带责任。上述特别规定的条款从当时的历史实践出发，国家主席的基本原则与胡志明主席的威信、作用紧密相连。胡主席不仅是民族大团结的凝聚点，还是党的领袖，所以，在当时复杂和充满艰难困苦的形势下，对保持人民民主共和国的本质具有至关重要的作用。

关于人民议会和行政委员会，1946年制定的《宪法》将全国划分成三个部（北部、中部、南部），每一个部以下划分成省，每一个省以下划分成县，每一个县以下划分成乡。只有在省级、城市级[①]、（省辖）市才设立人民议会。司法机关包括最高法院、复审法院、二级法院和初审法院。各个法院院长均由政府任命，在审理刑事案件时，如果是轻刑案件则应当有人民陪审员参与审理，以便听取陪审员的意见，或者如果是重

---

① 疑为直辖市。——译者注

刑案件则人民陪审员与院长共同决定。

1946 年《宪法》是越南历史上第一部宪法，标志着越南当代法制的开启。面对战争的局势，国会表决通过暂不颁布宪法。1946 年制定的《宪法》虽尚未经国家主席签署命令予以公布，但是，宪法的原则和精神在实际中得以贯彻实施。

（二）革旧鼎新时期的法律

越南新政权建立初期，尚无法立即建立一个完整的法律体系。1945 年 10 月 10 日，临时政府颁布关于暂时适用旧制度的一些律令的敕令，内容包括经济、社会、民事、婚姻家庭、一般刑事案件等。这些律令均经过审查、筛选，以便不"与越南国家的独立和民主共和政体的原则相违背"。同时，国家也在抓紧制定新的法律，及时为胡志明主席提出的消除饥饿、消除愚昧、消除外侵三大任务及革命的迫切需求提供服务。

八月革命以后，越南民主共和国已是一个独立、享有主权的国家，所以继《独立宣言》之后，越南分别于 1945 年 9 月 22 日、1946 年 5 月 20 日颁布了敕令，废除一切不平等的条约，废除法国殖民者在越南的一切特权、制度。1945 年 10 月 3 日颁布敕令废除印度支那总督所属的各个殖民统治机构。随着抗战反法的胜利以及日内瓦协定的签署，印度支那、越南北方（北纬 17 度以北）完全赢得了解放。

总的来看，在抗战反法期间，越南民主共和国的国家和法律具有下列显著的特点：①国家的首要任务是反对外来入侵。国家的组织和活动、法律的内容高度体现了民族大团结的精神。②为与战时组织、指导抗战事业相适应，国家的权力必须集中于执法机关（政府、抗战行政委员会），其中政府是掌控抗战运动的最高机关。执法机关完全掌握司法权并且在一定程度上，政府还有权颁布一些带有立法性质的文本。国家机器按照高度集中和灵活指导的机制运行。③这一时期的法律为民族的独立提供了制度保障。

三、抗美救国、统一祖国时期（1954—1976 年）越南北方政权的法制

在抗击法国殖民统治的抗战运动胜利之后，越南革命步入了新阶段。虽然北方已经完全赢得了解放，但是南方还被美帝国主义及其扶持的傀儡政权统治着。在这种历史环境下，越南共产党确定同时执行两项战略任务：一是在北方进行社会主义革命；二是把南方从美帝国主义及其傀儡的统治下解放出来，实现国家的统一，完成全国范围内独立和民主的任务。1954 年至 1975 年，在越南存在两种国家政权模式、两种法律体系，二者在本质上完全不同。第一种是人民民主共和国政权，第二种是美国在南方的新殖民主义下的傀儡政权。

在反对法国殖民主义，抗战赢得胜利和《日内瓦协定》得以签署、北方赢得完全解放以后，越南民主共和国在一半的国土上行使国家权力。越南民主共和国的革命角色和任务不只局限于北方，还在全国范围内产生深远的影响。

（一）1954 年至 1964 年的越南人民民主共和国法制

在这 10 年中，越南北方政权即越南人民民主共和国在法制方面的重要活动是：

1. 建立健全国家权力机构

这 10 年越南北方政权积极开展立法活动，在行使国家权力的活动方式上逐步从战时转变到平时。1955 年 1 月 1 日，越南党中央、政府和胡志明主席返回首都河内。在反法抗战之前，第一届国会的任期延长且

国会不能如期召开会议。在北方恢复和平以后，为服务于统一国家的政治斗争事业并如《日内瓦协定》所规定的于 1956 年 7 月举行全国普选，越南北方政权决定不组织第二届国会选举。但是，国会依然如期召开会议并正常履行最高国家权力机关的职能。在所召开的各次会议中，国会听取政府所作的关于国内和世界形势的报告，讨论和决定国家关于建设北方、统一国家的重要方针、政策。在建立健全国家权力机构的工作方面，第六次会议（1956 年 12 月 29 日至 1957 年 1 月 25 日）上，北方政权国会颁布了《关于进一步健全国会组织及其活动》的决议。据此，北方政权国会将按照每年两次的惯例如期召开会议，在必要的情形下将召开特别会议。事实上，在 1946 年颁布施行的《宪法》中，就已经对该条款作了规定，但由于处于战争时期，该条款因此不能得以实行。随着该规定重新恢复效力，国会的作用进一步得到巩固。决议规定在国会两次会议期间，国会常务委员会具有下列职责和权限：召开国会会议并且与国会代表们保持联系；表决通过由政府提交审议的法令并且这些法令一律要在最近的国会会议上提交国会以便国会会议审议批准。法令一旦经过国会批准则同法律一样具有法理价值；审议、修订或者废止政府所颁布施行的与各种法律、法令不相适应的敕令、决定；就接替或者补充部长的人选事宜与政府进行协商。这些部长的名单一律要在最近的国会会议上提交国会。依据该决议，自和平恢复之日起，国会常务委员会的职能首次得到更进一步的健全。决议还特别强调国会代表必须经常与选民保持联系。其中，提出了一项新的措施，即根据工作的需要，国会常务委员会组织国会代表团赴各地与人民群众进行接触。

第一届国会通过了 1959 年制定的《宪法》和多部法律和法令：《集会自由法》《结社权法》《保障人身自由权以及公民住宅、物品、书信权神圣不可侵犯法》《新闻法》《工会法》《出版法》《现场擒获犯罪嫌疑人及紧急状态法》《禁止在经济方面从事一切投机倒把行为法》《各级人民议会和各级行政委员会选举条例》《地方政权组织法》《越南人民军军官服役法》《国会选举法》《婚姻家庭法》。[1]

第一届国会任期长达 14 年（1946—1960 年），任期内召开了 12 次会议，其中自和平恢复之日起就召开了 9 次会议。由于美伪政权单方撕毁《日内瓦协定》，长期分裂越南国家，所以自第十一次会议起（1959 年 12 月下旬），国会便决定举行第二届国会选举并且颁布决议决定将南方人民选举产生的国会代表的任期由 1946 年延长直至颁布新决议之时。1960 年 8 月 15 日，第二届国会得以选举产生，代表总人数为 362 人，体现了全民大团结，其中，来自各个少数民族界的代表 56 人，妇女界的代表 49 人，青年界的代表 40 人，农民界的代表 46 人，军队界的代表 20 人，从事科学、技术、教育、文化、艺术工作界的代表 65 人，民族资产阶级界的代表 2 人，牧师界的代表 3 人，和尚界的代表 2 人，此外，国会代表还包括予以留任的来自南方各界的代表。

在第二届国会第一次会议上（1960 年 7 月 7 日至 15 日），国会遵照新宪法的规定选举产生了国家各个高级机关：国家主席和副主席、国会常务委员会主席和若干名委员、国防委员会主席和若干名委员、最高人民法院院长、最高人民检察院检察长、总理及根据总理提名的副总理和政府会议其他组成人员。国会决定将农林部拆分成农业部、农场部和两个总局即林业总局、水产总局。至此，国家机关体系基本上遵照 1959 年颁布施行的《宪法》得以进一步地巩固。

第二届国会通过了《国会组织法》《政府会议组织法》《人民法院组织法》《人民检察院组织法》《各级人民议会和各级行政委员会组织法》《关于对军事义务法进行修订和补充的法案》。第二届国会结束任期以

---

[1] ［越南］黎明新：《国家与法的历史》，越南人民公安出版社 2004 年版，第 473 页。

后，第三届国会于 1964 年 4 月 26 日得以选举产生，代表总人数为 366 人，其中，来自各个少数民族界的代表 60 人，妇女界的代表 62 人，工人界的代表 71 人，农民界的代表 90 人，军队界的代表 18 人，从事科学、技术、教育、文化、艺术工作界的代表 98 人，各个宗教界的代表 8 人，民族资产阶级界的代表 3 人，此外，还有来自南方各界的得以继续延长任期的代表 89 人。①

2. 建立健全国家中央行政机构

自恢复和平以后国会首次会议即国会第四次会议（1955 年 3 月下旬）起，国家行政机构得到补充、扩大，组成人员包括国家主席、总理、两名副总理、外交部长、内务部长、国防部长、公安部长、教育部长、财政部长、交通与邮政部长、水利与建筑部长、工业部长、商业部长、卫生部长、劳动部长、司法部长、文化部长、伤兵部长、救济部长、农林部长和总理府部长。在国会第八次会议（1958 年 4 月下旬），增选了两名副总理；将商业部拆分成两个部即内贸部和外贸部；将水利与建筑部拆分成两个部即水利部和建筑部；将民族部升格为民族委员会；成立国家科学委员会；成立最高法院和公诉院，自此，这两个机关系统从司法部剥离出来并且行使与部平级的权力；国家计划委员会在国会第九次会议（1958 年 12 月中旬）得以成立。在国会第十次会议（1959 年 5 月下旬），国会决定撤销两个部即社会救济部和伤兵部，这两个部的工作移交内务部、劳动部和卫生部。

1954 年至 1964 年，建立健全了中央政府组织机构。其中，在社会经济管理方面，成立许多新的机关，而且更新了活动方式。作为最高国家权力机关的执行机关和最高国家行政机关，中央政府逐步从战时转入平时，回归到正确地履行自身的职能，加强经济管理职能上。在政府会

---

① ［越南］黎明新：《国家与法的历史》，越南人民公安出版社 2004 年版，第 492 页。

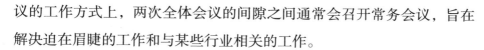

议的工作方式上，两次全体会议的间隙之间通常会召开常务会议，旨在解决迫在眉睫的工作和与某些行业相关的工作。

3. 建立健全地方政权

在行政区划上，在反法抗战时期成立的各个联区被取消。省、自治区是地方最高行政单位。

在北方，有西北自治区（刚开始称之为傣苗自治区）、越北自治区，有中央直辖的各个省、市和（自治）区：河内、海防、高平、谅山、北件、太原、宣光、河江、山萝、莱州、义路、北江、北宁、海宁、永福、老街、富寿、安沛、兴安、海阳、建安、太平、山西、和平、河东、河南、南定、宁平、清化、义安、河静、广平、洪广（自治）区和永灵（自治）区。1962 年，北宁和北江合并成河北省，海防和建安合并成海防市。

自 1957 年 7 月 20 日政府颁布第 4 号法令以后，在所有的地方各级行政单位成立了人民议会，人民议会作为地方国家权力机关的职能得以实现，正常选举并且正常开展活动。各级人民议会和各级行政委员会的委员数量有所增加。

4. 建立健全司法机构

抗法斗争胜利后，一些在反法抗战时期予以成立的法院如火线军事法院、敌占区人民法院等在完成使命以后被撤销，在土地改革中设立的各个特别法院也先后被撤销。第一届国会期间，成立了最高人民法院人民公诉院，法院系统和公诉系统从司法部剥离开来且隶属于政府会议。1959 年《宪法》颁布后，法院系统和检察院系统不再隶属于政府会议。最高人民法院、最高人民检察院改为对国会负责并向国会报告工作，在国会闭会期间则对国会常务委员会负责并向国会常务委员会报告工作。

（二）1964 年至 1975 年的越南人民民主共和国法制

自 1964 年年中起，美国推行破坏北方的计划，扩大了侵略整个越南国家的战争，北方政权被迫转入战时状态，直至越美战争结束。这一时期，越南北方政权在立法、行政和司法方面的活动均有很大转变，处于一种特殊的状态之下。

1. 国会在组织上和活动方式上的变化

自 1965 年 4 月第三届国会颁布了《在国会会议不能按照惯例如期召开的情形下，将部分权力赋予国会常务委员会的决议》，这些权力包括：决定国家计划的权力、审议和批准国家财政预算的预算和决算的权力；规定各种赋税的权力；批准省级和相当于省级的划定地界事宜的权力；审批和决定在方便的时候召开国会会议的权力。

在 1968 年 5 月召开的国会第四次会议上，第三届国会颁布了延长第三届国会的任期、赋予国会常务委员会在允许的情形下举行第四届国会选举的决议。1971 年 3 月，第三届国会颁布了终止南方人民自 1946 年选举产生的国会代表任期的决议。自此，国会的每一次选举均得以正常、如期地举行。1971 年 4 月 11 日，北方政权举行了第四届国会的选举。在当选的 420 名代表中，其中来自工人界的代表 91 人、农民界的代表 90 人、妇女界的代表 125 人、知识分子界的代表 87 人、军队代表 27 人。这些代表中，有 72 名代表来自各个少数民族、82 名代表来自青年、55 名代表来自南方的干部。第五届国会于 1975 年 4 月 6 日举行了选举，选举产生了 424 名代表，其中来自工人界的代表 93 人、农民界的代表 90 人、知识分子界的代表 93 人、军队代表 28 人、宗教界代表 8 人、少数民族界的代表 71 人、妇女界的代表 137 人、青年界的代表 142 人。第五届国会开展了一年的活动，召开了两次例会，全国于 1976 年 4

月举行了统一以后的越南国家的国会普选。

总的来看，在反美抗战期间，国会行使的权力比反法抗战期间发挥得更好。然而，在反美抗战期间，国会的一些权力在一定的程度上受到客观限制。但是，人民的最高代表机关与政府会议之间的正常关系得以保持。

2. 行政机构的活动及其变化

1965年10月，国会常务委员会批准将教育部拆分成教育部、大学与中专部，将国家科学委员会拆分成国家科学与技术委员会、社会科学院。1973年6月，建筑部与国家基本建设委员会合并为建设部。

1964年至1975年，行政区划发生一些大的变动。1965年4月21日，国会常务委员会批准将一些省份合并成新的省份：北件省和太原省合并成北太省，南定省和河南省合并成南河省，河东省和山西省合并成河西省。在1975年12月召开的第二次会议上，第五届国会决定撤销自治区以及宪法中有关该级别的规定，将一些省份合并成新的省份：高平省和谅山省合并成高谅省，河江省和宣光省合并成河宣省，河西省与和平省合并成河山平省，宜安省和河静省合并成宜静省，安沛省、老街省和义路省合并成黄连山省，南河省和宁平省合并成河南宁省。

为与战争环境相适应，1967年4月1日，国会常务委员会通过了《关于战时各级人民议会、各级行政委员会的选举和组织若干问题的规定》的法令，法令赋予政府会议，依据具体的情况，可以调整各级人民议会每一次选举准备投票和宣布选举结果的时间。推迟召开人民议会会议必须报上级行政委员会批准。由于战时管理工作量增加，法令规定了行政委员会的委员数量比此前有所增加。总的来看，在美国发动战争期间，各级人民议会的每一次选举均得以正常、如期地举行。人民议会的活动得到保持。

（三）1959 年《宪法》的制定及其内容

到了 20 世纪 50 年代末期，在越南北方，社会生活发生了深刻的变化，国家所有制和集体所有制两种形式得以确立，工人阶级成了工厂的主人，社会主义农民集体阶级和知识分子阶层得以形成。统一国家的斗争日益发展。因此，1946 年《宪法》不再与新阶段的形势、任务相适应，需要制定颁布一部新宪法。①

1. 1959 年《宪法》的制定

第一届国会第六次会议颁布决定，于 1957 年 1 月 23 日成立由胡志明主席担任主任的宪法修改委员会。宪法修订的计划包括三个步骤：第一步是对颁布施行的 1946 年《宪法》进行研究，参考各个社会主义国家的宪法和部分具有典型性质的资本主义国家的宪法，起草修改宪法草案。第二步是公示，有组织地征求人民群众的意见。第三步是完善草案，旨在提交国会审议。完成宪法草案以后，自 1958 年 7 月 1 日至 9 月 30 日进行了公示，征求国会代表、中高级干部、各个政党、各个团体、各级政权的意见。约 500 人参与，共提出了 1700 条意见。宪法修改委员会对这些意见进行研究、整理，形成草案的第二稿，1959 年 4 月 1 日予以公布。在连续四个月的时间内，成千上万的人参与了讨论，提出了意见。宪法修改委员会再一次对草案进行了整理，提交国会审议。自成立之日起，宪法修改委员会连续开展工作并先后召开 27 次会议。在 1959 年 12 月 18 日召开的国会第十一次会议上，国会以绝对的一致即出席会议的 206 名代表全部投了赞成票通过了新宪法。1960 年 1 月 1 日，胡志明主席签署敕令予以公布 1959 年《宪法》。

1959 年《宪法》载明了"过去所赢得的革命胜利并且提出了新阶段

① ［越南］黎明新：《国家与法的历史》，越南人民公安出版社 2004 年版，第 488 页。

人民的奋斗目标"①。1959 年《宪法》是越南民主共和国的第二部宪法，是越南第一部社会主义宪法，是抗美救国时期的宪法，是在越南半个国家范围内社会主义过渡时期的宪法。

2. 1959 年《宪法》的内容

1959 年颁布施行的《宪法》包括序言和十章，共计 112 条。

1959 年《宪法》规定了越南的国家性质是"人民民主、以工农联盟为基础、由工人阶级领导的国家"。② 这和 1946 年《宪法》不同，原因是当时的国家任务是团结一切民族力量，争取所有的中间阶层，旨在反对殖民主义，所以，工人阶级的领导权和工农联盟的地位尚未载入 1946 年《宪法》。依照 1959 年《宪法》第 4 条的规定，"越南民主共和国的一切权力属于人民。人民通过国会和由人民选举产生的和对人民负责的各级人民议会行使自身的权力"，越南将其政权组织形式确定为人民议会制。经济与社会制度是 1959 年《宪法》的一个新的章节，第 10 条肯定"国家按照一个统一的计划领导经济活动"。《宪法》确定了在国家所有制和合作社所有制两种所有制形式下，建立生产资料公有制度。关于公民的基本权利和义务，1959 年《宪法》对公民的各种基本权利和义务规定得更加充分，涵盖政治、经济、文化等方方面面。在国家机关体系上，1959 年《宪法》规定，最高国家权力机关是国会。国会的常设机关称为国会常务委员会，且其权限规定得更加充分、具体。越南设国家主席，国家主席是国家的元首。政府是国家的最高行政机关，是最高国家权力机关的执行机关，实行总理负责制。所有的地方政权一律设立人民

---

① ［越南］《越南人民民主共和国宪法（1959）》，越南真理出版社 1987 年版，第 1 页。

② ［越南］《越南人民民主共和国宪法（1959）》，越南真理出版社 1987 年版，第 1 页。

议会，行政委员会不仅是地方国家行政机关，还是同级人民议会的执行机关。① 审判机关体系包括最高人民法院、地方各级人民法院、各级军事法院，在需要的情形下，国会可以成立特别法院。各级人民检察院的体系得以建立，包括最高人民检察院、地方各级人民检察院和各级军事检察院。

四、1954 年至 1975 年越南南方伪政权的法制

美国发动对越南侵略战争后，在越南南方扶持了一个傀儡政权，对越南南方进行了长达 21 年的统治。

（一）"第一共和国"的法制

1955 年 10 月 26 日，以吴庭艳为首的南越伪政权颁布了《临时宪约》，成立了所谓的"越南共和国"并且设立宪法起草委员会，完全撕毁了《日内瓦协定》。1956 年 3 月 4 日，伪政权国会通过了所谓的《越南共和国宪法》。吴庭艳以越南共和国总统的名义公布了该部宪法，1956 年 10 月 26 日颁布施行，目的在于使美国的傀儡伪政权合法化。与此同时，吴庭艳伪政权加紧建设并完善各地的伪政权机构。吴庭艳伪政权后来通常被称为"第一共和国"，形式上是人民性质的政权，实质上是由美国人操纵的傀儡政权。

1963 年 1 月 11 日，在美国的唆使下，一小撮伪军将领发动政变并且暗杀了吴庭艳、吴庭瑈兄弟二人。政变之后，成立了所谓的"革命军人委员会"，虽然它是伪政权的权力机关，但是，事实上，其权力掌握在杨文明将军、伪总统和阮玉诗将军、伪总理的手中。1963 年 11 月 4

① ［越南］《越南人民民主共和国宪法（1959）》，越南真理出版社 1987 年版，第 19 页。

日，该委员会颁布施行了所谓的（第一号）《临时宪约》。1964 年 1 月 30
日，政变再次发生，史称"整理运动"。该政变推翻了杨文明政权，政
变领导人阮庆出任总理兼军队总司令。革命军人委员会更名为军事委员
会，该委员会于 1964 年 2 月 7 日颁布施行了（第二号）《临时宪约》，随
后又于 1964 年 8 月 16 日颁布施行了《宪章》。1964 年 8 月 27 日，杨文
明等人又对军事委员会进行了"整理"，建立了"三头执政"：总统杨文
明、总理阮庆、国防总长陈文善。不久，阮庆将杨文明、陈文善排挤出
政权。1964 年 10 月 24 日，由于美国和对立力量的压力，阮庆不得不下
台，潘克丑出任总统，陈文香出任总理。1964 年 10 月 26 日，军事委员
会颁布《临时宪章》。1965 年 1 月 25 日，军事委员会宣布潘辉括接替陈
文香出任总理。自 1965 年起，在美国的资助下，阮文绍和阮高祺执掌
军事委员会并于 1965 年 6 月 19 日颁布了《临时约法》。军事委员会推
翻了潘克丑、潘辉括，于 1966 年 6 月 6 日成立了由阮文绍担任主席的
国家领导委员会和由阮高祺担任主席的中央执法委员会。1966 年 9 月
11 日，阮文绍、阮高祺组织了立宪委员会的选举。西贡伪政权是一个军
事政权且处于不稳定的状态。

（二）"第二共和国"的法制

1967 年 3 月 18 日，南越立宪国会通过了 1967 年《宪法》。1967 年
4 月 1 日，阮文绍以国家领导委员会的名义颁布施行该宪法。这部宪法
标志着"第二共和国"的诞生。1967 年 9 月 1 日，美伪政权组织总统和
副总统选举，同时还举行了上议院的选举。下议院的选举则于 1967 年
10 月 1 日举行。阮文绍和阮高祺当选为伪政权的总统和副总统。"第二
共和国"是披着人民外衣的军事政权。

1. 伪政权的国家机构

南方伪政权依照总统共和政体予以组织。伪政权颁布施行的两部宪法均引用了三权分立的原则。1967 年《宪法》规定："立法、执法和司法三个机关应当要明确划分职责和权限。三个公权机关的活动应当配合和协调。"①

（1）伪政权国会。南越伪国会是立法机关，在吴庭艳伪政权统治时期实行一院制，阮文绍伪政权统治时期实行两院制，即由人民代表组成的下议院和由议员组成的上议院。国会议员依照普选的方式予以选举。依照伪 1967 年《宪法》，下议院人民代表的任期为 4 年，上议院议员的任期为 6 年且必须 3 年重新选举一半。依照 1967 年《宪法》，国会行使下列职权：表决通过各种法律；批准各种国际条约和协定；决定宣战和议和、决定宣布进入战争状态；在施行国家政策中对政府的工作进行监督；依照统一的程序办理国会议员的当选事宜；在有三分之二的全体人民代表和议员赞成的情形下，有权告诫、撤换部分或者全体政府组成人员，如果总统没有特别的理由予以拒绝则告诫将有效，在总统予以拒绝的情形下、在有四分之三的全体人民代表和议员赞成的情形下则国会有权终止告诫权。

（2）伪总统。伪政权的总统是掌握执法权的人，这在 1956 年伪政权所颁布的《宪法》第 3 条和第 51 条中予以规定。总统的任期为 5 年。伪政权所颁布施行的两部《宪法》均赋予总统很大的权力：颁布各类法律；制定国家政策；任命总理和政府的组成人员，改组部分或者全部政府；任命大使、省长、市长；主持总长会议；任命各军兵种最高总司令；任命国家安全委员会主席；缔结和颁布各类国际条约和协定；通过法令的形式宣布进入紧急、戒严状态。

---

① ［越南］《南越 1967 年宪法》，越南真理出版社 1987 年版，第 1 页。

（3）南越伪政权的司法体系。依照伪政权所颁布施行的两部宪法，关于司法权是这样规定的："可以将独立司法权授权给最高法院并且可以由审理案件的审判长行使。"①依照 1967 年《宪法》，最高法院组成人员由 9 名法官组成。由国会选拔，总统在最高法院和司法部上报的名册上予以任命。最高法院院长任期为 6 年。最高法院行使下列职权：解释宪法，针对各种法律、法令、敕令、决议、行政决定是否与宪法相符进行裁定；针对解散一个有自身主张和从事反对共和政体活动的政党的事宜进行裁定；最高法院宣布关于某一部法律与宪法不符或者解散一个政党的决定必须经过四分之三的全体院长赞成通过。

在阮文绍伪政权的法院体系中，在中央这一级，除最高法院外还有特别法院。特别法院组成人员包括最高法院主席和 10 名人民代表、议员，在涉嫌犯叛国投敌罪和其他各种重罪的情形下，特别法院有权解除总统、副总统、总理、总长、最高法院院长的职权；在地方这一级，设立有普通法院和特别法院。总的来看，普通法院的组织和裁判权基本与法属时期相似，也设有高级法院、重刑法院、初审法院、调解法院、违警法院。特别法院设立行政法院、劳动法院、土地法院、少年法院、赡养法院、民族法院、军事法院。军事法院分为两类：常设军事法院、特别军事法院。

（4）南越伪政权的地方政权。伪政权统治下的南方设下列各级行政机关和地方政权体系：西贡京城、省、市、郡、乡等，其行政首脑是省长、中央直辖市市长、市长；郡：郡长；乡、坊：乡长等，这些职务通常由军队的军官担任。

总的来看，南越伪政权，在国家机构的设置上采用美国三权分立模

① 南越 1967 年《宪法》第 76 条，参见［越南］《南越 1967 年宪法》，越南真理出版社 1987 年版，第 21 页。

式。有两个特点：第一是权力集中于总统。总统不仅独揽了行政权，还控制着立法权和司法权。1956 年《宪法》准许"总统有权要求国会对已经通过的各种法律进行重新审议和投票表决，且在第二轮投票表决中必须记名投票"①，以便吴庭艳伪政权知晓其姓名并对其进行镇压。"在紧急状态下，有权终止一部或者多部法律的效力。"② 实际上，伪总统们肆无忌惮地利用了宪法中规定的对自身有利的条款，特别是可以颁布各种法令的权力。由于把持伪政权机器中从中央到地方的各种重要职务的通常是军队的军官，因此，南方伪政权事实上是一个独裁、军阀政权。第二是南方伪军、伪政权一律立在美国的控制下。在越南南方，美国有一部完整的犹如一个国中之国的"国家机器"。首先不得不提及的是美国驻西贡大使馆，曾经被美国大使 Banco 视为一座"美国位于西太平洋海岸线的白宫馆"，是华盛顿的路线、政策、措施的发源地。在越南南方，还有美国驻越南军事援助指挥部（USMACV）、美国中央情报局（CIA）的网络、美国国际开发署（USAID）和在各级伪军、伪政权中的美国顾问体系。南方的伪政权只是美帝国主义的傀儡政权。

2. 伪政权的立法

在立法上，南越伪政权采用法国模式。在"第一共和国"统治期间，除了 1965 年《宪法》外，吴庭艳伪政权还颁布施行了一些法律。例如，1959 年 1 月 2 日颁布施行的《家庭法》，共计 135 条，是关于下列问题的规定：婚娶、夫妇财产、分居、婚外情、正式子系、婚外子系、立养子。"第二共和国"统治时期，更加大力地推进立法工作，除了 1967 年《宪法》和各种法律外，1972 年 12 月 20 日，阮文绍政权同

---

① 南越 1956 年《宪法》第 58 条，参见［越南］《南越 1967 年宪法》，越南真理出版社 1987 年版，第 17 页。

② 南越 1956 年《宪法》第 44 条，参见［越南］《南越 1967 年宪法》，越南真理出版社 1987 年版，第 13 页。

时颁布施行了下列五部法律:《刑法》《刑事诉讼法》《民法》《商贸法》《民事与商贸诉讼法》。

五、越南南方革命政权的法制

（一）越南南方民族解放阵线阶段的法制（1960年至1969年）

《日内瓦协定》签署后，越共军队撤退至北方，位于南方的各个革命组织不得不转入地下，并从武装斗争转向政治斗争。20世纪50年代末期开始，南方革命运动发展成为遍布南方的起义运动，很快席卷伪政权统治范围内的广大农村。截至1960年末，在南方所有的2627个乡中，人民已经在1383个乡建立了自治政权，同时让上述乡以外的其他乡的伪政权陷入瘫痪状态。解放区的人数约560万人。被美国傀儡吴庭艳伪政权所占领的南方2/3的地方回到了人民的手中。[1]起义运动所取得的具有战略意义的胜利使吴庭艳伪政权摇摇欲坠，由此扩大了革命根据地并且初步在解放区形成人民民主制度。这个胜利使越南南方民族解放阵线诞生并开始履行南方革命政权的职能。

1960年12月20日，在周城县[2]新立乡，越南南方民族解放阵线大会成立，来自各个党派、群众组织、少数民族、宗教、人民阶层的爱国力量的代表出席了大会。大会选举产生了阵线的临时中央委员会。大会通过了阵线的基本政治文件——《宣言》和《行动纲领》。该《宣言》确立了越南南方民族解放阵线的性质，自阵线成立之日起至全国统一之

---

① ［越南］《马列主义胡志明思想研究院资料汇编》，河内事实出版社1990年版，第110页。

② 现为越南西宁省新边县。

日止，团结在南方的一切爱国力量，并在越南南方共和临时革命政府诞生之前履行革命政权的职能。

越南南方民族解放阵线执行两项战略任务：一是争取民族独立，二是土地改革。在革命政权尚不具备在南方举行国会选举条件的情形下，越南南方民族解放阵线的大会实际上已经行使了如同一个战时国会一样的职能。

越南南方民族解放阵线成立后，于1962年召开了第一次代表大会，选举产生了越南南方民族解放阵线正式中央委员会。于1964年召开了越南南方民族解放阵线第二次代表大会。1967年，越南南方民族解放阵线召开了非常代表大会，公布了政治纲领，目的在于在美国日益加紧推行侵略越南的战争的情形下，进一步加强民族大团结。越南南方民族解放阵线中央委员会由阵线代表大会选举产生，是阵线的常务机关，负责动员、组织、检查有关阵线大会提出的一切工作的执行情况。其颁布施行的政策旨在将阵线代表大会制定的各种文件予以具体化并贯彻执行。越南南方民族解放阵线中央委员会的首脑机关是阵线中央委员会主席团，组成人员包括主席和若干名副主席。其直属于阵线中央委员会并且由该委员会选举产生，阵线委员会选举产生的是各个专门委员会，包括军事、经济、财政、新闻-文化-教育、交通、解放区管理、联络、对外等。这些专门委员会和专门会议履行政府的职能。

在地方各级解放阵线委员会方面，1961年末，在中部、中南部、东南部、西南部地区和西贡—嘉定特区总数为41个省、市，其中有38个省、市的各级解放阵线委员会成立。郡、县、乡各级解放阵线委员会同样也在许多地方诞生。

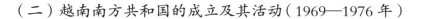

（二）越南南方共和国的成立及其活动（1969—1976 年）

越南南方民族解放阵线不断发展，力量不断壮大，南方革命力量最终成立了越南南方共和国。越南南方共和国是越南共产党领导下的南方临时政府，目的是打败美国侵略者，推翻南方伪政权。

1. 南方共和国中央国家机关

南方国民代表大会于 1969 年 6 月 6 日至 8 日举行，出席会议的代表来自各种爱国力量，包括各政党、各团体、各民族、各宗教、各武装力量、各人民阶层的代表。大会通过了《基本决议》、建立越南南方共和国。越南南方共和国设立从中央到地方的组织机构，遵循民主集中、与战时相适应的原则。政府委员会包括主席、若干名副主席和若干名部长。设有国防部、外交部、内务部、经济-财政部、新闻-文化部、教育-青年部、卫生-社会-伤兵部、司法部。在法律地位和权限方面，依据南方国民代表大会的《基本决议》，临时革命政府是越南南方人民的代表，被赋予行使人民的权力，包括立法、执法和司法，全权调控解决国家的一切对内和对外事务。《基本决议》规定："越南南方共和国临时革命政府是权力高度集中的机关，代表南方全民的意志和愿望，大力开展抗战运动直到赢得完全胜利。"[1] 临时革命政府具有下列具体的权限：

（1）享有战时立法权。依据国民代表大会、民族解放阵线、越南民族、民主及和平力量联盟的各种文件，临时革命政府颁布施行具有立法性质的各种法令。[2]

① ［越南］《基本决议》第 5 条，载《马列主义胡志明思想研究院资料汇编》，河内事实出版社 1990 年版，第 152 页。

② ［越南］《基本决议》第 7 条，载《马列主义胡志明思想研究院资料汇编》，河内事实出版社 1990 年版，第 146 页。

（2）行政权。管理和调控一切公共事务，颁布施行各种决定、指示、通知，统一领导地方各级革命政权，规定革命人民议会和各级人民革命委员会的组织、职责、任务、权限。[①]

（3）司法权。建立法院、检察院等司法机关，规定关于人民法院、人民检察院的组织、权限。

（4）外交权。在对外关系中享有与外国建立外交、经济、文化关系，缔结各种国际条约的权力。[②]

2.南方共和国地方政权

根据《基本决议》，地方革命政权是人民革命议会及其执行机关即在省、市、郡、县、乡成立的人民革命委员会。成立地方革命政权"遵循由人民选举产生、在人民中普选的原则旨在选举产生人民革命议会，在此基础上由人民革命议会选举产生人民革命委员会。在抗战环境中，在尚不具备普选条件的地方则组织召开人民代表大会旨在选举产生人民革命委员会"。[③]

3.越南南方共和国的外交活动

越南南方共和国成立以后，国家的国际威信和对外关系日益增强。临时革命政府在近20个国家设立了大使馆，选派代表进驻一些国际组织，在法国、瑞典、丹麦、芬兰设立了政府的新闻机关。

---

① ［越南］《基本决议》第11条，载《马列主义胡志明思想研究院资料汇编》，河内事实出版社1990年版，第152页。

② ［越南］《基本决议》第7条，载《马列主义胡志明思想研究院资料汇编》，河内事实出版社1990年版，第160页。

③ ［越南］《基本决议》第14条，载《马列主义胡志明思想研究院资料汇编》，河内事实出版社1990年版，第167页。

六、越南社会主义共和国时期的法制（1976 年至 1986 年）

随着抗美救国、争取祖国完全独立的抗战运动的完全胜利，越南完成了国家的统一。统一祖国的政治协商会议于 1975 年 11 月 12 日至 15 日召开。北方代表团由越南民主共和国国会常务委员会选举产生。南方代表团由越南南方民族解放阵线中央委员会、越南南方共和国临时革命政府和临时革命政府顾问委员会选举产生。因此，统一祖国的政治协商会议包括来自全国范围内一切人民阶层的代表。会议协商决定了关于完成统一祖国事业的要求和内容、实现国家统一的步骤和措施。1976 年 4 月 25 日，越南全国人民参与了全国统一国会选举。2300 多万选民参加了选举，比例达到选民总数的 98%。北方参加选举的选民比例是 99%，南方参加选举的选民比例是 98%。此次普选选举产生了 492 名国会代表，其中 80 名来自工人界的代表，100 名来自农民界的代表，54 名来自军队界的代表，141 名来自政治干部界的代表，98 名来自知识分子和民主人士界的代表，13 名来自宗教界的代表，另有 6 名其他代表。

1. 国家立法机关及其活动

1976 年 6 月 24 日至 7 月 3 日召开了全国统一国会的第一次会议。[①]会议通过了《关于国名、国旗、国徽、国歌、首都的决议》。在这部决议中，国会隆重地宣布国名为越南社会主义共和国。国会还通过了《关于在尚未颁布施行新宪法之时国家的组织及其活动的决议》，该部决议规定："越南社会主义共和国中央级的国家组织设有：国会、国家主席和两名国家副主席、国会常务委员会、政府会议、国防委员会、最高人民法院、最高人民检察院。""地方级的国家组织设有下列各级行政组织：省和中央直辖市、县、区、郡、市和省辖市、乡和相同级别的行政

---

① 这次国会会议被该次会议的决议认定为"越南第六届国会第一次会议"。

组织。上述各级行政组织均设有人民议会和执行机关即人民委员会。"①
第六届国会第一次会议具有重要意义，标志着越南统一后的国家政权开
始运行。

2. 国家统一后法律的统一

国家统一后，统一法律成为重要工作。由于特殊的历史环境，1954
年至 1976 年，越南在南方和北方存在三种法律体系：一是北方民主政
权法律体系，二是南方伪政权法律体系，三是南方革命根据地法律体
系。统一法律指的是统一北方和南方革命政权的法律，对于南方伪政权
的法律，则是完全废除。就北方的法律体系而言，虽然还不完整，但已
经颁行了 1959 年《宪法》和许多法律文本。与此同时，北方的社会主
义法律，也不可能完全与刚完成人民民主革命的南方相适应。越南南方
共和国的法律约有 40 部文本，主要是调整人民民主革命时期解放区的
各种社会关系，同样也不可能完全与北方相适应。但在一个已经统一了
的国家中，特别是越南共产党武装斗争取得胜利的情况下，不可能允
许两种法律体系存在。因此，国会于 1976 年 7 月 2 日颁布的决议规定：
"在尚未颁布新的宪法时，越南社会主义共和国在越南民主共和国 1959
年所颁布施行的《宪法》基础上组织和活动。"至于统一其他法律的工
作，国会决定："赋予越南社会主义共和国政府会议督促开展新形势下
各种必需的法律、法令的起草工作，呈报国会或者国会常务委员会通
过。对于越南民主共和国和越南南方共和国现行的法律，越南社会主义
共和国政府会议将出台切合实际的施行说明。"

3. 1980 年《宪法》的制定

越南统一以后，需要制定一部新的宪法。在全国统一国会后的第
一次会议上，国会决定着手制定新的宪法并且选举产生宪法起草委员

① ［越南］《越南国会历史文件》，越南河内事实出版社 1986 年版，第 89 页。

会。在经过一年多的工作后，宪法起草委员会制定出宪法草案。1978年
上旬，有44510名来自党、国家、阵线、军队的中高级干部、国会代
表、省和中央直辖市人民议会的代表对宪法草案进行了讨论，提出24
万条意见。经过第一轮讨论，宪法起草委员会对草案进行了补充、整
理。1979年8月15日公布宪法草案旨在全民讨论、提出意见。经过两
轮讨论，共有1750.4万人参与，其中956万人发表了意见。在宪法草案
共147条的条款中，干部和人民群众提出138条修改、补充意见。在有
选择地接受这些意见的基础上，宪法草案被重新整理。1980年12月18
日召开的第七次会议上，第六届国会审议并通过了新宪法。12月19日，
国家代理主席签署命令公布了新宪法。

　　1980年《宪法》是越南获得民族独立、国家统一后的第一部宪法，
是越南从民主革命过渡到社会主义时期的第一部宪法，是越南社会主义
共和国的第一部宪法。1980年颁布施行的《宪法》包括序言，共十二
章，147条。第一章是关于越南社会主义共和国政治制度的规定。第二
章是关于经济制度、文化、教育、科学、技术等领域的规定；保卫国家
的问题单列一章，体现出越南对国家安全的高度重视。[①]第五章是关于
公民的基本权利和义务的规定。第六章至第十章是关于国家机构的规
定。其中，国会设立了国家议会。国家议会取代此前两个机关即国会常
务委员会和国家主席的职能。国家议会是国会开展正常活动的最高机
关，是越南社会主义共和国的集体国家元首，按照当时东欧的一些社会
主义国家的模式予以设立。在1980年《宪法》中，此前的政府会议更
名为部长会议，此前的行政委员会更名为人民委员会。

　　4.1976—1986年的立法

　　1976年7月2日国会颁布了《关于统一法律和制定新法律事宜的

---

① ［越南］《越南社会主义共和国宪法》，越南真理出版社1981年版，第25页。

决议》，旨在引导现行法律在全国施行。在这部决议中，对越南民主共
和国和越南南方共和国的 400 部法律文本进行筛选并引导在全国统一施
行，包括各种法律、法令、敕令、决定、条例等。这些文本调整了最重
要和最迫切的社会关系，可以立即施行，旨在使国家管理步入正轨，让
各行各业有法可依。1981 年 8 月 27 日，国家议会通过了需要在 5 年中
（1981—1985 年）颁布施行的各种法典、法律、法令的分类目录。其中
有《刑法》《刑事诉讼法》《民法》《民事诉讼法》《劳动法》，还有多部
有关经济、国防、安全、文化、社会等领域的法律和法令。这是当代越
南首次大规模的立法活动。

1976 年至 1986 年，除 1980 年颁布施行的《宪法》外，越南社会主
义共和国共计制定并颁布了 11 部法律、15 部法令[①]和中央政府上百部
行政法规。经国会审议通过的 11 部法律分别是：《刑法》《国会代表选
举法》《国会和国家议会组织法》《部长会议组织法》《人民法院组织法》
《人民检察院组织法》《人民议会和人民委员会组织法》《人民议会代表
选举法》《军事义务法》《越南人民军军官法》《婚姻与家庭法》。

七、越南革新时期的法制

进入 20 世纪 70 年代末至 80 年代初，越南遭遇到了非同寻常且十
分复杂的困难，国家处于严重的经济和社会危机状态：生产停顿、通货
膨胀加剧、人民生活十分困难。面对这种形势，越共六大作了革新的决
定，越南法制进入了新的时期。1986 年 12 月，在党的第六次全国代表
大会上，各种革新观点在党的中央委员会的各种决议中被提出并在 1992
年《宪法》中得以法制化。革新的内容博大精深，其中，法制的革新具

---

① 越南立法者将国会制定的法律文本称为法律，国会常务委员会制定的法律文本
称为法令。

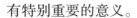

有特别重要的意义。

1. 革新以来的法制指导思想

自越共六大提出"革新"思想以来，越南的法制体现出如下指导思想：坚持马克思列宁主义和胡志明思想基础之上的民族独立和社会主义方向，确保党的领导是革新事业成功的决定因素；及时地将越共的各项主张、决策予以法制化；成功地实施革新路线，使越南成为一个工业化、现代化的国家，实现"民富国强、社会公平、民主、文明"的目标；建设属于人民、来自人民和为了人民的越南社会主义法权国家；加强民主和确保社会公平，确保发展经济与解决各种社会问题协调发展；维持政治稳定和加强国防与安全建设；同步形成社会主义定向市场经济的各种体制并确保社会主义定向市场经济机制畅通无阻、卓有成效地运行；主动融入国际经济；改革法律施行机制，革新法理思维，在国家干部、公职人员和人民中提高尊重和捍卫法律的意识，确保法律的效力。

2. 革新以来的国会及其立法

革新以来，越南国会共经历六次换届，包括第八届国会、第九届国会、第十届国会、第十一届国会、第十二届国会和第十三届国会。越南国会从组织到活动不断健全、完善，在立法上取得了巨大成就，制定了1992年《宪法》、2013年《宪法》及300多部法律、法令，包括中央政府部门规章在内的11000余个规范性法律文件，内容涵盖越南社会生活的方方面面，初步建立起革新体制下的法律体系，为越南革新事业提供了制度保障。

第二节　当代泰国国家与法的演进与发展

一、当代泰国国家的演变

当代泰国国家与法的演变与泰国资本主义商品经济的发展密不可分。蒙固国王和朱拉隆功国王推行的改革使泰国的资本主义生产关系进一步发展，并使西方民主思想得到传播，从而对泰国的法制思想产生巨大冲击，为泰国国家与法的现代化创造了物质和思想的条件。

随着泰国资本主义经济关系的发展，经济基础与上层建筑的矛盾日益尖锐，要求改变君主专制政体的呼声越来越高。1932 年 6 月 24 日，由留学生、青年军官、中下层官员及一些与王室贵族有矛盾的高级官员组成的民党提出"推翻贵族专政""建立君主立宪政体"的口号，发动政变，逮捕了政府的主要官员，控制了首都曼谷的局势，并起草了建立君主立宪制的临时宪法。巴差提国王迫于形势，在临时宪法上签了字。[1] 根据临时宪法，泰国组成了国民议会。这场政变推翻了君主专制政体，建立了君主立宪政体，对泰国的国家与法产生了根本性的影响。但是，随着临时宪法的颁布，民党内部发生了分歧，被推翻的保皇派则力图利用民党的分歧，恢复君主制。[2]1933 年 4 月 1 日，巴差提国王宣布解散国民议会和内阁，并以共产党威胁国家安全为由将主张君主立宪制的民党议员逐出议会，民党被迫解散。就在以国王为首的王室贵族企图复辟君主专制时，以披耶帕凤总理为首的一些参与 1932 年政变的军官，在

---

① 米良：《东盟国家宪政制度研究》，云南大学出版社 2011 年版，第 43 页。

② 米良：《东盟国家宪政制度研究》，云南大学出版社 2011 年版，第 43 页。

1933 年 6 月 20 日再次发动政变,重新恢复国民议会,废除国王 4 月 1
日的复辟令,组成以披耶帕凤为总理的新的立宪政府。同年 10 月,保
皇派率领军队进逼曼谷,立宪政府陆军部长披汶·颂堪率领军队镇压了
保皇派叛乱,巩固了君主立宪政体。巴差提国王见大势已去,随即离开
了泰国。1935 年他在英国发表逊位声明,由其子阿南达·玛希敦继位。
至此,泰国的君主立宪制正式确立,泰国的国家与法也进入当代。

　　进入当代以来,由于泰国人民对佛教及君主的高度认同,加之普密
蓬国王个人的非凡能力和数十年的苦心经营,1932 年以来的君主立宪制
保持了高度稳定,虽然历经多次政变,宪法屡经修改,但其君主立宪的
体制维持至今。如今,普密蓬国王已经驾崩,其子哇集拉隆功已经登基
继位,有人怀疑泰国的君主立宪制是否还能长期维持,但笔者认为长期
以来,君主立宪制已经在泰国深入人心,相信在今后的很长时间内不会
发生根本性的改变。

二、泰国宪制的演变

　　1932 年 6 月 27 日发动政变推翻君主专制的政变组织者颁布的临时
宪法是泰国历史上第一部宪法,同年 12 月 10 日国民议会通过第一部正
式宪法以来,泰国的宪制发生了巨大变化。[①] 每一次修改宪法大多以政
变为前提,反映出泰国各阶层力量对比关系的变化。据不完全统计,自
1932 年以来,泰国已颁布近 20 部宪法,其中 7 部为临时宪法。临时宪
法的过渡时间一般为 1~2 年,但有的临时宪法施行时间较长,如 1959
年沙立执政时期颁布的临时宪法的施行长达近 10 年,直到 1968 年才由
新的正式宪法取代。正式宪法的施行时间长短不一,除 1932 年和 1978
年制定的两部正式宪法施行时间在 10 年以上外,其余正式宪法施行时

---

① 　米良:《东盟国家宪政制度研究》,云南大学出版社 2011 年版,第 43 页。

间仅两三年。泰国自君主立宪以来宪法的频繁更迭，反映出泰国宪制发展的曲折性。[1]

一国的宪制往往决定着一国法律体系的性质、内容和形式。历经数十年的发展，泰国的宪制发生巨大变化，但无论如何变化，有些内容依然无法撼动，难以改变，而一些内容悄然发生改变，尽管缓慢。

（一）国王在国家政治生活中的地位没有改变

泰国的宪法历经近 20 次的修改，但关于国王在国家政治生活中的地位始终未变，相关条款始终不变。泰国国王是泰国国家机构的重要组成部分，属于最高权力机关的范畴并拥有至高无上的地位。[2]1932 年，泰国实行君主立宪制后，国王作为君主立宪政体的标志被保留下来。国王的地位和权力被载入历来的各部宪法，包括现行宪法，均用法律的形式确认国王的地位。现行《宪法》规定："泰王国是以国王为国家元首的民主体制国家。"[3]"国王处于至高无上和备受尊敬的地位，任何人不得侵犯，任何人不得对国王作任何指控。"[4]"国王是佛的信徒和最高维护者。"[5]"国王是泰国的最高统帅。"[6]这些规定清楚地表明了泰国国王的性质和地位。

为协助国王，设立了枢密院帮助国王行使权力。枢密院是国王的咨询机构，其成员由国王任命的 18 位大臣组成，对国王负责。枢密院成员不得同时担任法官、上议院议员、下议院议员、有一定职位和领取薪

---

[1] 米良：《东盟国家宪政制度研究》，云南大学出版社 2011 年版，第 43 页。
[2] 米良：《泰国宪政制度概述》，载《云南大学学报（法学版）》2005 年第 4 期。
[3] 《泰王国宪法》第 2 条。
[4] 《泰王国宪法》第 6 条。
[5] 《泰王国司法》第 7 条。
[6] 《泰王国司法》第 8 条。

水的政府公务员、国有企业职员或政党成员,且不得倾向任何政治派别。枢密院的职责是在国王的职权范围内就国王需要研究的问题向国王提出建议。

在国王不在国内或因某种原因不能料理国事时,国王可以委任一位摄政王,并由国会主席签字接受国王圣谕。在国王没有委任摄政王或因国王尚未成年及其他原因未能委任摄政王的情况下,由枢密院提出一名适当人选,经国会同意后,由国会主席以国王御号任命其为摄政王。[①]

关于王位的继承,泰国宪法规定,于佛历 2467 年(1924 年)制定的《王位继承法》继续有效。宪法还规定,《王位继承法》的修改权属于国王。当国王认为有必要对《王位继承法》做某些修改补充时,可责成枢密院起草修正案。枢密院起草的《王位继承法修正案》呈国会审查批准后,由枢密院主席通知国会主席签署奉谕并在国会宣布,然后由国会主席宣布。在王位出现空缺时,如果国王已经根据《王位继承法》指定了王储,则由内阁将王位空缺及国王指定的王储及时通知国会主席,由国会主席召开国会予以确认,然后恭请王储登基继位,并由国会通告全国。[②]

泰国宪法分别在第二章、第六章、第七章、第八章中规定了国王的权力。概括起来主要有 [③]:

1.法案签署权

任何法案都必须经由国会审查通过。经国会审查通过的法案交由内阁总理在 30 日内呈国王签署御令后才能颁布实施。经国会审查通过并由内阁总理呈国王后,国王未予签署退回国会或超过 90 日退回的,国

---

① 米良:《泰国宪政制度概述》,载《云南大学学报(法学版)》2005 年第 4 期。

② 米良:《泰国宪政制度概述》,载《云南大学学报(法学版)》2005 年第 4 期。

③ 米良:《泰国宪政制度概述》,载《云南大学学报(法学版)》2005 年第 4 期。

会可以重新审议。如果国会审议后坚持原议,并以国会联席会议总人数2/3 以上赞成通过时,再由内阁总理呈国王签署。如国王在接到法案之日起 30 日内未予退回,则可视为国王已经签署同意,内阁总理即可颁布施行。

2. 任免权

上议院议员由国王在知名人士中挑选任命;国王有权在执政党成员中任命执政党领袖,还可在未入阁的政党中任命反对党领袖;上议院和下议院各设主席 1 名,副主席 1~2 名,由国王根据各院决定任命;国王有权任命内阁总理和内阁部长;国王有权根据内阁总理的建议解除内阁部长的职务;国王有权任命副部长级、厅级和相当职位的军政官员;国王有权任命法官。

3. 制定法令、发布命令权

为维护国家安全、公共治安、国家经济的稳定和消除公害等方面的利益,必要时,国王可以制定具有法律效力的规定。这种规定的制定只有在内阁认为情况紧急非这样做不行的情况下才能进行。内阁必须尽快向国会报告,让国会对上述规定进行审查通过。如国会处于休会期,不能等待下次国会例会的召开,内阁可要求召开国会特别会议,以便尽快审查批准上述规定。在下议院不批准,或下议院批准而上议院不批准,或下议院在复议时未能以多数票通过时,该决定即被否决,但在该规定被否决以前对规定的执行仍然有效。如国王的规定废除或修改了某些法律,在规定被否决后,这些被废除或修改的法律应予恢复。如果下议院和上议院都批准了上述规定,或上议院不批准,但下议院在复议时以多数票通过维持国王的规定,则规定继续有效。国王还有权制定与法律不相抵触的法令;有权根据军事管制法的有关规定,根据情况和一定程序宣布执行或取消戒严令;国王有权根据国会的决定宣布战争状态。

4. 外交权

国王有权与世界各国和国际组织签订和平条约、停战条约和其他条约。但任何条约如果涉及改变泰国的疆土和管辖范围的条款时，必须得到国会的批准。

5. 国王有权决定大赦

6. 荣典权

国王有权册封爵衔和赐予勋章，并有权撤销爵衔和收回勋章。

7. 国王有权宣布解散下议院，并决定重新选举

解散下议院由国王发布御令实施。御令规定在 90 日内实行普选，选出新的下议院，并规定全国统一进行选举的具体日期。国王解散下议院，同一理由只能使用一次。

8. 召集主持国会权、召集国会特别会议权

国会由国王召集，并由国王主持开幕式和闭幕式。为国家利益，必要时国王可以决定召开国会特别会议。如果有上下两院议员总数 1/3 联名要求时，国王也可以决定召开国会特别会议。特别会议的会期，会期的延长、闭会等事项也由国王决定。[1]

从泰国的政治实践来看，自 20 世纪 70 年代以来的数次政治动荡均证明国王拥有巨大的权力。1971 年 11 月，他依强行解散议会，废除宪法，禁止各类政治活动，重新施行紧急状态法，引发人民的强烈反对。[2] 1973 年 10 月，泰国首都学生和部分教师要求政府取消紧急状态法，实施宪法，他依以"企图组织共产党叛乱罪"逮捕了一些学生，于是爆发了有史以来规模最大的示威游行，旨在反对军人独裁，争取民主

---

① 米良：《泰国宪政制度概述》，载《云南大学学报（法学版）》2005 年第 4 期。

② 孙玉刚：《当代泰国国王的政治作用及其形成原因浅析》，载《东南亚纵横》1997 年第 1 期。

自由。第二天，示威群众遭到军队开枪镇压，社会急剧动荡。军政界也对他侬、巴博采取的行动不满。经过各方面的紧急磋商，当天晚上普密蓬国王发表电视讲话，宣布他侬辞职，并任命法政大学校长讪耶·探马塞为临时政府总理，下令制定新宪法。[①] 这就是泰国当代史上著名的"10·14"事件。次日，他侬和巴博秘密逃往国外。通过这次事件及后来发生的数次政变，特别是1992年的"五月事件"可看出，国王在泰国的政治生活中有着特殊地位，发挥着不可替代的作用，享有极大权力。

（二）多党制的政治体制没有改变

泰国现行宪法规定，泰国公民有言论、著作、出版、集会、组织政党等权利和自由。除了为维护国家安全及保护他人荣誉、名誉和自由，为维护人民的安宁生活及良好道德风尚，为预防和制止使人民群众的身心健康遭受损害等必须依法采取的措施外，不得限制上述自由。政党的组织、活动及解散依照《政党组织法》办理。实践中，除了在实施紧急状态法期间，政府会宣布某些政党为非法组织予以解散外，政党自由都能够得到很好的保障。

（三）国王的影响力在逐步降低、军队对国家政治生活的影响力依然强大

泰国国王的权力巨大，但从更长的时间段来考察，依然有逐步衰减的趋势。如20世纪90年代对宪法进行的3次修改中，一项重要的内容就是：（1）国会主席由原来的上议院主席兼任改由下议院主席兼任。上议院议员全都由国王任命。（2）国会第二次例会可以提出议案和质询。

---

① 孙玉刚：《当代泰国国王的政治作用及其形成原因浅析》，载《东南亚纵横》1997年第1期。

（3）缩小上议院的权力，其权力仅限于复审国民议会提交的法案草案。

（4）总理必须从议员中产生。此修改意味着国王的权力在缩小。因为原来由上议院主席兼任国会主席，上议院主席是从上议院议员中推选产生的，而上议院议员是由国王挑选的，肯定会忠于国王。国会主席改为由下议院主席担任后，情况发生了变化。下议院主席是由下议院议员中推选的，而下议院议员是民选的，他有可能不会效忠于国王。

经过多次反对军人干政的游行示威引发的暴力冲突后，泰国军人对政治的干预力度逐步减弱，连西方国家也认为泰国走在东南亚民主化进程的前列。20 世纪 90 年代以后，军人执掌国家政权的局面逐步改变。2014 年 5 月 22 日，身为陆军总司令的巴育·占奥差发动军事政变，组建国家维和委员会接管国家权力，泰国军方宣布由陆军司令巴育兼任代理总理，军人再度干预政治。这一事件表明，军队对国家政治生活的影响力依然强大。

第三节　当代柬埔寨国家与法的演进与发展

一、20 世纪 50—70 年代的柬埔寨国家与法

（一）20 世纪 50—70 年代的柬埔寨国家

1953 年 11 月柬埔寨脱离法国的殖民统治，获得独立。根据 1954 年日内瓦会议的安排，独立后的柬埔寨将在国际监察委员会的监督下，于 1955 年举行全国选举组建新政府。时任国王诺罗敦·西哈努克宣布逊

位，将王位让与其父苏拉玛里特后，直接参与竞选。西哈努克组建了人民社会同盟党，由于其具有王室背景，担任国王多年积累了威望，人民社会同盟党发展迅速，党员人数剧增。该党的政治主张是国家、宗教和国王三位一体。1955 年 9 月，大选结果出炉，西哈努克获胜。[①] 他的政党赢得 82% 的选票及国民议会全部席位。西哈努克担任首相并组成新的政府。

1960 年 4 月，国王苏拉玛里特去世，西哈努克拒绝重登王位，让他的母亲哥沙曼王太后继任国王，他辞去首相职务并推动修改宪法。修改后的宪法规定设立国家元首，国家元首拥有君主的权力。同年 6 月，西哈努克就任国家元首。之后的 10 年间，柬埔寨国内政治斗争日趋复杂，国家元首的权力受到挑战。西哈努克自己组建政党挑战王权并参与竞选的行为给反对派起了示范作用。在他担任国家元首后，政党活动日趋活跃，加上军人作为一股新的政治力量崛起，国家权力受到挑战。为控制柬埔寨，美国积极支持军人势力。军人势力增强。1966 年，柬埔寨举行独立后的第六次国民议会选举。军人出身的朗诺胜出，组建新内阁。朗诺继续投靠美国，架空西哈努克，发动政变推翻了西哈努克政权，西哈努克被迫流亡国外。

（二）20 世纪 50—70 年代的柬埔寨宪制

柬埔寨独立后至 1970 年间，柬埔寨的政体是君主立宪制。其间，柬埔寨未颁布新的宪法，而是沿用独立前的 1947 年《宪法》，这是柬埔寨历史上的第一部宪法。1955 年至 1960 年间对 1947 年《宪法》进行过四次修改。这四次修改主要是增加了一些条款，如各省成立省议会以及实行自治的条款；柬埔寨妇女享有选举权并担任公职的条款；规定每当

---

① 王士录：《当代柬埔寨》，四川人民出版社 1994 年版，第 119 页。

不能依据现行宪法遴选国王或摄政委员会时，在国民议会议长召集和主持之下，两院联席会议可依据人民所表达的意志，把国家元首的权力授予全民投票选出的著名人物。[①]1947年《宪法》规定，柬埔寨实行君主立宪制。中央国家机构包括国王、最高王室会议、国民议会、内阁。国王是国家元首和军队统帅，有权颁布法律，解散国民议会，挑选内阁首相，任命内阁成员、司法官员和外交使节。

二、朗诺政权时期的国家与法

1970年3月18日，朗诺集团在美国的支持下发动政变，推翻了西哈努克亲王领导的王国政府。[②]朗诺上台后，进一步投靠美国，美国将越南战争的战火扩大到柬埔寨。朗诺颁布《军事法》，实行宵禁，于1970年宣布废除君主立宪制，建立"高棉共和国"。1972年颁布宪法并举行总统选举和国会选举。

1970年3月23日，被朗诺集团政变推翻的西哈努克在北京发表声明，宣布建立柬埔寨民族统一阵线，联合国内外一切爱国高棉人，开展反对美帝国主义的斗争。同年5月5日，西哈努克与柬埔寨共产党及其他政党达成协议，成立柬埔寨王国民族团结政府。西哈努克任政府主席，柬埔寨共产党领袖乔森潘任副总理兼国防部部长和武装力量总司令。柬埔寨共产党领导的武装力量成为阵线的武装力量。经过5年的抗美战争，取得了胜利。1975年4月17日，朗诺政权瓦解。

由于朗诺政权事实上是美国扶持的傀儡政权，是美国推行国家政策的工具，因此无法得到人民的支持和拥护，其统治时间短暂，仅有5年。

---

① 郑军军：《1955—1970年柬埔寨政治改革研究》，载《东南亚研究》2005年第4期。

② 郭又新：《简析柬埔寨天然橡胶业的发展》，载《东南亚研究》2012年第3期。

三、民主柬埔寨时期的国家与法

随着朗诺政权的瓦解，柬埔寨人民争取民族独立、抵御外来侵略的革命斗争取得胜利。1975 年 9 月，柬埔寨举行了第二次国民大会，通过了 1975 年《宪法》。该国家名称为"民主柬埔寨"，此前的柬埔寨王国民族团结政府随之终结，西哈努克被迫宣布退休。柬埔寨共产党成为唯一的执政党，柬埔寨也成为共产党领导的社会主义国家，实行人民代表大会制度。最高权力机关是全国人民代表大会，最高行政机关是柬埔寨中央政府。

柬埔寨共产党在领导人民开展反抗美国侵略者，维护国家独立、主权及领土完整功不可没，但在执政以后，由于其推行极左的错误政策给人民带来灾难，由此其很快失去民心，加之越南的入侵，柬共政权仅存续 4 年。

四、越南占领时期柬埔寨国家与法

自越南实现南北统一后，产生了建立印度支那联邦的想法并逐步推进，即把法国殖民地时期的印度支那殖民地范围内的土地统一，成立一个由越南人统治的印度支那联邦国家。1978 年 12 月 25 日，越南在苏联的支持下出兵入侵柬埔寨并于 1979 年 1 月 7 日占领金边，扶持韩桑林建立金边政权，宣布成立"柬埔寨人民共和国"，并于 1981 年颁布宪法，进行国会选举，产生了新政府。这个政府由韩桑林成立的柬埔寨人民革命党领导，后人民革命党改名为人民党。韩桑林傀儡政府在苏联和越南的支持下，政权逐步得到巩固，经济有所改善，军事力量日益强大，外交上也得到了数十个国家的承认。

柬埔寨共产党和民主柬埔寨国民军被迫撤退到边境山区打游击。他们汲取了教训，调整了极左的政策，成立柬埔寨爱国、民主、民族大团结阵线，停止了社会主义和共产主义路线，后又解散柬埔寨共产党，改称"民主柬埔寨力量"，也称"红色高棉"，将赶走越南军队作为其政治目标。与此同时，流亡国外的西哈努克和前首相宋双也各自建立起抗越队伍，力量逐步壮大。1982年，上述三股力量在马来西亚首都吉隆坡签署了《民主柬埔寨联合政府成立宣言》，之后，西哈努克宣布成立民主柬埔寨联合政府，由西哈努克任主席，乔森潘任副主席，宋双任总理。该政府成立后，得到国际社会的广泛承认，获联合国确认为柬埔寨唯一合法政府。

由此，柬埔寨形成了上述两股政治力量对峙的局面，导致柬埔寨国内长期混乱，内战不止。

五、联合国参与下的柬埔寨国家

1979年1月越南军队入侵柬埔寨后，联合国大会通过决议，要求越南从柬埔寨撤军，柬埔寨问题应由柬埔寨人民决定。1982年7月，西哈努克、宋双和"红色高棉"三派抵抗力量组成民主柬埔寨联合政府之后，联合国大会又以压倒多数接纳其为柬埔寨唯一合法政府。之后，民主柬埔寨联合政府提出了解决柬埔寨问题的8点建议。主要内容是越南完成第一阶段撤军后，通过谈判，组成以西哈努克亲王为主席的四方联合政府，由联合国观察小组监督协议执行和自由选举。[①]但此后的数年间，柬埔寨敌对双方仍在战场上僵持，加之越南不肯从柬埔寨撤军，和平进程未能有效推进。1990年8月28日，联合国安理会5个常任理事国达成《全面政治解决柬埔寨问题框架文件》，确定了政治解决柬埔寨问题的总原则和方向，包括在柬埔寨组织自由公正的选举等内容。同年

---

① 赵正武：《柬埔寨和平进程大事记》，载《东南亚》1993年第4期。

9月，柬埔寨最高委员会成立，三派抵抗力量各派出2名共计6名代表，金边韩桑林方面派出6名代表。1991年7月16日至17日，柬埔寨最高委员会在北京举行会议，选举西哈努克亲王为主席。[①]1991年10月23日，柬埔寨问题巴黎国际会议复会，柬埔寨最高委员会12名委员以及有关的19国外长共同签署了《柬埔寨和平协定》，持续13年战争至此结束。[②]

1991年10月23日，根据巴黎协定，联合国驻柬临时权力机构和联合国维和部队进驻柬埔寨。但此后民主柬埔寨联合政府退出了和平进程，和平进程再次受阻。在联合国的调停下，1993年5月，在联合国的主持和监督下，柬埔寨成功举行大选。同年，柬埔寨议会通过了新宪法，规定柬埔寨实行君主立宪制，改国名为柬埔寨王国。1993年9月24日，西哈努克在新宪法上签字，重新登基为王，柬埔寨进入一个新的时期。

第四节　当代老挝国家与法的演进与发展

一、当代老挝国家的演变

1954年日内瓦会议作出的协定，意味着老挝从法律意义上获得了独立和主权并结束了法国的殖民统治。协议规定老挝交战各方必须在1954年8月6日上午当地时间8时停战；法国军队及越南盟军在120天内撤

---

① 王士录：《当代柬埔寨》，四川人民出版社1994年版，第134~135页。

② 赵正武：《柬埔寨和平进程大事记》，载《东南亚》1993年第4期。

出老挝；法国发表宣言，承认老挝为独立和主权国家。但是美国并未在协议上签字，并且老挝自由阵线即巴特寮的代表没有参加日内瓦会议。此前，巴特寮已经实际控制了老挝丰沙里省和桑怒省，并在中寮和下寮的阿速坡等省建立了根据地。巴特寮的控制范围占老挝国土将近一半。[①]这导致亲美的卡代政府和巴特寮之间的军事对抗，后来在国际社会的劝告之下才得以停息，并于 1957 年组成联合政府。事实上，美国试图干涉老挝事务。在日内瓦会议之后，美国从政治上、军事上积极介入老挝事务，导致联合政府不到一年便宣告破裂。

20 世纪 60 年代初，美国发动了印度支那战争，老挝也成为美国飞机轰炸的对象。老挝人民不得不拿起武器，开始长期的抗美救国战争。1973 年，美国和越南在巴黎签署《关于在越南结束战争、恢复和平的协定》，紧接着，美军司令也宣布停止对老挝的轰炸。1975 年 6 月，美国军事人员撤离老挝，标志着美国发动的印度支那战争在老挝战场的结束。

1975 年 11 月 29 日，老挝国王西萨旺·瓦达纳宣布自愿退位。之后，老挝爱国阵线召开全国代表大会，接受国王的退位书，宣布废除君主制，废除王国宪法，建立老挝人民民主共和国。

二、当代老挝法律体系的构建

（一）宪法体系的构建

1976 年 1 月 4 日，老挝最高人民议会决定起草新宪法，并成立宪法起草委员会。几经讨论和修改后，1991 年 8 月 14 日，新宪法获通过并于 1992 年生效。在新宪法生效后，老挝人民议会先后制定了《人民

---

① 申旭、马树洪：《当代老挝》，四川人民出版社 1992 年版，第 137 页。

代表选举法》《最高人民议会法》《中央政府组织法》《人民法院组织法》《人民检察院组织法》《地方各级人民议会和人民行政委员会组织法》等宪法性法律文件，这些法律文件构建了老挝的宪法体系。

在老挝的宪法体系中，宪法是核心。1991年《宪法》也是老挝的现行宪法，确立了老挝国家的根本法律制度。该宪法规定，老挝人民民主共和国是人民民主国家。国家的一切权力属于人民，为以工人、农民和知识分子为主体的社会各民族、各阶层服务。老挝各族人民的国家主人翁权力，通过以老挝人民革命党为领导核心的政治制度来保障实现。①老挝的政权组织形式为人民议会制，采取一院制。老挝的国家结构形式是单一制，全国划分为16个省，1个中央直辖市。包括上寮地区的8个省：丰沙里省、琅南塔省、博乔省、乌多姆赛省、琅勃拉邦省、华潘省、川圹省和沙耶武里省；中寮地区的1个直辖市和3个省：万象市、波里坎赛省、甘蒙省和万象省；下寮地区的5个省：沙湾拿吉省、沙拉湾省、色贡省、占巴塞省和阿速坡省。②

老挝执政党人民革命党于1986年决定全面实施经济体制改革和对外开放政策，并在1991年《宪法》中确认了老挝的基本经济制度。宪法规定老挝的经济制度是以多种经济成分并存，发展生产，扩大流通，把自然经济转变为商品经济，加强国家的经济基础，不断提高人民的精神生活和物质生活水平。国家保护和发展全民、集体和个人所有权，保护国内资本家的私人财产所有权和来老挝投资的外国人的财产所有权。政府鼓励各种经济成分相互竞争，相互合作，促进经济和各项建设事业的发展，各种经济成分在法律面前一律平等。国家保护团体和个人所有的合法财产的占有权、使用权、转让权和继承权。对于国家、集体单位

---

① 老挝人民民主共和国1991年《宪法》。
② 米良：《东盟国家宪政制度研究》，云南人民出版社2011年版，第122~123页。

所有的土地，国家依法保护其使用权、转让权和继承权。关于经济管理，实行由国家指导的市场经济体制，实施中央集中统一管理和地方合理分工负责相结合的原则。[1]国家鼓励和引导在相互尊重独立、主权和平等互利基础上以各种形式发展同外国的经济关系。[2]

1991 年《宪法》确立了现行国家机关体系。中央国家机关包括最高人民会议、国家主席、国务院、最高人民法院和最高人民检察院。地方国家机关包括地方人民会议、地方各级人民行政委员会、地方各级人民法院和人民检察院。

这些制度施行至今，并未发生太大的改变。老挝宪法的稳定，表明老挝社会制度和社会秩序的稳定。

（二）老挝当代法律体系的构建

当代老挝共出现过两种法律体系：一是 1947 年至 1975 年的君主立宪下的法律体系；二是 1975 年至今的人民民主法律体系。

1. 1947—1975 年法律体系

这一时期的法律体系是带有殖民地色彩的君主立宪法律体系。1947年 5 月 11 日，老挝国王西萨旺·冯颁布宪法，这是老挝历史上第一部宪法。这部宪法确定了老挝从 1947 年至 1975 年间法律体系的框架和主要内容。宪法规定，老挝国王是老挝的国家元首、三军总司令、老挝佛教最高精神领袖。西萨旺·冯决定成立国民议会和内阁，内阁对议会负责。国民议会由选举产生，每四年改选一次。国王有权解散国民议会。[3]

---

[1]　老挝人民民主共和国 1991 年《宪法》，参见《越南缅甸老挝现行法律选编》，米良、梁斌译，云南人民出版社 1993 年版，第 909~920 页。

[2]　米良：《东盟国家宪政制度研究》，云南人民出版社 2011 年版，第 136~137 页。

[3]　米良：《老挝人民民主共和国经济贸易法律指南》，中国法制出版社 2006 年版，第 25 页。

内阁首相即各部大臣经国会 2/3 多数同意后由国王任命。

这部宪法还规定老挝是法兰西联邦中的一员。这意味着法国此前在老挝施行的法律继续有效，法国法依然是老挝法的渊源之一。这使老挝法律体系在这一时期仍然带有殖民地色彩。

2. 1975 年至今的法律体系

1975 年之后的法律体系是人民民主的法律体系。1975 年 12 月，老挝人民议会通过决议，宣布废除君主立宪制，建立人民民主共和国。国王西萨旺·冯宣布退位，王国宪法同时废止。这标志着老挝新的人民民主法律体系的开端。

老挝新的法律体系的建立经过了一个漫长的过程。老挝新宪法从 1975 年开始起草，直到 1991 年才得以完成并通过，表明在这一期间老挝各阶层政治力量的对比和博弈。新宪法颁布以来，以宪法为基础，经过 20 多年的时间，老挝已经逐步制定一系列法律文件。老挝国家政治、经济、宗教和社会文化各个方面的社会关系均由法律来调整，习惯法适用的范围越来越小，初步建立起基本完备的以人民革命党为领导，以人民民主专政为政治基础，以市场经济为经济制度的法律体系。

第五节 当代缅甸国家与法的演进与发展

缅甸独立后至今的国家，先后经历吴努时期（1948—1962 年）、奈温时期（1962—1988 年）、军政府时期（1988—2008 年）、民主时期（2008 年至今）。其间政权更迭频繁，政治混乱，体现出缅甸国家政治、经济、民族、宗教问题的复杂性。

一、吴努时期的缅甸国家与宪法

1947 年缅甸临时政府成立后，缅甸临时政府同英国政府就移交权力和未来的英缅关系等问题，在仰光和伦敦进行了多次谈判，双方签订了《昂山—艾德礼协定》。该协定的签订激起了缅甸人民的愤怒，昂山不得不改变了妥协的路线。1947 年 4 月，自由同盟在制宪会议选举中获胜。6 月 16 日，制宪会议通过缅甸独立法案，要求完全脱离英国联邦。7 月 19 日，英国殖民主义者唆使反动政客吴素[①]制造了"7·19"事件，昂山遇害。[②]7 月 21 日，以吴努为主席的行政委员会诞生。缅甸历届政府与英国在仰光和伦敦进行多次谈判。在缅英谈判期间，缅甸民族独立运动领导人和其他各界人士代表组成制宪委员会，共同为独立的缅甸起草了一部宪法，成为缅甸作为主权国家后第一部宪法。该宪法是缅甸人民长期争取民族独立斗争所取得的成果。1947 年 10 月 7 日，缅英双方签订了《缅英条约》，英国被迫承认缅甸联邦为完全独立自主的国家。[③]

缅甸于 1948 年 1 月 4 日取得独立后，自由同盟的吴努担任总理，开启了缅甸独立以来的第一个时期。缅甸独立后，以吴努为首的政府实行多党民主议会制。具体而言，国会是最高立法机关，分为上下两院，上院为民族院，下院为人民院。总统为最高元首，并由两院选举产生。独立后的缅甸，由于经济遭受破坏及内部纷争不断，人民盼望的和平一直无法实现。1950 年发生大规模的内战，连自由同盟也在 1958 年发生

---

① 　吴素，生于缅甸达雅瓦底县。1938 年创建爱国党。1939 年任殖民地政府部长，1940—1941 年任殖民地政府总理。1946—1947 年任英属缅甸总督行政委员会委员，后来吴努政府以"买凶刺杀昂山"的罪名判处其死刑，于 1948 年 5 月执行死刑。

② 　古小松：《东南亚：历史、现状、前瞻》，中国出版集团、世界图书出版公司 2013 年版，第 244 页。

③ 　米良：《东盟国家宪政制度研究》，云南大学出版社 2011 年版，第 155~156 页。

分裂。1960 年，缅甸举行大选，吴努再度当选总理。1962 年，奈温将军发动政变，推翻了吴努政府，废除了联邦宪法，成立"缅甸联邦革命委员会"，实行军人统治。

缅甸 1947 年《宪法》是缅甸历史上第一部宪法，共十四章，234 条。该宪法详细规定了缅甸的国家性质、公民的基本权利、三权分立的国家政治体制、直贡体制和以联邦制处理少数民族邦与中央的关系等重大问题。

二、奈温时期的缅甸国家与宪法

1962 年 3 月，以奈温为首的军人集团以"防止某些少数民族分裂出去"为由，接管政权，成立"革命委员会"，对全国实行军事统治，建立了以革命委员会为核心的缅甸社会主义纲领党一党统治的政治体制。将国名由"缅甸联邦"改为"缅甸社会主义共和国"，之后随即废除早先颁布的《缅甸联邦宪法》，议会被解散。

1974 年 1 月 3 日，在缅甸联邦革命委员会的主持下，缅甸举行了一次全国公民投票，通过了《缅甸联邦社会主义共和国宪法》，名义上将政权交给人民议会，但实际上国家政权仍然掌握在以奈温为首的高层军人手中。[1] 该宪法规定，国家政体采用人民议会制，人民议会是唯一的立法机关。国务委员会主席即国家总统。国务委员会下设部长会议、人民司法委员会、人民监察委员会和人民检察委员会。

奈温时期，奈温等领导人宣称要把缅甸建设成一个没有人剥削人的社会主义国家，但由于对外封闭，军人当政，实行不符合缅甸国情的政策，加之民族问题严重，在奈温和社会主义纲领党统治的 26 年里，缅甸没有获得多少发展，人民的生活水平没有得到改善，缅甸日益落后于

---

① 陈明华：《当代缅甸经济》，云南大学出版社 1997 年版，第 7 页。

泰国等国家。1988年，由于多种因素的影响，缅甸再度出现经济危机，物价一度上涨400%之多，城市贫民和靠政府薪水生活的人无法承受，生活状况急剧恶化。[1]同年3月，一贯敏感的学生开始以一件偶发的殴打事件聚众向政府示威，一些市民也加入其中。政府动用警察镇压示威的学生和群众，使事态暂时平息。6月，缅甸又爆发了更大规模的、持续时间更长的骚乱。在这一次反政府示威中，以学生、知识分子为首的示威者不仅提出经济改革的要求，还提出政治改革，即废除一党制、实行多党制和民主化的要求。为避免事态扩大，7月3日，缅甸社会主义纲领党仰光省党部和省人民委员会联合召集了77个镇区的经营和批发副食品的商人举行了座谈会。当晚，缅甸官方承认物价失控，但把物价上涨完全归咎于私商唯利是图，避开了政府在经济政策方面存在的问题，导致群众对政府的不满加剧。7月23日，缅甸社会主义纲领党召开紧急会议，讨论缅甸面临的问题。出人预料的是，奈温在会上宣布辞职，并提出在缅甸举行一次全国范围的公民投票来决定实行一党制还是多党制。继任者盛伦由于采取政治上的强硬立场，上任仅18天就被迫辞职。接着，貌貌上台执政，虽然他采取了一些怀柔政策，如宣布政府同意实行多党制，不必就此举行公民投票，并将直接举行大选等，但此时群众已经失控，无法接受，强烈要求貌貌下台，立即组织临时政府。在缅甸国内局势急剧恶化的情况下，9月18日，以缅甸军参谋长苏貌为首的一批军人宣布成立"国家治安建设委员会"，以军政府的形式接管了政权，同时宣布全国实行军管。在武力弹压下，缅甸局势才逐渐平息下来。[2]

---

[1]　米良：《东盟国家宪政制度研究》，云南大学出版社2011年版，第163~164页。

[2]　米良：《东盟国家宪政制度研究》，云南人民出版社2011年版，第134页。

三、军政府时期的缅甸国家

（一）军政府的政治改革

军政府上台后，一些旧的行政制度和行政区划仍旧保留。政府各部的建制及部以下官员未发生较大变动，司法也仍按照原有秩序运行，但缅甸最高权力机关"人民议会"和最高行政机关"部长会议"被解散了，代之以"国家治安建设委员会"，原先上述机构的权力均归于由国家治安建设委员会所产生的军政府。国家治安建设委员会主席苏貌身兼总理和国防部长、外交部长等数职，仅卫生部长兼教育部长是文职，其余均由军人兼任。

缅甸军政府用武力平息事态后，立即宣布废除 1974 年《宪法》中关于缅甸社会主义纲领党是缅甸唯一合法政党的规定，接着公布了《缅甸政党注册法》，允许组建其他政党。为体现民主与民族团结，军政府于 1989 年 4 月颁布了《国名修改法》，9 月改国名"缅甸联邦社会主义共和国"为"缅甸联邦"。

为准备大选，军政府协助成立了多党制民主大选委员会，下设省、区、街区大选委员会，负责监督筹划大选工作，进行政党登记。随着党禁的开放，缅甸各种势力纷纷组党，准备参加大选。到 1989 年 2 月 28 日政党登记截止日，共有 233 个政党进行登记，但有实际影响的政党只有 2 个，一个是民族团结党，另一个是由反对派联合组成的全国民主联盟。

（二）缅甸主要政党

缅甸民族团结党即原来的缅甸社会主义纲领党。在 1988 年接连发生政治事件的背景下，纲领党主席奈温等人突然辞职，使该党遭受重大打击。在接下来的"八月风暴"进一步冲击下，许多纲领党党员纷纷退党，该党事实上已经陷入瘫痪。1988年9月军政府上台后，又宣布全体军人退出纲领党。由于纲领党名声狼藉，且缅甸社会主义在缅甸已经不得人心，遂于9月26日改名为"民族团结党"，并宣布了新制定的政治纲领。

缅甸全国民主联盟成立于1988年9月24日，昂季担任第一任主席。同年11月，昂季因同其他领导人发生严重分歧而退出，由丁吴继任主席职务，由英国回来的昂山素季任总书记。全国民主联盟成立后大量发展党员，到大选前据称已经有200万名党员，成为反对派政党中人数最多、力量最强的政党。

在大选前，全国民主联盟在其政策声明中强调将"坚定不移地执行真正主动和独立的外交政策"，主张在国际事务中摈弃自我孤立的政策，同各国发展互利的经济关系。在对待国内民族问题上，主张在承认民族平等权利的前提下，优先解决他们之间存在的问题，以维护国内和平与稳定。在政治上，反对缅甸军人集团的独裁统治。在经济上，主张以"自由经济体制取代缅甸社会主义经济体制"。针对这些纲领，军政府公布了《议会选举法》等法律文件，严密监视反对党的活动并以整顿出版业为名，查收各种反政府宣传品，多次在新闻发布会上抨击反对派的言行，甚至拘捕一些政党活跃分子。军政府名义上要求军警等武装力量保持中立，不准与任何党派有牵涉，但希望看到民族团结党获胜。

（三）军政府与民盟的博弈

1990年5月27日，军政府许诺的大选如期举行，选举的结果出乎军政府的预料。缅甸最大的反对党全国民主联盟赢得了485个议席中的

396 个，获得了压倒多数的胜利，不太著名的掸邦少数民族民主同盟和若开邦民主同盟也分别以 23 席和 11 席位居第二位、第三位，民族团结党仅获得 10 个议席，位居第四。① 根据《议会选举法》的规定，新的政府将由在大选中获胜的政党组成。② 大选揭晓后，全国民主联盟立即致函军政府，要求其迅速将政权移交，同时释放昂山素季，并让她代表该党与之就权力移交问题进行会晤。因军政府镇压而逃往边境的"全国学生民主阵线"以及由主要反政府武装结成的"民族民主统一战线"都声称，军政府如果不交权，就要加强他们的军事攻势；如果军政府交权给全国民主联盟，他们就放下武器，回到内地。美、英等西方国家和印度也敦促苏貌政府迅速交权。但是，军政府提出，在大选后先召开议会会议，起草一部新宪法，并由议会通过后方能交权。早在大选前夕，国家治安建设委员会第一秘书钦纽在对军官发表讲话时就声称，军队将继续掌权，直到 5 月大选后出现一个"强有力的政府"而且首先应制定一部新宪法。③

针对军政府的言论与行为，1990 年 6 月 1 日，缅甸全国民主联盟召开了第一次全国代表大会，会议讨论了寻求和平解决国内不安定因素的措施问题。6 月 28 日和 29 日，召开了中央委员会会议，会议要求军政府释放昂山素季及丁吴，并宣称将由昂山素季率该党代表团与军政府就交权问题举行会谈。由于军政府和大选获胜的全国民主联盟在移交政权问题上无法达成一致，双方在大选后矛盾进一步激化，军政府对民主联盟和其他反对党的态度也越来越强硬。④ 1990 年 7 月 27 日至 29 日，全

---

① 米良：《东盟国家宪政制度研究》，云南大学出版社 2011 年版，第 164 页。

② 米良：《试析缅甸大选以来外国投资制度的变化》，载《云南大学学报（法学版）》2014 年第 1 期。

③ 米良、陈志波：《缅甸经济法研究》，云南大学出版社 2005 年版，第 8 页。

④ 米良：《东盟国家宪政制度研究》，云南人民出版社 2011 年版，第 164~165 页。

国民主联盟当选人集会于仰光，发表演讲，要求于9月举行立法会议，军政府对此要求置之不理，军方又逮捕了几名全国民主联盟领导人并在城市中增派了军队。

1990年8月27日，曼德勒8000多名僧侣为纪念1988年反政府示威中的死难者，决定拒绝为军属举行宗教仪式和不接受军属的布施，缅北其他一些城镇也效法，并要求苏貌就此道歉。10月18日，军政府发布命令，认为此举属"非法"，是政治行为，限僧侣于3天内取消这种活动，最后僧侣被迫取消了抵制。10月30日，军政府下令，今后全缅只允许有一个僧侣组织，其余均属非法。在此期间，苏貌和钦纽分别发表讲话，警告反对派政治领导人不要对军政府施加太大压力，强调军政府无意交出政权，除非根据选举法程序起草一部新宪法并得到各民族的同意。在国内政治形势非常严峻的情况下，1991年3月27日，苏貌在缅军建军46周年大会上发表讲话，指责全国民主联盟搞分裂活动，破坏国家安定，投靠叛乱组织。苏貌说："其实认真说来，这个政党的当选名义上虽然占了多数，但实际上只获得全国投票人数的38%的选票，因此，他们绝对代表不了人民。然而，就是这个政党却一再宣称，要由该党的少数人制定一部临时宪法，然后接管政权。我们要说，想利用临时宪法掌权，休想！"[1]1991年5月1日，苏貌又在五一节讲话中说："将继续努力起草和颁布一部宪法。在一部强有力的宪法出现之后，军政府将按宪法程序系统地交权。"[2]从苏貌的这些讲话来看，军政府仍表示最终要交出政权，但未说何时交权，更没有说要把政权交给全国民主联盟。

在军政府的压力下，全国民主联盟也开始分化，其内的保守派已控

---

[1]　米良：《东盟国家宪政制度研究》，云南大学出版社2011年版，第165页。

[2]　米良：《东盟国家宪政制度研究》，云南大学出版社2011年版，第165页。

制了该党，新的中央执行委员会已将昂山素季等人排除在外。与此同时，一些反对党也表示妥协，如在大选中得票数居第二位的掸邦少数民族民主同盟已表示将不参加今后由全国民主联盟组成的政府，并拒绝加入全国民主联盟。在制定新宪法的问题上，该组织还公开表示不愿与军政府和军队发生冲突。①

1991 年 7 月 10 日，缅甸国家治安建设委员会颁布《缅甸大选法修改法案》。主要内容是：第一，在 1990 年 5 月 27 日举行的大选中当选的议员，凡背叛国家或违反国家治安条例者，将一律被取消议员资格，并禁止今后 10 年内参加竞选。第二，当选议员凡道德败坏或生活作风堕落者，均将被取消议员资格，并禁止今后 10 年内参加竞选。第三，当选议员凡拒绝上报其参加竞选经费开支者，也将被取消议员资格和禁止今后 10 年内参加竞选。舆论认为，军政府此举的目的是防止全国民主联盟的人再度参加竞选。认为缅甸军政府虽然尚能稳定政局，但国内外要求还政于民、组建文官政府的呼声此起彼伏，有鉴于此，为了不使军队地位下降，军政府便采取修改选举法的方法拖延交权，运用法律手段继续打击反对党，为今后组建听命于军队的文官政府扫清障碍。

大选前即被军政府软禁，继而又被排挤出缅甸全国民主联盟的昂山素季在当时仍有很大的影响力。军政府对她的软禁遭到西方特别是美国的强烈反对，他们不断向缅甸军政府施加压力。1991 年 7 月，西方国家授予昂山素季"欧洲议会奖"，10 月 2 日授予其"诺贝尔和平奖"。在此期间，时任联合国秘书长的佩雷斯·德奎利亚尔致信苏貌，要求解除对昂山素季的软禁。②同时，缅甸仰光大学学生连续两天举行抗议集会，要求缅甸军政府释放昂山素季，军政府使用武力平息了事态。该年年

① 米良、陈志波：《缅甸经济法研究》，云南大学出版社 2005 年版，第 9 页。
② 米良：《东盟国家宪政制度研究》，云南大学出版社 2011 年版，第 166 页。

底，缅甸全国民主联盟以昂山素季与外国有联系和得到外国支持为由将她开除出党。

为稳住政局，缅甸军政府在对"合法的"反对派力量进行打击、压制的同时，对反政府武装也采取了"一打一拉"的策略。1991年5月，军政府对原先被取缔的8个反政府组织重新给予合法地位。对于继续从事反政府活动的其他反政府武装，军政府则继续予以清剿。此后，缅军队又对克伦反政府武装等组织发动了几次战役，对反政府武装施以进一步的打击。

由原缅甸社会主义纲领党演变成的民族团结党，虽然得到军政府的暗中支持，但仍然在大选中败绩。大选后，民族团结党合并了工人团结协会、农民团结协会等组织，提出要加强组织、扩大成员。该党还多次召开会议，总结大选失败的教训，但仍未获得民意的支持。

有鉴于此，自1991年后，苏貌军政府进行了小范围调整。1991年年初，苏貌不再兼任外长。3月，苏貌又辞去国防部长一职，由丹瑞上将继任。1992年4月23日，缅甸国家治安建设委员会宣布，苏貌因健康原因辞去职务，由丹瑞接任国家治安建设委员会主席和总理的职务。丹瑞执政以后，基本上沿袭了苏貌的政治纲领。缅甸政府于1993年1月召开制宪国民大会。在大选中获得绝对多数议席的全国民主联盟应政府之邀派代表参加了当时的国民大会，但在一些会议程序和制宪原则上与政府产生严重分歧，并于1995年年底退出国民大会。因此，缅甸制宪国民大会于1996年3月休会。

（四）制定新宪法

1996年，缅甸国家治安建设委员会决定成立宪法起草委员会，着手起草新宪法的工作。但军政府并不愿意把权力移交给获胜的全国民主联盟。1997 年 11 月，为巩固政权、扫除高层腐败现象和解决国家经济困难，履职 9 年的国家恢复法律和秩序委员会被解散，其职能由新成立的国家和平与发展委员会取代。

进入 21 世纪以后，缅甸的宪制发展似乎有了新的转机，军政府与全国民主联盟的关系有所缓和。缓和的标志是军政府在 2002 年 5 月无条件解除了对全国民主联盟领导人昂山素季的软禁。但 2003 年 5 月，全国民主联盟举行了 1990 年大选获胜 13 周年纪念大会，会上呼吁政府尽快召开人民会议，兑现 1990 年大选结果。其间发生武力冲突，造成伤亡，史称 "5·30" 事件，昂山素季再次被军政府软禁，引起国际社会的重大关注，多国发表声明，要求军政府释放昂山素季。在国际国内的压力下，军政府被迫进行改革。主要改革措施有两项：一是改组内阁，丹瑞不再担任总理职务，改由钦纽上将担任；二是提出缅甸民主进程七步 "路线图"。这七步 "路线图" 是：第一步，重新开始 1996 年中断的国民大会；第二步，召开国民大会，逐步建立民主制度；第三步，起草新宪法草案；第四步，召开全国代表大会通过宪法草案；第五步，按照新宪法举行大选以选出议会；第六步，召开议会；第七步，选举国家领导人。

2004 年 5 月 17 日，休会 8 年的缅甸制宪国民大会 17 日在距仰光 40 多公里的鸟那彬正式复会，这表明缅甸政府开始启动民主进程七步 "路线图" 至关重要的第一步。缅甸国家和平与发展委员会副秘书长兼国民大会召集委员会主席登盛中将在大会开幕式上敦促与会代表以国家和人民利益为重，摒弃个人崇拜、政党至上、地区主义和民族主义，按照既定的六项目标原则讨论确定休会前尚未讨论的宪法章节的具体原则，努力产生一部能够走向有纪律民主、经得起时间考验的新宪法。缅甸各界 1000 多名代表应政府邀请参加大会，但缅甸最主要的反对党全国民主联盟拒绝与会。全国民主联盟日前发表声明称，抵制国民大会的原因包括政府拒绝释放全国民主联盟总书记昂山素季和副主席丁吴等。①

2006年10月10日，确定制宪原则的缅甸国民大会在休会6个多月后在仰光市远郊鸟那彬复会。缅甸国家和平与发展委员会第一秘书长、国民大会召集委员会主席登盛中将在开幕式上强调，缅甸军政府正在按照民主进程七步"路线图"计划，努力进行民主改革，以建立一个和平、现代和发达的国家。②登盛说，军政府一直注重努力产生一部能够确保缅甸联邦稳定、发展和永固的新宪法。新宪法应避免过去几部宪法的欠缺，真正确保联邦完整、民族团结和主权永固。他说，国民大会本阶段会议将通过各级议会之间关系、公民权利和义务、军队作用的立法细则，还将讨论新宪法的剩余章节。来自政党、1990年大选当选代表以及各界人士等1000多人出席了当天的开幕式，但主要反对党全国民主联盟继续抵制国民大会。③

2007年7月18日，缅甸国民大会举行最后一次复会，在历经45天的讨论之后落下帷幕。这次会议审议了宪法草案15章中的7个章节，同时修改了一些此前被认可的部分，确定了关于选举、政党、国旗、国歌、制宪原则等内容。新的制宪原则规定，缅甸未来国名为缅甸联邦共和国，实行总统制，设立民族院和人民院，实行多党议会民主制度及市场经济。④

2008年2月9日，缅甸军政府宣布将于2008年5月举行新宪法全

① 张云飞：《缅甸今日恢复中止8年之久的制宪国民大会》，http://news.sina.com.cn/w/2004-05-17/17352553698s.shtml，访问时间：2023年10月5日。
② 马金案：《东南亚大事记》，载《东南亚纵横》2006年第11期。
③ 张云飞：《缅甸国民大会复会，主要反对党拒绝参加》，载《人民日报》2006年10月11日。
④ 扈琼瑶：《2007年的缅甸政治经济形势》，载《东南亚》2008年第1期。

民公决、2010 年举行新的大选。这是军政府自 2003 年 8 月提出民主进程七步"路线图"计划以来第一次明确提出民主化的时间表。军政府此举受到联合国和东盟的肯定。[1] 2 月 19 日，缅甸宪法起草委员会宣布已完成新宪法草案。2 月 26 日，军政府颁布《缅甸联邦共和国宪法草案全民公投组织法》，对公投的组织机构、人员安排、公民投票资格、权利与义务、投票和计票规程、违法惩处措施和财政支持等方面作了详细规定。明确规定故意破坏公投设施、煽动民众抵制公投者将被判刑 3 年以下或处 10 万缅元以下罚款。5 月 10 日，缅甸全国 325 个镇区中除因受飓风袭击而推迟公投的 47 个镇区外，其余 278 个镇区都顺利进行公投，没有发生骚乱。第二阶段的公投于 5 月 24 日在仰光省和伊洛瓦底省的 47 个镇区顺利举行。这一方面反映了军政府掌控局势的能力，另一方面反映了缅甸的特殊国情、缅甸民众面对巨灾特殊的忍耐力和对公投的特殊心态。5 月 26 日，缅甸联邦新宪法全民公决委员会宣布，在全民公决的两个阶段，经投票，新宪法通过，两个阶段的实际投票率为 98.12%，其中 92.48% 的人投了赞成票。5 月 29 日，缅甸官方电台和电视台宣布新宪法经过全民公投和最高领导人丹瑞签署，正式生效。[2]

作为民主进程七步"路线图"计划的一部分，缅甸军政府宣布 2010 年 11 月 7 日，根据新宪法举行的多党制大选如期举行。共有 37 个政党参加大选，选举选出了 1000 多名联邦议会议员和省邦议会议员。2011 年 2 月 4 日，吴登盛当选为缅甸联邦共和国总统。至此，自 1988 年以来长达 20 余年的军政府时期宣告结束，缅甸宪政进入一个新的时期。

---

[1] 贺圣达：《2008 年的缅甸：纳尔吉斯风暴、新宪法公投和政治发展走向》，载《东南亚纵横》2009 年第 2 期。

[2] 贺圣达：《2008 年的缅甸：纳尔吉斯风暴、新宪法公投和政治发展走向》，载《东南亚纵横》2009 年第 2 期。

第六节　当代马来西亚国家与法的
演进与发展

一、马来西亚独立以来的宪制

在马来亚联邦独立之前，英国殖民者已于 20 世纪 50 年代通过了一些宪法性法案。二战结束后，英国政府为改变战前对马来半岛各邦实行"分而治之"的政策，策划成立统一的马来亚，于 1946 年 1 月公布了《马来亚和新加坡——关于未来的宪法的声明》（白皮书）。其主要内容是：将战前分散的海峡殖民地、马来联邦和马来属邦行政管理权集中起来，组成一个英属殖民地的马来亚联邦；新加坡从战前的海峡殖民地划分出来，成为英国的直属殖民地；马来亚联邦和新加坡都以英国委任的总督为最高统治者，同受英国在东南亚的最高总督管辖。[①]马来亚联邦设中央政府，下设行政会议和立法会议，总督是这两个会议的主席，拥有最后决定权和否决权；各州苏丹只保留处理宗教和习俗上的权力；凡在新加坡、马来亚联邦出生或在新加坡、马来亚联邦居住一定期限的人均可获得公民权。由于英国人企图通过政制"改革"，强行对新、马实行分治，加强中央集权统治，反对人民的独立要求，继续维护殖民统治，因此该白皮书一公布即受到包括各州苏丹在内的各族人民的反对。

1946 年 12 月，英国当局在与各邦苏丹密商后，提出《马来亚政制建议书》（蓝皮书），以"马来亚联合邦"替代"马来亚联邦"。

20 世纪 50 年代，随着马来亚独立进程的推进，制定一部独立宪法

---

① 米良：《论马来西亚宪政制度的特点》，载《学术探索》2009 年第 6 期。

的工作提上了议事日程。1956 年 3 月，以东姑·拉赫曼为首的联合邦政府代表团同英国政府签订一项协议，准许马来亚联合邦于 1957 年 8 月 31 日前独立，同时双方指派了一个宪法委员会负责起草新宪法，1957 年 5 月，双方就新宪法的内容与形式达成了原则协议。经过此次协议，宪法草案首先获得各州苏丹会议与联邦行政会议的通过。联合邦立法议会亦于 7 月 11 日通过。经由英国国会上下两院先后通过，《马来亚联合邦宪法》的制定程序宣告完成，并于 1957 年 8 月 27 日正式公布。1963 年 9 月 16 日，马来西亚联邦成立，《马来亚联合邦宪法》即改名为《马来西亚联邦宪法》。①

此后，马来西亚联邦会议以宪法修正案形式多次对宪法进行修订。在马哈蒂尔时代，几次重要的修订宪法的内容是：1983 年《宪法修正案》将联邦法院改名为"最高法院"（1994 年又改称"联邦法院"），一切案件（包括民事案件）不再上诉英国枢密院；最高元首宣布紧急状态，必须经总理提出建议，不得单方面行使这一权力。最高元首拒绝签署该《宪法修正案》，政府和王室经过数月谈判后终于达成妥协。1983 年 12 月 15 日，副元首代表最高元首签署了该项修正案。1984 年 1 月召开的联邦议会会议又通过一项新的修正案，恢复了最高元首可以根据自己的意愿宣布紧急状态法令的权力。1984 年《宪法修正案》规定，最高元首对议会呈递的法案，最多只能拖延 30 天。30 天之后不论他是否签署，该法案将自动生效。 1993 年《宪法修正案》废除苏丹个人的司法豁免权，规定设立特别法庭、根据普通法律审理涉及最高元首和苏丹的任何刑事和民事案件，该法庭拥有终审权；赋予国会议员公开评议王室事务的权利（除宣扬废除君主立宪制外）。1994 年《宪法修正案》规定最高元首必须接受及根据政府的劝告执行任务。这些《宪法修正案》使马来

---

① 米良：《论马来西亚宪政制度的特点》，载《学术探索》2009 年第 6 期。

西亚的王权一步步受到削弱，向着民主化的方向大大迈进。

马来西亚现行《宪法》是在马来西亚独立前，由英国政府和马来亚联合邦政府及各邦苏丹经多方协商制定的，所以受英美两国宪法的影响很大。[①] 宪法关于国家基本制度的规定，如君主立宪制、责任内阁制、下院多数党领袖组阁、国会两院权力分配等，基本效仿英国；宪法中关于中央与各州的关系的规定，如实行联邦制、联邦与各州的权利划分、各州均有自己的宪法和法律等，则受到美国宪法的影响。

二、君主立宪制

马来西亚实行君主立宪制，君主称"最高元首"（supreme head of State）。与其他君主立宪制国家一样，马来西亚的最高元首是国家权威的象征，在名义上拥有最高行政、立法和司法权，是国家的最高统治者，也是国家的最高代表。马来西亚最高元首并不掌握实际权力，权力在议会和内阁手中。不同于其他君主立宪国家的是，马来西亚的君主制不是世袭的，而是由选举产生的；不是终身制的，而是有任期的；不是个人君主制，而是集体君主制。马来西亚在历史上分为许多独立的苏丹国，而现在的马来西亚是由9个原苏丹国和4个州组成的，这样马来西亚便没有像一般君主制国家那样有唯一的、世袭的君主，而是以选举的方式产生君主。由吉打、吉兰丹、丁加奴、玻璃市、彭亨、霹雳、雪兰莪、森美兰、柔佛9个州的世袭统治者，以及马六甲、槟榔屿、沙巴和沙捞越4个州的州长组成"统治者会议"，由统治者会议选举产生国家最高元首。由于马六甲、槟榔屿、沙巴和沙捞越4州的州长不是世袭的，而是由最高元首任命的，所以这4个州的州长没有最高元首选举权

---

① 罗刚、王越停：《马来西亚宪政制度概述》，载《云南大学学报（法学版）》2004年第5期。

和被选举权。最高元首只能从西马9个州世袭之苏丹按年龄、就任年代轮流秘密投票选出，任期5年，不得连任且每位苏丹只能出任一次最高元首。最高元首在任期内，可随时以书面形式向统治者会议提出辞职或被统治者会议以多数票通过而取消资格。最高元首就任时要在各州统治者与首席大法官面前宣誓效忠及公正地行使国家统治权，遵守宪法和法令，维护伊斯兰教等。就任后选择吉日举行盛大登基庆典，接受州统治者、内阁及外交使节的祝贺。宪法规定最高元首是最高国家权力的执行者，其地位在联邦所有人之上，不得在任何法院对国家元首提起任何诉讼。最高元首的配偶称为元首夫人，其地位仅次于最高元首而在联邦所有其他人之上。最高元首拥有立法、司法和行政的最高权力，是联邦武装部队最高统帅，有权委任武装部队参谋长、警察总监及武装部队委员会成员；有权任命总理，联邦法院首席大法官、大法官及高级法院的法官，任命审计长、总检察长及马六甲、槟榔屿、沙巴及沙捞越4个州的州长；有权下令召开国会、解散或拒绝解散国会；有权要求召开专门涉及统治者特权、地位、荣誉和称号的统治者会议；批准国会通过的法案及拥有最高赦免权；宣布国家处于紧急状态等。最高元首还是本州、联邦直辖区、马六甲、槟榔屿、沙巴和沙捞越各州的宗教领袖（其他各州的宗教领袖为各州苏丹）。[①]

尽管最高元首拥有上述权力，但他并不能独自行使。《宪法》第40条规定："最高元首在行使本宪法或联邦法律所赋予的职权时，应根据内阁或内阁授予全权的部长所提供的建议行事。"当然，最高元首亦有权要求内阁向其提供有关联邦政府的任何情况。国家元首有权任命总理，但不得任意挑选，而只能任命下院多数党的领袖；任命高级官吏，

---

① 罗刚、王越停：《马来西亚宪政制度概述》，载《云南大学学报（法学版）》2004年第5期。

则要按照总理和内阁的意见。

三、统治者会议

马来西亚的统治者会议（conference of rulers）是 1948 年根据马来亚联合邦协定设立的，当时由吉打、吉兰丹、丁加奴、玻璃市、彭亨、霹雳、雪兰莪、森美兰、柔佛 9 个州的世袭统治者［森美兰、玻璃市 2 个州的统治者分别称"严端"和"拉查"，其余 7 个州称"苏丹"（Sultan）］以及马六甲、槟榔屿 2 州的州长（亦称"州元首"）组成。1963 年马来西亚成立后，沙巴和沙捞越 2 个州的州长也成为统治者会议成员。统治者会议无固定开会时间，凡经最高元首或会议成员 3 人以上请求，都应开会。在最高元首任期届满前四星期，以及当最高元首职位或最高副元首职位空缺时，即使无人提议，也必须召集会议。会议的法定人数为统治者会议人数过半数者。统治者会议向统治者授签一枚，由掌签大臣掌管，该大臣兼任统治者会议秘书。[①] 统治者会议有以下三种地位：（1）作为各州代表机关的地位。反映各州的民意，为各州而行动。（2）产生和罢免最高元首的机构的地位。统治者会议在 9 个世袭苏丹中轮流选举产生最高元首和副最高元首。（3）作为国家权力最高机关的地位。这主要体现在：审议并颁布国家法律、法规；对全国性的伊斯兰教问题有最终裁决权等。

根据宪法，统治者会议行使下列职权：统治者会议中的 9 位世袭苏丹有权选举或解除联邦最高元首和副最高元首；决定是否同意将任何宗教活动、仪式、典礼推广于全联邦；对任何法律表示同意或拒绝；对宪法所规定的需要经统治者会议同意，或征询统治者会议意见后才作出的

---

① 罗刚、王越停：《马来西亚宪政制度概述》，载《云南大学学报（法学版）》2004 年第 5 期。

任何任命提出意见;有权审议国家政策问题(如移民政策的改变),但审议时,应请总理及各州首席部长(即州政府首脑)或他们的代表出席;未经统治者会议同意,不得制定任何直接影响到统治者特权、地位、荣誉或尊严的法律;最高元首任命联邦法院院长及大法官、审计长、选举委员会委员、公务委员会委员等职位时,须与统治者会议商议;有关代行最高元首职务的法律,须经统治者会议同意;最高元首离开联邦 15 日以上,须经统治者会议同意;批准任何变更州疆界的法律等。凡会议是讨论关于正、副最高元首的选举或解职,或统治者的特权、地位、名誉及宗教上的行为仪式或典礼时,马六甲、槟榔屿、沙巴和沙捞越州的州长不得参加。[①]

四、联邦制度

马来西亚实行联邦制。马来西亚的联邦制具有一般联邦国家所共有的外部特征:中央和各州都有自己的宪法、权力机关和行政机关;除联邦有最高元首外,各州要有自己的统治者或元首;中央和各州的权力划分由宪法确定,宪法明确规定联邦的职权、各州的职权以及剩余权力的分配办法。[②]

马来西亚各州都有最高首脑,各州首脑均是马来西亚统治者会议的成员。由于历史的原因,各州首脑的名称、产生方式及法律地位又有所不同。西马的 11 个州中,除马六甲和槟榔屿 2 州外。其余 9 个州的州首脑统称统治者,均为世袭,其中吉打、吉兰丹、丁加奴、彭亨、霹雳、雪兰莪、柔佛 7 个州的统治者称"苏丹",森美兰州称"严端",玻璃市州称"拉查"。这 9 位统治者拥有最高元首的选举权和被选举权。

[①] 米良:《论马来西亚宪政制度的特点》,载《学术探索》2009 年第 6 期。
[②] 米良:《论马来西亚宪政制度的特点》,载《学术探索》2009 年第 6 期。

若某州的统治者当选为最高元首，则在其任职期间不再统治本州，而委托摄政王代行其职权。西马的马六甲、槟榔屿和东马的沙捞越、沙巴4个州的首脑叫州元首（或州长），由最高元首任命，每届任期4年。

宪法规定，除最高元首和元首夫人是至高无上的以外，各州的统治者高于所有人，而各州统治者在其本州应高于其他州的统治者。联邦必须保证统治者有权依照本州宪法的规定继承、保有、享受及行使州宪法赋予他的权利与特权；但是，任何州的统治者继承权纠纷，均由该州宪法所规定的机关按规定的方式解决。

统治者应任命一名他认为能获得州立法议会多数议员信任的州立法议会议员（即州立法议会中多数党领袖）作为州务大臣；统治者应根据州务大臣（亦称"首席部长"）的建议，从州立法议会议员中任命一个由4~8人组成的州执行委员会。统治者依据州宪法或任何法律行使职权时，除联邦宪法或州宪法另有规定者外，必须根据州执行委员会或其授权的全权委员的建议行使职权，统治者有权要求州执行委员会向他通报有关该州的任何情况。①

州统治者的职权主要有：拒绝或同意解散州立法议会的请求；请求统治者会议召开只讨论统治者特权地位、荣誉与尊严或宗教行为、礼仪或典礼等事项的专门会议；作为伊斯兰教领袖的职权或涉及马来人习俗的职权；指定继承人、配偶、摄政或摄政委员会按马来惯例授予衔级、称号、荣誉、尊严及其他有关职权；规定王室宫廷法规。②

州元首（governer，亦称"州长"）由最高元首同州首席部长磋商后任命，任期4年，但可随时向最高元首提出辞职，最高元首有权根据该州立法议会，以全体议员的2/3以上多数通过的要求予以解职。州元首

---

① 米良：《论马来西亚宪政制度的特点》，载《学术探索》2009年第6期。
② 米良：《东盟国家宪政制度研究》，云南大学出版社2011年版，第215页。

不得担任任何新公职，也不得参与任何商业活动。州元首的年俸由州立法机关以法律规定，由联邦统一基金支付，并且在州元首任期内不得削减。州元首的职权同州统治者大体相同。[①]

各州立法议会有权制定本州宪法，但各州宪法不得与联邦宪法相抵触，各州宪法必须包括联邦宪法附表 8 所规定的条款，称"必要条款"。这些条款包括：统治者应依据州执行委员会的建议行使职务；州执行委员会的组成及地位；州立法机关由统治者和立法议会组成；州立法会议的组成，州议员资格、州议员资格的取消；州立法会议的召开、休会及解散；州立法议会立法权的行使；关于州元首的产生、法律地位的规定，以及关于财政条款、统一基金的支付、州年度财政报告书、关于追加支出与超支、从统一基金提款等事项的具体规定。

联邦宪法还规定了修改州宪法所必须遵循的法律程序。凡涉及统治者、酋长及类似的马来族传统职位的继承和地位的规定，州立法机关不得修改；任何修改州宪法法案的行为，均应获得州立法会议全体议员 2/3 以上的投票赞同，但对必要条款的修改可以例外。

如果联邦议会认为任何一州长期忽视联邦宪法或州宪法的任何规定，议会可不受宪法原有规定的限制，以立法形式保证有关规定的执行；如果任何州的宪法中未包含联邦宪法所规定的必要条款，议会可随时立法使必要条款在该州生效，并废除与必要条款相抵触的该州的法律条款；如果任何州法律同联邦法律相抵触，则以联邦法律为准，州法律中同联邦法律相抵触的部分一律无效。在下列情况下，联邦议会有权为州制定法律：（1）为履行联邦同其他国家所缔结的条约、协约或协定，或为履行联邦为其成员国的国际组织的任何决议；（2）为促成两州或多州间的法律的统一；（3）应任何州立法议会的请求。

---

① 米良：《东盟国家宪政制度研究》，云南大学出版社 2011 年版，第 216 页。

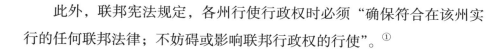

此外，联邦宪法规定，各州行使行政权时必须"确保符合在该州实行的任何联邦法律；不妨碍或影响联邦行政权的行使"。①

第七节 当代菲律宾国家与法的演进与发展

一、当代菲律宾独立以来的宪制

1896 年，以安德列斯·庞尼法秀为首的秘密革命组织"卡带普南"发动反抗西班牙殖民统治的大规模武装起义。1898 年 6 月 12 日，菲律宾各个阶层的代表在甲米地举行会议，发表《独立宣言》，成立菲律宾历史上第一个共和国；9 月在布拉干省马洛洛镇召开会议，制定了《宪法草案》。1899 年 1 月，阿奎纳多担任共和国总统，颁布了《菲律宾共和国政治宪法》，史称《马洛洛宪法》。这部宪法规定，建立立法机关，限制行政权力，实行三权分立。

1898 年，美西战争，西班牙战败，美国人赶走西班牙人，在菲律宾建立殖民政权。菲律宾独立后，仍以 1935 年《宪法》为其宪法，曾作两次大修改。第一次是 1940 年 6 月 18 日，修改的内容是：国会由一院制改为两院制；将总统任期 6 年不能连任改为任期 4 年可连任一次。第二次是 1947 年 3 月 11 日，美国强迫菲律宾"公民投票"修改宪法，将"美国人在菲律宾开采自然资源，开办工厂和经营各种企业时享有与菲律宾人同等的权利"列入宪法第 16 条。②

---

① 米良：《论马来西亚宪政制度的特点》，载《学术探索》2009 年第 6 期。
② 菲律宾共和国 1935 年《宪法》、1940 年《宪法补充案》、1947 年《美菲一般关系条约》。

1965 年 12 月 30 日费迪南德·埃·马科斯总统开始执政。1972 年 9月 21 日，马科斯宣布全国实行军事管制，逮捕了反对派领袖，禁止罢工、集会和游行示威。1972 年 11 月通过新宪法草案，1973 年 1 月通过"公民大会"投票批准了新宪法。1973 年《宪法》共有 17 条 181 款。宪法规定菲律宾国家领土的范围"包括菲律宾群岛的全部岛屿和环抱这些岛屿的海域，以及根据历史权利或法律名义属于菲律宾的全部其他领土，包括领海、领空、底土、海床、岛屿架和菲律宾享有主权的海底区域"。宪法废除美国人在菲律宾享有"同等权利"条款。宪法将总统制改为议会制，规定国会议会为立法机构，由选举产生，总统是国家的象征性元首，由国会议会从议员中选出，任期 6 年；总理为政府首脑，兼任武装部队统帅，由国会议会从议员中选出，由总理任命副总理和各部部长，组成内阁。总理和内阁就政府的执政方针对国民议会负责。1976年 10 月，菲律宾"公民大会"通过全国公民投票，对 1973 年《宪法》进行修改，决定成立"临时国会议会"。总统行使宪法中规定的总理职权，并在军事管制取消前，行使立法权。1981 年 1 月 17 日，马科斯宣布结束军事管制，4 月 7 日再次通过全国公民投票，修改宪法，决定选举产生 1988 年 4 月"临时国会议会"。6 月会议开幕，马科斯担任总理，行使总统兼总理之职权。采用法国式议会制，总统既是国家元首，又是政府首脑，由选举直接产生，任期 6 年；总理和副总理人选由总统指定；议会由选举产生，任期 6 年。

1986 年 2 月，菲律宾总统特别选举后，科拉松·阿基诺就任总统。3 月 25 日，科拉松·阿基诺总统发布关于成立临时政府和制定临时宪法的公告。临时宪法采用了经过修改的 1973 年《宪法》的部分条款，共 7条 24 款，[①] 规定：在根据新宪法选出的立法机构并召开立法机构会议以

---

① 米良：《东盟国家宪政制度研究》，云南大学出版社 2011 年版，第 3 页。

前，总统继续行使立法权，总统得由内阁协助。内阁由总统任命的专职部长组成。内阁成员应向总统负责，并依照总统的意愿就职。总统控制并全面监督一切地方政府，如总统因死亡、丧失能力或辞职而造成长期缺位，则由副总统升任总统。如副总统死亡、永久丧失能力或辞职，内阁应从其成员中推选专职部长任总统。临时宪法还规定，自 1986 年 3 月 25 日起 60 日内，总统应任命委员会负责起草新宪法。委员会应将新宪法草案提交总统，由总统确定举行公民投票的日期。公民投票应在新宪法提交总统后的 60 日内举行，经过半数票批准后生效。①

1987 年 2 月 2 日，菲律宾举行公民投票通过了《菲律宾共和国宪法》。新宪法包括序言、国家领土、原则宣言和国家政策、民权、公民资格、选举权、立法、行政、司法和地方政府、政府官员的责任、国家经济和国家财富、社会争议和人权、教育科技艺术文化和体育、家庭、过渡条款等共 18 章。新宪法规定，文官政府在任何时候都服从军事当局，除保留人民的创制权和公民复决权外，立法权属于国会，行政权属于总统，总统和副总统由选举直接投票选出，任期 6 年。总统不得竞选连任，副总统可竞选连任，但不得超过两任；副总统可以被任命为内阁成员，总统是武装部队的总司令，必要时有权实行军法统治。根据新宪法的规定，1987 年 5 月举行国会参众两院选举，第一次选出的议员和地方官员任期至 1992 年 6 月 30 日止。

1992 年 5 月 11 日，菲律宾举行 1986 年"二月革命"以来的首次全国大选。全国 3200 万选民有 80% 参加投票。在这次大选中，菲律宾全国共有 87000 多名候选人参与角逐包括总统、副总统在内的 17000 多个从中央到地方的各级公职。前国防部长菲德尔·拉莫斯成为自菲律宾独

---

① 菲律宾共和国 1987 年《宪法》。

立以来的第 8 位总统。① 拉莫斯上台后，继续推进民主化进程。1992 年，废除《颠覆法》，承认菲共为公开合法的政党，承诺准予其参加未来全国大选。拉莫斯加大民族和解力度，采取了稳定军队、改组警察部队、恢复死刑等一系列措施，使菲律宾政局趋于稳定，经济发展也较快，从 1995 年下半年后，拉莫斯为了谋求连任，鼓动一些群众组织提出修改宪法有关总统任期6年，不得连任的条款规定，② 其政府文官长杜礼斯透露："执政的力量党将公开建议修改总统任期6年，不得连任的宪法条文。"③ 对一位英明的总统来说，6年的任期委实过短。拉莫斯的安全顾问亚文地要求保护民间签名修宪的人民权利。众议院司法委员会主席阿保斯则表示宪法有 13 处要修改。最高法院裁决，永久禁止选举署就"签名"请愿采取行动，理由是国会尚未制定一项关于以人民创制权修宪的法律，选举署应停止受理或承认修宪的动议。

1992 年 2 月，参议员以压倒多数通过反对修宪案，天主教会发表公开信，谴责修宪。最高法院三次驳回签名修宪要求，全国各界掀起了一些声势浩大的反修宪运动，导致国家已稳定的政局重新动荡。拉莫斯不得不于 1992 年 9 月 21 日宣布不会修改宪法，不会谋求连任。④

菲律宾的修宪之议在 1994 年、1995 年和 1996 年三度被提起，但因社会各界的反对而未能完成。进入 21 世纪后，阿罗约总统曾在 2005 年发表国情咨文推动修宪，试图改变美国式的总统制，以避免政府、立法和司法三个机关互相牵制、经常使国家陷入政治僵局的问题，但她的建议立即遭到参众两院的反对。

① 明月：《政治角斗与明星效应——菲律宾大选评析》，载《世界知识》1992 年第 13 期。
② 赵和曼：《东南亚一些国家的政局问题》，载《南洋问题研究》2002 年第 1 期。
③ 常世间：《时空视野中的政府权力》，载《比较政治学研究》2010 年第 1 期。
④ 赵和曼：《东南亚一些国家的政局问题》，载《南洋问题研究》2002 年第 1 期。

二、违宪审查与宪法修改制度

菲律宾是实行法院监督宪法实施的国家，其违宪审查机关的设立仿效美国由司法机关解释。菲律宾《宪法》第八章第 4 条第 2 款规定，"一切涉及同外国缔结的条约、协定或行政协定或法律是否违宪的案件，应由最高法院全庭审理；根据法院规则需要全庭审理的其他案件，包括关于总统令、公告、命令、指令、条例是否违宪及其适用和有效的案件，均应由实际参加案件审议和表决的法官以多数同意才能作出裁决"。[①] 第 5 条规定，"最高法院拥有下列管辖权：针对条约、政府协定、法律、总统令、公告、命令、指令、法令或条例的合宪性或有效性提出的一切异议的案件"。一般来说，最高法院并不采取积极主动的行为解释宪法，而是采取消极的方式解释宪法，即在审理具体案件的过程中遇到同宪法有抵触的问题才进行解释。否则，即使某法律违宪，也不去审查，而且，如果审查结果认定某一法律违宪，这项违宪的法律也只在这一案件中无效。

菲律宾《宪法》第十七章第 2 条第 2 款规定，"本条规定在本宪法通过后的 5 年内不得修改。在本宪法通过后修改宪法不得超过每五年一次，明定在宪法颁布实施或修改后，非经一定期限不得修改"。修改宪法首先得由有权机关或人民提出修改宪法的初议才能进行，因此，提出修改宪法的议案，是修改宪法的第一道程序。菲律宾宪法规定宪法修改或修正的提案权有两类：一是机构提起，二是人民直接提起。对于机构提起，有权提起修宪议案的机构只有两个，即国会和修宪大会。国会提起修宪议案时，必须有 3/4 议员赞同方能启动。修宪大会则可直接提起修宪议案。对于人民提起修宪议案，须有全体登记选民的至少 20% 提出

---

① 菲律宾共和国 1987 年《宪法》。

请求，而且每一选区至少有 30% 选民赞同。

由于宪法比一般法律重要，菲律宾宪法规定：根据本章第 1 条对宪法所提的任何修改或修正案，经公民投票以多数票通过即行生效，公民投票应在国会或修宪大会通过该修改或修正案后，至少 60 日至多 90 日内举行。除由国会决议外，还可由修宪大会决议。国会得以全体议员的 2/3 赞同票召开修宪大会，或以全体议员的过半数赞同票将召开修宪大会问题交由选民表决。①

公布宪法修正案是修改宪法的最后一道程序，因为只有经过公布，修正条款才能正式成为宪法的一个组成部分而发生效力。

三、国家机关之间的制约、平衡关系

（一）国会与行政机关的关系

总统为国家元首兼政府首脑，政府由总统、副总统、各部部长、新闻秘书、总统行政委员会主席，国家安全委员会主任和内阁秘书组成。总统和副总统均由人民直接选举产生，得票最多者即当选；如果两个或多个候选人所得票数相同，则由国会、两院全体成员分别投票，以多数票选出其中一人任总统或副总统。各部部长由总统提名，经国会任命委员会同意或任命，如总统死亡、永久丧失能力、免职或辞职，应由副总统继任至前任未满的任期届满为止。副总统出现上述情况，则依次由参议院议长、众议院议长代行总统职权，直至选出合格的总统和副总统为止。

国会对总统和行政权力有制约作用，总统或政府某一部门在采取重大行动和有关委员会意见时，国会可以通过修改和否决总统或行政部门

---

① 菲律宾共和国 1987 年《宪法》。

提出的方案和政策。政府的每年预算方案都要经过众议院讨论批准。国会可以要求政府部长、军方将领到国会作证或接受质询，还可以组织调查小组对政府部门或军方的违法乱纪活动进行调查。如果总统刚刚任命的官员或晋升的将校涉及丑闻或有其他争议，国会任命委员会可以拒绝批准；非经参议院2/3多数同意，总统或政府与外国签订的条约、协定均属无效。

（二）国会与最高法院的关系

最高法院由1名首席法官和14名法官组成，最高法院的法官均由总统根据司法和律师理事会提供的名单任命，任职至70周岁。最高法院法官如出现空缺，应在90日内补缺。最高法院有权解释所有涉及宪法规定内容的条约和协定。这些条约或协定都必须经由最高法院召开听证会并经实际议事的多数成员通过当即生效。最高法院应在每次国会开幕后30日内向总统和国会提交关于法院工作和活动的年度报告，国会有权确定、规定和分配各级法院的管辖权，但不得剥夺最高法院依法享有的管辖权；未经最高法院的建议和同意，国会不得通过任何扩大宪法所规定的最高法院上诉管辖权的法律。[1]

---

[1]　菲律宾共和国1987年《宪法》。

第八节　当代印度尼西亚国家与法的演进与发展

一、当代印度尼西亚国家

二次大战结束后，英、美、荷并未放弃殖民印度尼西亚的图谋。1945 年 9 月 29 日，雅加达外港被英军占领，进而又占领多个地方。荷兰殖民者乘机卷土重来。在英国的所谓调停下，1946 年 11 月，印尼、荷兰签订了《林芽椰蒂协议》。协议规定，荷兰承认共和国政府在爪哇、马都拉及苏门答腊的现实政权；在 1949 年 1 月以前组成印度尼西亚联邦，包括印尼共和国、东印尼邦和加里曼丹邦；由印尼联邦与荷兰组成"荷印联合国"，以荷兰国王为国家元首。荷兰殖民者利用这一协定控制了印尼共和国以外的地区，并组建傀儡政权与印尼共和国对抗以迫使印尼共和国加入"荷印联合国"。[①] 美国利用参与调停之机扶持哈达上台。1948 年 7 月 21 日，哈达政府与美国在茉莉芬举行秘密会议，通过了"消灭红色分子的建议"。之后，数以万计的共产党人遭到杀害。1948 年，荷兰对印尼发动第二次侵略战争，印尼共和国首都日惹沦陷。在各方"调停"下，1949 年 11 月 2 日，印荷双方在荷兰海牙签订了《圆桌会议协定》，依据这份军事威胁下签订的不平等协定，同年 12 月 27 日，荷兰将政权移交给印尼，并成立了印尼联邦共和国，包括 16 个自治邦。与此同时，印尼联邦共和国加入荷印联合国。1950 年 8 月，印尼联邦共和国临时众议院通过《单一化国家宪法草案》，并于同年 8 月 15 日宣布

---

① 汪慕恒主编：《当代印度尼西亚》，四川人民出版社 1997 年版，第 90~92 页。

取消联邦制,成立统一的印度尼西亚共和国。1953年7月,阿里·沙斯特罗·阿米左约组成有10个党派参加的内阁并于1954年6月派代表团到荷兰谈判废除《圆桌会议协定》。同年8月10日,双方达成协议,取缔荷印联邦,废除双方有关外交、军事、文化合作的协定。1956年4月21日,印尼废除1950年《宪法》并拟制定一部新的宪法,但由于各政党在许多重大问题上存在分歧,制宪工作被搁置。为解决国内日益恶化的经济危机、提高国会的工作效率,苏加诺总统解散国会并提前举行国会选举。在思想上,苏加诺总统为维护国家的安全与稳定、对抗帝国主义,采取了亲共产主义国家的外交政策,在思想上接受了计划经济、指导式民主等观念。1959年7月15日,由于深感议会民主制给印尼造成的种种危害,苏加诺命令解散制宪会议,恢复《"四五"宪法》,实行有领导的民主。在历史上,人们把1959年7月《"四五"宪法》恢复到1967年3月苏加诺总统被迫下台这一时期称为"有领导的民主"时期。这一时期,苏加诺总统既是国家元首,又是政府首脑,内阁对总统而不是对国会负责。内阁部长由总统遴选,他们不代表任何政党。在此期间,先后建立了总统咨询机构"最高评议院"、立法机构"合作国会"及最高权力机构"人民协商会议"。[①] 在实行有领导的民主制后,中央集权得到加强,克服了过去那种内阁频繁更替的不稳定状况,国内政治形势趋于稳定。1965年9月30日,一些拥护苏加诺总统的中下级军官向被怀疑预谋推翻苏加诺总统的一批将领进行先发制人的打击,遭到镇压而失败。历史上称之为"9·30"事件。"9·30"事件后,临时人民协商会议任命苏加诺为印尼总统。苏加托总统执政后,宣布实行潘查希拉民主制。1945年《宪法》的序言规定了作为印尼共和国成立的指导思想的五项基本原则(即"潘查希拉"),这五项基本原则是:至高无上的神道、

---

① 米良:《东盟国家宪政制度研究》,云南大学出版社2011年版,第287页。

公正和文明的人道、印度尼西亚的统一、协商和代表制下的民主、实现社会的正义与繁荣。这五项基本原则最初是苏加诺在 1945 年 6 月印尼独立前夕，在讨论印尼以什么样的指导思想作为建国的指导原则时提出的。① 这五项基本原则表明了印度尼西亚是一个信奉神道（即宗教）、维护民族的统一、尊重人道、重视民主和要求实现社会的公正与繁荣的国家。1966 年 3 月 11 日，苏哈托利用苏加诺被迫签发的"3 月 11 日命令书"代行总统职权，掌握了国家权力。次日，苏哈托以印尼共产党是无神论者，违背了五基原则第一条为由，宣布解散印尼共产党。1967 年 3 月，苏加诺签署了将行政权移交给苏哈托的命令，从此开始了苏哈托的所谓"新秩序"时代。② 在政党制度领域，苏哈托总统采取了简化政党的措施，他认为政党太多，容易引起派别斗争，危害政局的稳定。1967 年，印尼政府颁布了简化政党的条例，只允许存在两个政党，即建设团结党、印尼民主党和一个专业集团。这种状况直到 1998 年开放党禁而彻底解除。在简化政党的同时，苏哈托提出了军队的"双重职能"理论，为军队参政议政提供依据。所谓"双重职能"，即要求军队一方面担负起保卫国防与安全的职能，另一方面要求军队参与政治及社会活动。总之，苏哈托政府执政以来，印度尼西亚政局基本上保持稳定，人民生活得到一定程度的改善。③

1997 年，东南亚金融风暴爆发，印尼经济急剧恶化，引发了大规模的民众抗议示威，直接导致了历时 32 年的苏哈托政府的终结。随后，印度尼西亚进入一个民主政治改革的高潮，在宪政上主要表现为自 1999

---

① 米良：《东盟国家宪政制度研究》，云南大学出版社 2011 年版，第 287 页。

② 王受业、梁敏和、刘新生编著：《列国志·印度尼西亚》，社会科学文献出版社 2006 年版，第 36 页。

③ 米良：《东盟国家宪政制度研究》，云南大学出版社 2011 年版，第 288 页。

年以来的四次宪法修改：第一次宪法修改发生于 1999 年，其主要内容是印尼的立法机构人民代表会议的代表产生方式；第二次修改发生于 2000 年，主要内容是地区自治和尊重人权；第三次修宪发生于 2001 年，其主要内容是关于总统的任期及其权力的限制方法；第四次修宪发生于 2002 年，其主要内容是关于总统直选和军人退出政治舞台的步骤和方式。①

二、印度尼西亚宪制的特点

（一）宗教色彩浓厚，宗教在国家政治生活中起着重要作用

据 2022 年世界银行的人口数据统计，印尼人口已达到 2.76 亿，为世界第四人口大国。其中，约 87% 的人信奉伊斯兰教，是世界上穆斯林人口最多的国家；6.1% 的人信奉基督教新教；3.6% 的人信奉天主教；其余信奉印度教、佛教和原始拜物教等。② 由于印尼穆斯林人数众多，但伊斯兰教不是国教，因此，伊斯兰教团体和政党与政府之间长期存在矛盾和斗争。为了保持国家的稳定和促进印尼经济的发展，政府对正常的宗教活动采取保护和支持的政策，并主张宗教信仰自由。印尼《宪法》序言中写道：建国五项原则之首就是至高无上的神道；在《宪法》第 29 条第 1 款中重申国家的基础是至高无上的神道，第 2 款明确国家保证每一位居民有信仰各自宗教的自由以及根据宗教和信仰举行宗教仪式的自由，表明印尼政府实行宗教信仰自由政策。③ 由于历史的原因，伊斯兰教在印度尼西亚社会生活中仍起很大作用。为了最大限度地发挥

---

① 米良：《东盟国家宪政制度研究》，云南大学出版社 2011 年版，第 292 页。
② 吕余生、王士威主编：《中国—东盟年鉴（2014）》，线装书局 2008 年版，第 123 页。
③ 印度尼西亚共和国 1945 年《宪法》。

宗教的积极作用、限制其消极作用，印尼政府设有宗教部，主管宗教事务。每逢伊斯兰教的重大节期，都要举行盛大的庆祝活动，政府高级官员亲自参加并发表讲话。[①]1980 年 6 月 30 日由宗教部部长主持，成立宗教徒协商会议。主要由印度尼西亚伊斯兰教理事会、印度尼西亚基督教理事会、印度尼西亚天主教最高掌教理事会、中央印度教理事会和印度尼西亚佛教理事会等组织联合组成。自称其宗旨是："以印度尼西亚民族特性为指南，以及基于班查西拉五项原则的同舟共济、团结友爱而又不摒弃各自宗教信仰的精神，达到巩固民族团结与统一和各宗教间和睦相处的目的。"[②]

此外，印尼设有宗教法院。宗教法院由宗教事务部监督，其官员包括首席法官在内，均由宗教事务部任命。在各个县和市里，一般都设有宗教法院负责审理民事案件，如婚姻、财产纠纷案件等。[③]宗教法院依据伊斯兰法规所作的决定，必须得到同级县市法院的批准。当宗教活动威胁到社会安定和经济发展时，印尼政府和领导人又有限制其狂热乃至打击其反动的一面。苏加诺执政时，当狂热的"伊斯兰国运动"造成国家和人民生命财产的巨大损失时，苏加诺总统坚决地镇压了这一叛乱活动；[④]苏哈托上台虽然得到伊斯兰教势力的大力支持，但是，一旦伊斯兰教势力的狂热活动威胁到社会与政局的稳定，他也同样采取打击措施。

（二）对华侨政策的不确定性

1998 年苏哈托政权垮台后，印尼华人的生存处境有了很大的改善和

---

① 米良：《东盟国家宪政制度研究》，云南大学出版社 2011 年版，第 290 页。

② 许国栋：《从华人的宗教信仰探讨印度尼西亚的同化政策》，载《华人华侨历史研究》1992 年第 1 期。

③ 米良：《东盟国家宪政制度研究》，云南大学出版社 2011 年版，第 240~290 页。

④ 温北炎：《伊斯兰教在印度尼西亚》，载《东南亚研究资料》1983 年第 4 期。

提高。但从法律地位而言，许多苏哈托时代歧视华人的法律、法规并没有取消，有的即使取消了，但在实际生活中华人受歧视的现象还是随处可见。[1]这具体表现在《宪法》第 26 条对"原住居民"和"非原住居民"两种不平等的公民概念的划分；对华裔国籍证取得的限制；对中华民族的"支那"称呼；对华裔传统宗教节日的限制；对华裔使用本民族语言、行使言论出版权利等政治权利限制以及对华裔人身权利、人身自由肆意践踏等诸多方面。由此可见，印尼华人二等公民的法律地位没有得到根本的改变，华人要想取得和其他民族完全的平等地位还有一段艰难的路要走。

（三）军队全面参与国家政治生活的历史已终结，军、警人员将远离政治舞台

军队是苏哈托王朝的重要统治工具。为使军队名正言顺地参与政治，苏哈托提出了"双重职能"理论。[2]1966 年 8 月，苏哈托总统在陆军第二次学术研讨会通过的军队"战斗信条"中明确指出，武装部队的陆军从来不是政权的被动工具，也不是单纯的治安维护者。它不仅对军事战术负有主要责任，同时对社会生活的各个领域也负有责任。在"双重职能"理论的指引下，军队全方位参与政治生活和经济生活，控制了从政治到经济、从国防到安全、从政府到议会、从中央到地方的广泛权力，而苏哈托则通过各种方式把军队牢牢控制在自己手里。[3]自从 1998年苏哈托王朝垮台至今，军人在政治生活中所扮演的角色得到了根本性的改变。

---

[1]　高伟浓、向军：《后苏哈托时代印尼华人的法律地位》，载《东南亚纵横》2003年第 2 期。

[2]　尤洪波：《试论苏哈托对印尼的威权统治》，载《东南亚纵横》2003 年第 4 期。

[3]　尤洪波：《试论苏哈托对印尼的威权统治》，载《东南亚纵横》2003 年第 4 期。

（四）特别的权力机构：人民协商会议与人民议会

1. 人民协商会议（Majelis Permusyawaratan Rakyat）[①]

1945年《宪法》第1条规定，印度尼西亚是共和体制的国家，主权掌握在人民手中，并全部由经选举产生的人民协商会议行使。因此人民协商会议是印尼国家的最高权力机构。根据印尼1945年《宪法》，人民协商会议是国家最高权力机构，负责制定、修改与颁布宪法和国家总方针政策，选举总统，副总统（2004年后改由全民直选），监督和评价总统执行国家大政方针情况和在总统违背宪法时对其进行弹劾或罢免。只设中央一级。成员700名，任期5年。人民协商会议决议采取穆沙瓦拉也即协商一致的原则，而不是采取以多数票表决的方式。人民协商会议成员的总人数比人民代表会议（即国会）多1倍。人民代表会议全部成员是人民协商会议的法定成员，另一半成员由政治组织、武装部队、专业集团以及地区代表组成。根据1985年第2号法令，人民代表会议（即国会）的成员增至500人，人民协商会议的成员相应增至1000人。这1000名成员的名额分配如下：

（1）500名是人民代表会议成员。

（2）除上述名额外，参加大选的团结建设党、印尼民主党和专业集团，以及人民代表会议中的武装部队界，允许按其各自在人民代表会议中所占比例，增加参加人民协商会议的名额。

（3）一级行政区或省的代表名额，其人口在100万以下者，不得少于4名；人口达1500万者，代表名额不得超过8名。地方代表147名，全部由各地立法会议选举产生。

（4）职业团体代表100名。代表由总统根据其所在组织的推荐任

---

① 印度尼西亚共和国1945年《宪法》。

命，或由总统自行决定任命。人民协商会议主席同时兼任人民代表会议主席，由 5 名副主席协助其工作。人民协商会议主席的选举，采取会议成员协商一致赞同的原则，如不能取得一致，则按照 1945 年《宪法》规定，以投票决定。

人民协商会议由以下 5 个党派和团体组成：武装部队、专业集团、团结建设党、印尼民主党、地区代表。人民协商会议每 5 年召开一次全体会议，一般是在大选之后举行，如有必要，也可以召开特别会议。1999 年人民协商会议通过《宪法修正案》，把人民协商会议的代表人数减少为 700 人，共有成员 700 名，其中包括国会议员 500 名、地方代表 135 名和各阶层代表 65 名。任期 5 年。地方代表由省级权力机构选举，各阶层代表由社会各界推荐。本届人民协商会议于 1999 年 10 月 1 日成立，主席为阿敏·拉伊斯（Amien Rais）。分为 12 个派系，即斗争民主党派系、专业集团党派系、建设团结党派系、改革派系、民族觉醒党派系、新月星党派系、民族团结派系、信徒主权党派系、关爱民族民主党派系等政党或政党联盟派系，以及军警、各阶层代表及地方代表派系。2002 年，新修改的宪法还作了军队和警察职业化的规定，要求军、警人员远离政治舞台，而且将不参加国会和人民协商会议。军、警人员如果有意参政，则必须脱离军职和警职。会议决定，到 2004 年，废除为印尼军方和警方保留席位的做法。军警派系目前在国会有 38 个议席。军警派系议员法郎基说："这意味着，军方和警方今后的任务将会更加注重专业领域。"[1] 自 20 世纪 60 年代起，由三军和警察组成的武装部队即长期在人民协商会议与国会中拥有议席，与人民协商会议及国会议员总人数相比，其人数比率于七八十年代占 20%，左右立法机构的运作，其根据是武装部队具有双重职能的理论，既作为国防与维护治安力量，也

---

[1]　米良：《东盟国家宪政制度研究》，云南大学出版社 2011 年版，第 301 页。

成为社会政治力量，许多行政部门职位由军警担任。根据新的《宪法修正案》，今后人民协商会议议员由大选产生的国会及地方议会成员组成，过去受指派在人民协商会议中各占有 38 席的军警系及 55 席的专业阶层系，日后将自动失去在人民协商会议中的席位，军方退出政坛已成为事实。

2. 人民代表会议（Dewan Perwakilan Rakyat）[①]

按宪法规定，人民代表会议与人民协商会议都是立法机构。由于后者每 5 年才召开会议一次，而且只是决定国家的大政方针和选举正副总统，因此，日常的立法工作由人民代表会议承担，所以实际上人民代表会议起着国会的作用，行使除起草和修改宪法、制定国家大政方针之外的一般立法权。国会无权解除总统职务，总统也不能宣布解散国会；但如总统违反宪法或人民协商会议决议，国会有权建议人民协商会议追究总统责任。人民代表会议共有议员 500 名，均兼任人民协商会议成员。任期 5 年。其中 462 名经选举产生，另 38 名为军警代表，由武装部队司令推荐，总统任命。人民代表会议的人数是根据下列原则决定的，即每一当选议员至少代表 40 万公民，当时印尼人口约 1.8 亿，所以当选议员应为 400 人。在大选期间，每一省应产生的议员名额，可根据上述计算办法，即每 40 万人口可产生 1 名议员加以确定。[②] 人口过少的省份，该省的议员名额不得少于该省的行政区数，即每一个区应有 1 名议员。为什么要从武装部队中任命 100 名议员，当局的理由是，印尼武装部队担负着双重职能，它不仅要保卫国防与安全，也是一支社会政治力量，参政议政。由于印尼法律规定军人不能参加大选，为了保障军人的公民权力，使军人也能参政，有必要根据武装部队总司令的推荐，任命人民

[①]　印度尼西亚共和国 1945 年《宪法》。

[②]　印度尼西亚共和国 1945 年《宪法》。

代表会议中的武装部队的代表。因此，人民代表会议实际上是由专业集团、团结建设党、印尼民主党和武装部队的代表组成的。[①]

　　人民代表会议划分为若干常设委员会，每一委员会负责处理一定领域里的事务。除正副议长外，所有议员都必须属于 11 个常设委员会中的一个委员会。11 个委员会如下：第一委员会处理与外交、国防安全、新闻、武装部队、全国国防理事会、国家情报协调机构和国家"法典"制定等部门有关的工作。第二委员会处理与内务、行政改革、国家秘书处、内阁秘书处低级部长、公共行政、民事管理、国家档案和指导"潘查希拉"的理解与实践、教育应用推广委员会等有关部门的工作。第三委员会处理司法部的总检察长办公厅有关的工作。第四委员会处理与农业、林业和移民部门有关的工作。第五委员会处理与交通、旅游、邮电通信、公共工程、人民住房和电讯委员会等有关的工作。第六委员会处理与工业、矿产、能源、人力和投资协调委员会等机构有关的工作。第七委员会处理与财政、贸易、合作社、中央银行和国家后勤局等机构有关的工作。第八委员会处理与公共卫生、社会事务、妇女作用和家庭计划有关的工作。第九委员会处理与教育文化、宗教事务、青年与体育有关的工作。第十委员会处理与国家发展计划、人口与环境、研究与技术、国家开发计划署、技术研究与应用委员会、印尼科学院、国家原子能署、国家测绘协调局、国家空间航天院和印尼航空委员会有关的工作。第十一委员会处理与国家预算有关的工作。

　　人民代表会议对各项工作审议的目的是对问题取得一致看法。如不能达成一致，该问题需提交指导委员会，委员会达成一致意见后，必须通知全体议员。如不能达成一致意见，该问题应提交人民代表会议全体会议讨论，决定该问题是付表决、推迟表决还是搁置。投票程序是，要

[①]　尤洪波：《试论苏哈托对印尼的威权统治》，载《东南亚纵横》2003 年第 4 期。

求人民代表会议各组成派别都要出席，出席人数必须达到代表会议全体成员的 2/3 法定人数。决议或决定的通过要求多数票决定。提名和任命事项由秘密投票决定，其他事项则用举手表决方式。如因未达 2/3 法定人数，或各派未能都出席以致投票不能进行，该议案要退回指导委员会。人民代表会议每年的年会由 8 月 16 日开始至次年 8 月 15 日止，但每次年会可分若干间隙期休会。

1945 年《宪法》规定人民代表会议是国家的主体，政府需提交法案给代表会议研究和批准，但议员也能提出自己的法案。每项法案必须有 30 名议员签名并附有一份解释性的备忘录提交给议长。在讨论该法案期间，议员可改变或撤回提案。法案批准前，程序要求对该法案进行四读，其程序是：一读政府或发起议员在全体公开会议上介绍法案。二读在全体会议上进行一般性辩论，然后由政府或法案发起人回答。三读该法案由一联合委员会或一特别委员会进行讨论。如法案是政府提交的，则与政府举行工作会议，否则与发起人进行讨论。四读法案草案的最后一次讨论由全体会议进行，各派不同的观点可在会上表达，代表会议对法案作出最后决定。如法案获得通过，经总统签署后便成为法律。经总统授权，国务部长在印度尼西亚共和国国家公报上刊登后，该法案即生效；如总统否决人民代表会议通过的法案，则该法案不能在同一年的年会上第二次提交讨论。

（五）特殊的国家机构：最高评议院

最高评议院（Dewan Pertimbangan Angung）根据 1945 年《宪法》和 1967 年第 3 号法令及 1978 年第 4 号法令设立，为总统提供政治、经济、社会文化和军事问题方面的咨询意见，评议院也可就国家大事以备忘录的形式发表看法。评议院成员由国会提名、总统任命，任期 5 年。一般是从全国知名人士中提名，为保证其独立性、正直性和超党派性，评议院成员不可同时担任其他公职。评议院设主席 1 人，副主席 4 人，委员 45 人，并设有 4 个常设委员会：政治委员会，经济、财政和工业委员会，公共福利委员会，国防安全委员会。

第九节　当代新加坡国家与法的演进与发展

一、当代新加坡国家的形成与演进

1945 年日本投降后，各国对如何安排战后新加坡的宪法争议很大。英国军管局宣布所有日本占领时期发布的公告和命令停止生效，仍旧遵守占领前的法律和惯例。当时的殖民当局因为要集中力量应对马来西亚联邦的问题，无暇顾及需要"特别对待"的新加坡，所以选择保留了原来的战前行政管理体制、立法会、市议会以及农村委员会，但要求扩大代表参政的机会。[①]1946 年海峡协定被废除后，新加坡成为一个独立的、拥有自己宪法的英王殖民地。这时的宪法是通过英国的枢密院令颁布的。这是英王为其独立的殖民地制定宪法的普遍形式。虽然这部宪法也体现了殖民当局使新加坡逐渐过渡到自治政府的愿望，但因没有发挥当地人民在公共事务中的积极作用而受到严厉的批评。1946 年 4 月 1 日，英国宣布马来亚联合邦成立，新加坡成为英国直辖殖民地。[②]

1953 年，英国政府决定委派乔治·伦德尔审查新加坡殖民地的宪法地位问题，并建立了由伦德尔领导的宪法委员会。根据伦德尔委员会

---

① 米良：《东盟国家宪政制度研究》，云南大学出版社 2011 年版，第 249 页。

② 米良：《东盟国家宪政制度研究》，云南大学出版社 2011 年版，第 249 页。

提出的建议形成的 1955 年有关新加坡殖民地的枢密院令，就是所谓的伦德尔宪法。这部宪法规定：立法会要转变为一个主要由选举产生的议会，议院领袖是议会中最大党或获得最大多数支持的政党联盟的领袖。伦德尔宪法被认为是新加坡实现完全独立和自治的重要步伐，保证了新加坡权力的和平移交，同时也是实现宪政民主方面的重要成就。这部宪法的主要问题是：尽管规定内阁向国会负责，但没有清楚地界定部长的权力，尤其是首席部长的权力。国家在对外事务和国内安全方面的权力仍保留在以总督为代表的殖民政府手中。[①]

1956 年 3 月，新加坡爆发了独立运动，英国政府被迫进行谈判。在1955 年的选举中马绍尔成为新加坡第一位首席部长，他于 1956 年 4 月 23 日到 5 月 15 日率领立宪团在伦敦与殖民当局进行立宪讨论，但最终以失败而告终。因为英国政府拒绝放弃对安全事务的控制，也不愿意承诺在一个确定的日期让新加坡独立。马绍尔的继任者林有福也率团赴伦敦就自治问题重新谈判。这次谈判因马来亚联邦马上要独立而变得比较顺利，于是双方在 1959 年就建立一个完全由民选议员组成的立法会达成一致。新加坡政府也采取了更加务实的态度，承认涉外事务仍保留在英政府手中，但内部安全要由新加坡、英国和马来亚联邦各自派出一名委员组成的内部治安委员会掌管。并于 1958 年 5 月达成协议，之后，英国女王颁布了《新加坡自治宪法》。按照该宪法，新加坡举行选举并于 1959 年成立自治邦政府，同时，根据 1958 年英国枢密院令（宪法），作为殖民地宪法中最后残余的总督职位要被废除；宪法上的国家元首，即最高元首，也要从杰出的新加坡人中选出，作为英女王的代表。[②]

1959 年进行的大选中，李光耀领导的人民行动党赢得了胜利，李光

---

① 米良：《东盟国家宪政制度研究》，云南大学出版社 2011 年版，第 250 页。

② 米良：《东盟国家宪政制度研究》，云南大学出版社 2011 年版，第 250 页。

耀也因此成为新加坡的第一任总理。人民行动党政府上台后，主张与马来亚联邦合并。1961年7月1日于新加坡举行的英联邦议会协会的会议上，马来亚、新加坡等国的代表批准了合并的原则。这是新加坡在特定的环境下为了生存所采取的一项必要措施。新加坡作为提议中的联邦的一个特殊的州同其他组成单位相比，有更大的自治权。立法会通过了新的州宪法，肯定了合并的成果，但由于合并后联邦内部的政治及人民行动党在新加坡政坛上所受到的种种挫折，中央政府和新加坡政府之间的关系趋于紧张，在经济、民族等诸多重要问题上分歧严重，新加坡各阶层希望另起炉灶，脱离联邦。1965年，在英国政府的主持下，英国、马来西亚联邦和新加坡三方协商签署《1965年新加坡独立协定》。1965年8月9日，新加坡共和国成立，正式独立，成为一个主权国家。①

二、当代新加坡法制的发展

新加坡独立后，于1965年12月22日由国会通过了新加坡宪法（修正）法案，并于之后不久通过了新加坡共和国独立法案，但新加坡宪法的法律源渊，不仅是以上两个法律文件，还应包括被新加坡所接受的马来西亚联邦宪法的一些条款。新加坡独立后的几十年，全球政治、经济等各个方面都发生了很大变化，新加坡政府为适应这种变化，也对宪法进行了多次改革。尤其是1965年的第8号法案放宽了宪法的修正程序，使新加坡宪法极具柔性，也为新加坡政府频繁修改宪法提供了法律依据，对当时的经济和政治发展来说，是很必要的。新加坡在独立后修改宪法的次数在世界上都是非常罕见的，仅在独立后的33年中就修宪39次，平均每年修改1.18次。②

① 米良：《东盟国家宪政制度研究》，云南大学出版社2011年版，第251页。
② 米良：《东盟国家宪政制度研究》，云南大学出版社2011年版，第251页。

　　新加坡独立后，采取共和制政体。这种政体的基本特征有三个：
（1）选举制：新加坡宪法规定，公民有选举权和罢免权；国家元首（总
统）和国家代表机关的领导人由选举产生。（2）轮换制：这是与终身制
相对立的一种政治制度，即不承认有世袭的特权等级。基本原则是规定
国家元首、政府首脑和议会，都要有一定的任期。（3）分权制：其内容
除了"三权分立"之外，还包括国家各级领导人依法分掌若干权力，分
工负责，相互制衡。① 从新加坡国家元首和议会、政府的相互关系及其
掌握的实权情况看，新加坡采用的是议会制共和国（又称内阁制共和国）
形式。②

　　新加坡独立后之所以选择议会共和制，主要原因可能在于，新加坡
过去是英国殖民地，受英国的影响较深，独立后也借鉴了英国议会君主
制政体的某些内容来组织自己的政府，以有利于巩固资产阶级的统治和
发展资本主义。新加坡政府的运作十分强调权力之间的制约与合作，特
别是行政权与立法权的协调配合。国会议员出任内阁成员，长期由一
个政党执政的特殊机制从客观上保证了国家权力运作的和谐。李光耀
于 1954 年创立人民行动党，该党从 1959 年开始至今一直执政。到 2024
年，新加坡已注册的政党有 30 余个。但除人民行动党外，其他政党的
政治影响很小。人民行动党作为执政党长期控制国家政权，在立法权、
行政权、司法权的结构内部及其运作上发挥宏观的影响力。这种"多党
并存，一党独大"的政党制度保证了国家的政治稳定，与周边国家不时
出现的政治丑闻导致危机、种族冲突从而引发不稳形成鲜明对比。在新
加坡人看来，新加坡社会结构复杂、资源缺乏，持不同政见者造成社会

---

① 　汪慕恒主编：《当代新加坡》，四川人民出版社 1995 年版，第 66 页。

② 　米良：《东盟国家宪政制度研究》，云南大学出版社 2011 年版，第 252 页。

的不稳定，新加坡这样的小国承担不起这样高额的代价。①

　　新加坡曾经是英国的殖民地，1959 年取得自治之后，承袭英国政府遗留下来的国会政府制度，即英国威斯敏斯特（Westminister）的国会制度。其主要特点是：政府以人民的意愿为基础，人民通过投票选举国会代表来表达意愿。国会至上，国会是国家权利的来源。国会是最高立法机关之一（总统与国会共同组成立法机关），采用单院制，由普选产生（每 5 年举行一次大选）。国会职权主要包括立法权、决定权和监督权。一院制是许多小国认为比较理想的立法结构，但在其他英联邦国家或实行威斯敏斯特模式的国家，立法机关一般实行两院制。这样做的一个主要理由是新加坡是一个很小的国家，在政治权力的制衡方面不存在问题。只有大国才需要设立另一院来代表各地区的利益，并对下院构成制衡。考虑到对国会立法的制约，后来设立了总统少数民族权利保障委员会，其作用是审查并向总统报告那些有可能影响种族或宗教利益的事项，以及其认为含有种族歧视内容的国会立法及附属立法。这被认为在一定程度上起到了另一院的作用。②

　　在威斯敏斯特模式下，国家元首都受英国女王地位的影响，是虚位的，其作出的行为必须以内阁建议为依据，没有实际的政治权力。新加坡独立后也沿用这种制度。1984 年，当时的总理李光耀曾暗示新加坡将实行民选总统。1988 年 10 月，政府通过一项白皮书，正式提出了民选总统的改革建议。但在进行这项改革时，有一点是明确的，即议会制政府是不能改变的。换言之，新加坡不会因为将总统改为民选产生或扩大了总统权力就会成为总统制国家。1991 年 1 月通过的《宪法修正案》改变了总统的宪法职能，即总统由人民直接选举产生，任期从 4 年改为 6

---

①　米良：《东盟国家宪政制度研究》，云南大学出版社 2011 年版，第 252 页。

②　韩大元：《外国宪法》，中国人民大学出版社 2000 年版，第 335 页。

年，并在许多事务上拥有了实质性的权力：新加坡总统构成立法体制的一部分，享有一定的立法权，国会通过的法案经总统签署批准后即成为法律，从公布之日起生效。总统行使广泛的行政权，如任命议会中的多数党领袖为总理，依照总理的建议任命各部部长，组成内阁；经自由斟酌后可拒绝同意解散议会的请求；经与总理磋商后，从公务委员会提交的名单中委派他挑选的公职人员为其私人职员。总统在三个方面对政府享有否决权：一是政府部门、法定机构和国有企业重要职位的任命；二是国家储备金的动用；三是涉及国家内部安全、贪污调查和种族和谐的重大事件的决定。总统对内阁权力的制约，有助于防止行政权的滥用，在传统的责任内阁制中引入了某种总统制的因素。尽管新加坡民选总统已由人民直接选举产生而不是由国会任命，权力也有所加强，有别于其他议会内阁制国家，但总统依然只是国家元首，不构成真正意义上的行政首脑。总统在其他事务上行使的仍是象征性的权力。根据1991年1月有关总统的《宪法修正案》的规定，总统必须是45周岁以上的新加坡公民，并在新加坡居住10年以上；总统候选人由总统委员会提名；总统不得在任何法院诉讼中受到控诉，享有豁免权；在总统患病、离开新加坡或其他原因不能行使职务期间，其职权由总统顾问理事会主席代行；总统不得担任任何营利的职位，不得从事任何商业活动。①真正意义上的新加坡总统民选始于1993年，曾是人民行动党骨干和前任工会主席的王鼎昌当选总统。

政府是行使新加坡对内对外职能的主要行政机构，在新加坡国家机构中居主导地位。新加坡政府的组织形式采用内阁制，其特点是：（1）行政大权集中于内阁，特别是在总理手中；（2）内阁总理一般是由国会中占多数席位的政党领袖（经总统任命后）担任，内阁成员通常都

① 《新加坡共和国宪法（修正）法案》（1991）。

是国会议员，由总理组阁，他们在政府担任行政工作，也在国会参加立法工作；（3）内阁总理和有关部长应定期向国会报告工作，对国会负责；（4）内阁对政府所施行的政策负集体责任；（5）国会对内阁表示不信任或通过不信任案时，或是内阁集体辞职，或是解散国会，重新举行大选，但新选的国会如仍通过不信任案时，内阁仍须辞职，重新组阁。国会中占多数席位的政党是执政党，执政党的领袖自然成为内阁总理（政府首脑）。内阁（政府）的组成，一般是由总理、副总理、各部部长、政务部长和政务次长组成。政权组织形式是责任内阁制，即政府（内阁）成员必须由议员担任，内阁由国会选举产生，向国会负责，向国会报告工作，答复议员的质询，解释政府的政策，接受国会的监督。内阁负责制定所有政府政策以及国家的日常事务，以集体方式向国会负责。内阁为国会准备重要议案，并促使其通过。内阁掌握一切行政大权，制定一切内外政策。内阁是国家行政的最主要部门，其主要职权是推行国家政策，提议法律的制定。内阁的政策和行为只有得到多数议员的赞同时，才可以继续执政。如果国会拒绝或者否决内阁的提案，即视为对政府的不信任，这时，内阁必须总辞职或解散国会，重新选举，不过这种情况在新加坡从未出现过。[①]

内阁通过国家的公务人员协助进行行政事务，内阁政府与公务员是政府日常政务与事务的执行者。总理是新加坡国家行政机关的最高领导，是受到大多数国会议员信任的国会议员。根据新加坡宪法的规定：总统应任命一个他认为大概拥有议会多数议员信任的议员为总理，然后依照总理的建议从议会议员中委任各部部长。如果任命系在国会解散时作出的，曾是上届国会议员的人选也可以被任命为总理。如果被任命者没有当选下届国会的议员，在下届国会第一次集会时即不得留任。总统

---

① 米良：《东盟国家宪政制度研究》，云南大学出版社 2011 年版，第 256 页。

在两种情况还有权宣布总理缺位：一是总理向总统提出书面辞呈，二是总统查明总理不再拥有国会多数议员的信任。在后一种情况下，总理也可以建议总统解散国会。①

由于新加坡的法律制度建立在英国的法律制度基础上，包括英国的习惯法和衡平法，因此，其法律制度中的法律原理、法理学、法律组织的结构、法律门类的原则及法庭程序等与英国的相似。司法机关依法遵循公正的程序，独立地行使职权，不受政府或个人的干涉。新加坡宪法确定司法机关的独立审判权。司法官员享有司法豁免权，不可因其审判行为被民事起诉。为保证司法独立，宪法明确规定国会不可审议法官的司法行为，除非1/4的国会议员请求审议。新加坡不实施错案责任追究制度，认为这破坏了司法独立。法律保证司法机关的权威，藐视法庭的任何人士，可被判坐牢或罚款。②

宪法规定，新加坡的司法权力属于最高法院及通过成文法规定设立的基层法院。宪法本身对法院体制没有规定，司法体制基本上沿袭英国的制度，并通过议会立法加以规定。法院体制分为三级，即基层法院、最高法院和英国枢密院。最重要的基层法院是区法院和推事法院。二者均有民刑事案件的审判权，其管辖范围是由基层法院法和刑事诉讼法典来规定的。此外，还有一些涉及特别事项的基层法院，如死因调查法院、少年法院和伊斯兰婚姻法院等。初级法院在必要时可设立紧急法庭和夜间法庭。初级法院法官及法律官员委任由法律服务委员会决定，这些法官是国家的公务员。因为法律委员会的主席是全国首席大法官，大法官统一领导这些初级法院官员和法律官员，所以这些法官独立于其他政府部门，遵循大法官的领导，独立地行使司法权，不受任何政府部门

① 米良：《东盟国家宪政制度研究》，云南大学出版社2011年版，第257页。
② 米良：《东盟国家宪政制度研究》，云南大学出版社2011年版，第257页。

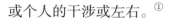

或个人的干涉或左右。①

20 世纪 90 年代在杨邦孝大法官上任之后，新加坡的司法体制得到真正的改变和重组。在 1993 年 7 月 1 日，新加坡国会通过修正《最高法院法令》废除原本分开的民事上诉庭和刑事上诉庭，设立单一的永久上诉庭，聆审民事与刑事上诉案件。新加坡设高科技法院，该法院成立于 1995 年 7 月 8 日，是最高法院的附属部分。新加坡是世界上首先以高科技审理案件的国家之一，其法庭拥有最现代化的电脑、视听设备。诉讼当事人可以通过电脑陈述案情，即呈交证据；视听系统使诉讼当事人能进行电视录像的跨国协议，海外证人可通过这个法庭的电脑视听系统出现在银幕上供证，不必赶来新加坡出庭。新加坡的司法制度向前推向高度电脑化与现代化。②

从殖民地时代到 1994 年 4 月 8 日，新加坡法制的最终上诉庭是英国的枢密院司法委员会，而这期间其判例对新加坡法院具有最高的权威和法律约束力。枢密院的司法委员会，也就是通常所指的枢密院，一直是英国殖民地、保护国以及作为独立国家的英联邦成员国的最高上诉法院。在整个殖民地时期，枢密院始终是新加坡的最高上诉法院。这一情况在 1963 年新加坡与马来西亚合并以及 1965 年独立时仍继续存在。其法律根据源于宪法和司法委员会法。1989 年，新加坡国会便立法限制诉讼当事人对枢密院提出上诉的权力，如专业行为不检被革除律师资格的律师和刑事案的诉讼当事人（除了被判死刑而新加坡上诉庭法官的判决不一致时）一律不准向枢密院提出上诉；只有当立约当事人在契约中约定枢密院为立约当事人解决契约纠纷的终审法庭时，立约当事人才有权向枢密院提出上诉。这种立法限制枢密院的上诉权，减少新加坡法制与

---

① 米良：《东盟国家宪政制度研究》，云南大学出版社 2011 年版，第 258 页。

② 米良：《东盟国家宪政制度研究》，云南大学出版社 2011 年版，第 259 页。

英国的枢密院的历史联系。①

　　1994年1月8日，新加坡大法官在新司法年开庭仪式上宣布一项司法判例诉讼程序声明，这项史无前例的声明清楚地指出：新加坡最高法院上诉庭在处理民事与刑事上诉案时，将不受到任何枢密院判决的约束，无论这些上诉案的判决是来自新加坡或来自其他国家，均不再对新加坡上诉庭具有法律约束力；作为新加坡的最终上诉庭，上诉庭也将不再受它本身过去所作的任何判例，或其前任具有同等审判权的法庭所作的任何判决的约束。这项声明意味着新加坡最高法院上诉庭将可以为了追求公正和正义而在适当的案情背离判例原则，创造先例。过去的判例原则在当时的情况或许是正确公正的，但因新加坡环境的快速改变，过去的判例原则因此而成为过时而不适宜。②

　　1994年4月8日，新加坡通过制定《司法委员会废除法令》正式断绝与英国的枢密院司法委员会的历史性联系。从那一天开始，新加坡法制的最终上诉庭便是新加坡最高法院上诉庭。在新加坡进行海事或金融的人士若想利用别国的法律解决纠纷，仍可选任英国或其他国家的仲裁庭，以仲裁庭判决解决纠纷。上述改革和法制的主要结果是英国法院的判例对新加坡法庭不再具有法律约束力，而只具有说服力，供新加坡法庭借鉴。新加坡的最高法院上诉庭成为终审法院。③

　　宪法没有规定法院司法审查权问题，但普通法肯定了这种权力，同时也可以在法院的固有权力中找到依据。最高法院有权保证宪法得到立法和行政机关的遵守，可以宣布行使权力的行为因违反宪法或超越宪法赋予的权限而无效。但在实践中这一权力几乎没有得到运用。1978年

---

①　米良：《东盟国家宪政制度研究》，云南大学出版社2011年版，第260页。

②　米良：《东盟国家宪政制度研究》，云南大学出版社2011年版，第260页。

③　米良：《东盟国家宪政制度研究》，云南大学出版社2011年版，第261页。

《宪法修正案》对公民基本权利方面的内容进行了修改，并扩大了政府的权力，使宪法中所列的公民权利不会与任何根据公共安全、良好秩序和有关滥用毒品或麻醉品方面的法律进行的逮捕不一致。这实际上限制了最高法院的司法审查权。[①]

第十节　当代文莱国家与法的演进与发展

一、当代文莱国家的演进发展

1946 年，英国恢复对文莱的控制权。但此后随着全球民族主义运动的兴起，文莱人民要求摆脱英国的殖民统治，恢复文莱的国家主权。1956 年 8 月，文莱人民党成立，之后出现了一批政党，文莱民族主义运动不断高涨。1959 年 3 月，文莱第二十八世苏丹奥马尔·阿里·赛福丁率代表团前往伦敦与英国政府就制定新宪法和恢复自治问题举行谈判，提出的宪法草案主要内容是：（1）文莱国内的一切权利都属于苏丹，苏丹是首席执政者；（2）英国继续充当文莱的保护国，但英国驻扎官只以顾问的身份行事；（3）设立枢密院、行政委员会及立法院；（4）地方议会由直接选举产生，全国立法院则由被任命的地方议员、有官职者及当然成员组成；（5）明确规定苏丹王位继承的方式和摄政王的权力；（6）设立首席大臣。

在与英国的谈判中，这一草案除有的条文做了修改外，大部分内容都被英国政府所接受。接着文莱又与英国签订了一项新的条约：英国给

[①]　米良：《东盟国家宪政制度研究》，云南大学出版社 2011 年版，第 261 页。

予文莱自治，英国保留其对文莱外交、国防及内部治安的管辖权，废除英国驻扎官一职，任命一名英国高级专员处理文莱事宜。[①]1959年9月29日，文莱颁布宪法。这是文莱历史上的第一部宪法。文莱宪法被英国殖民统治者接受，实行多党议会制。1962年8月底，文莱举行了首次地方议会选举，结果人民党占地方议会55个席位中的54个，控制所有4个区的议会，由区议会选出参加全国立法院的16名议员，也全都是人民党的成员，在取得这些绝对优势之后，人民党提出要修改宪法，改组政府。这使得文莱人民党和文莱苏丹政府的对立更加尖锐，最终导致1962年爆发了人民党领导的起义。文莱苏丹为巩固自己的政权，在武装起义的情况下，颁布和实施《紧急状态法》，使宪法暂停实行。在镇压这次起义后，调整立法院的成员结构，33名成员减少到21名，其中10人由选举产生，6人是担任官职的当然成员，5人是苏丹提名的无官职人员。1984年，文莱独立后，立法院被解散，至今仍未恢复。因此，文莱宪法虽然规定设立立法议会，议员要经过选举产生，地方议会由直接选举产生等，但文莱苏丹并没有认真落实。

1971年11月23日，文莱苏丹同英国重新签约。规定文莱实行完全的内政独立，苏丹恢复行使全部内政主权，英国仍继续负责文莱的外交事务。在国防方面，改为双方协商共同负责。1978年，苏丹率代表团赴伦敦就文莱独立主权问题同英国政府谈判。1979年1月7日，文莱政府与英国政府签订了一项新的条约，规定文莱将于1983年12月独立。1983年5月，文莱官方宣布，英国于1984年1月1日放弃其掌握的文莱的国防和外交权力，文莱正式宣布完全独立。[②]1984年文莱恢复完全独立，再次修改宪法，从英国政府手中收回了国防和外交权力。把内阁

---

① 米良：《东盟国家宪政制度研究》，云南大学出版社2011年版，第270页。

② 赵和曼主编：《东南亚手册》，广西出版社2000年版，第17页。

委员会改为内阁政府，规定由首相和大臣组成内阁政府，并赋予苏丹在没有立法议会的情况下颁布法律的权力。[①] 文莱苏丹哈桑纳尔·博尔基亚宣告文莱永远是一个享有主权、民主和独立的马来伊斯兰君主制国家。独立以来，苏丹政府大力推行"马来化、伊斯兰化和君主制政策"，巩固王室统治，重点扶持马来族等土著人的经济，在进行现代化建设的同时严格维护伊斯兰教义。在文莱独立后，1959年文莱颁布的第一部宪法的基本条款继续有效，1971年和1984年曾对宪法进行过重要修改，规定苏丹为国家元首，拥有行政权，全部立法议员由苏丹任命，到目前仍未改变。[②]

2004年9月29日，文莱第29世苏丹博尔基亚主持召开了中止20年的立法议会并同意对1959年《宪法》进行修改，准许成立由15个民选议员和最多30个官委议员组成的立法议会，官委议员包括内阁全体部长9人和博尔基亚本人。博尔基亚说："我明白人民对政府的未来有很大期望，宪法将给予人民参加会议的机会，为发展国家作出贡献。"[③]

文莱作为君主立宪制国家同泰国、马来西亚的君主立宪制完全不同。在文莱，国家元首是世袭的苏丹，苏丹行使立法和行政大权，有权任命中央国家机构的所有成员。虽设有一个由33名议员组成的立法议会，但其议员并非由选民选举产生，而完全由苏丹任命。其内阁也并非独立的行政机构，而是苏丹的行政工具，其职责是协助苏丹执掌政权。宪法规定，苏丹是国家元首，拥有立法、行政和司法等全部权力，在枢密院、内阁、立法议会、继承委员会和宗教委员会的协助和咨询下行使权力。这赋予苏丹绝对的权力。独立时，苏丹哈桑纳尔·博尔基亚宣

---

① 米良：《东盟国家宪政制度研究》，云南大学出版社2011年版，第271页。
② 米良：《东盟国家宪政制度研究》，云南大学出版社2011年版，第271页。
③ 米良：《东盟国家宪政制度研究》，云南大学出版社2011年版，第271页。

布，由他担任国家元首，兼任内政与财政大臣，他的父亲担任国防大臣。王室牢牢地控制了国家的内政、外交和财政大权。此后，苏丹又对内阁进行过几次改组，但内阁的重要职务也都是由王室成员和苏丹的亲信担任。①

独立以来，文莱政府致力于维护和提高伊斯兰教的地位，把伊斯兰教作为政府制定政策的依据和整个社会的行为准则，力图使其他异教教徒皈依伊斯兰教，使整个文莱变成一个一元化的穆斯林社会。文莱宣传"伊斯兰教君主政治思想"，把忠君思想与伊斯兰教精神结合在一起，宣传君权神授，为维护苏丹的专制统治提供宗教上的理论依据，并把之作为检验文莱人民是否忠君效国的主要标准。同时，对一些对国家安全构成威胁的极端伊斯兰教派采取了限制和打击的政策，如 1991 年取缔了一个原教旨主义组织。②

二、文莱的基本制度

（一）政治制度

根据 1959 年《宪法》规定，文莱的国体为马来穆斯林君主国，苏丹是国家元首、最高执政官和立法者，文莱的一切权力都属于苏丹。文莱苏丹君主拥有全部最高行政权力，有权决定包括立法、经济、行政、军事、司法、宗教、外交在内的所有事务，作为宗教领袖，文莱宪法明确把政权和君主统治区别开来。虽然，苏丹是最高执行长官和宗教权威，但是，司法的模式使得政府出现一个不同的分支，政府规定在国家

---

① 米良：《东盟国家宪政制度研究》，云南大学出版社 2011 年版，第 272 页。

② 张学刚：《〈中国周边民族宗教概况〉专题之十六——文莱民族宗教概况》，载《国际资料信息》2003 年第 12 期。

内通过伊斯兰教法庭对穆斯林实行司法管辖，以实现宗教自由。苏丹可以在宪法之下，作出一些所谓的国家紧急情况的宣告，虽然这会使得国家权力不连贯，但是，在一元制君主立宪制的文莱国家中苏丹君主可以把国家管理与宗教信仰互不干涉地结合起来，最大限度地维护自己的权力和统治。

文莱的国家结构形式是单一制，文莱只有一个立法机关、一个中央政府和一部宪法，在国际法上能够作为单一的国际法主体，在国家内部，地方隶属于中央，各行政区域接受中央政府的统一领导。文莱的行政区域划分为四个区，即文莱—穆阿拉区、都东区、马来弈区、淡布隆区；区以下设穆金（相当于乡），行政长官是乡长；穆金以下设村，村长由村民选举产生。文莱首府斯里巴加湾市，位于文莱—穆阿拉区。有迹象显示，该市可能从文莱—穆阿拉区分离出来，成为单独的"市区"。

在文莱的历史发展中，曾出现过四个主要政党：文莱人民党、文莱民族民主党、文莱联合民主党、文莱人民独立阵线。政党与文莱苏丹的政治立场和态度的分歧与差异使得享有绝对权力的苏丹在不同的历史时期对各政党采取不同的政策——或推行或反对甚至取缔。由于社会与国际压力，各个政党的积极先进的主张在一定程度上为文莱苏丹君主所接受，促进了文莱的社会的发展与进步。随着文莱人政治意识的增强，文莱政府在政治上做了一点让步：1985年5月30日，苏丹宣布允许政党注册。目前文莱唯一的合法的政党文莱联合民主党是1986年年初从文莱民族民主党中分离出来而另行组建的一个政党。文莱独立前夕，博尔基亚苏丹宣称，政党政治在文莱行不通，只会造成混乱，因而得不到人民的支持，人民生活富足，不需要政党。[①]因此对文莱社会中的政党采取严加限制和防范的政策，政府限制公职人员参加政党，颁布通告规定，

① 汪诗明、王艳芬：《论文莱独特的君主政体》，载《东南亚研究》2006年第1期。

政府雇员不得参加政党或为政党拉人、筹资，也不得参加政治会议、散发政治宣传品、向政府请愿或在请愿书上签字。这使得政府虽然没有完全禁止政党存在，政党活动却不大活跃，同时，政府对可能构成威胁的政党采取高压政策，使其在社会上几乎没有什么活动和影响。①

文莱是一个多民族的国家，主体民族为马来族，约占全国人口的 2/3，一般居住在沿海地区；华族是文莱的第二大民族，仅次于马来族，占全国人口的 20%。在文莱，马来族和华族的人数已大大超过当地的土著民族。文莱政府的民族政策是保护和促进文莱马来人的地位与利益，限制甚至排斥华侨及土著民族。只有获得了公民权的人，才能享有种种特权，根据文莱《国籍法》规定，文莱得到政府承认的原住民族，如马来族和土著民族，如果在文莱出生，均可视为文莱公民，除此之外的其他公民都是非公民。对于华人而言，则要求在文莱总共生活 25 年以上，其中有 20 年连续居住在文莱，并通过马来语测试，才能成为文莱国的公民。因此，取得公民权对华侨来说是非常困难的，文莱华侨的法律地位在东南亚华侨中是最差的。文莱独立前，华侨持英国保护地护照，但这种护照并不能使他们进入英国本土，更不用说在那里居住或购置房产；文莱独立后，连这种护照也被取消，华侨成了无国籍者，他们要出国旅行，必须申办"国际身份证"②。与此同时，文莱华人不享有政治地位，也不允许成立政治团体和政党。文莱的土著民族虽然享有公民权，但他们在文莱社会中遭到歧视和排斥，虽然他们可以继续信奉其传统的宗教信仰，但只有改信伊斯兰教并与马来人通婚，其境遇才会得到

---

① 汪诗明、王艳芬：《论文莱独特的君主政体》，载《东南亚研究》2006 年第 1 期。

② 张学刚：《〈中国周边民族宗教概况〉专题之十六——文莱民族宗教概况》，载《国际资料信息》2003 年第 12 期。

改善。[①]

（二）国家机构

文莱的政治体制是在文莱国家宪法和马来穆斯林君主政治的传统上建立起来的，文莱宪法和马来穆斯林君主政体决定了文莱政治结构的形式和政府统治的道德风貌。另一个基础性的影响因素是文莱国家所遵循的法律规则，其法律体系主要以英国习惯法为基础，文莱司法体系享有司法独立权。1959 年《宪法》规定，文莱苏丹是国家元首，设定五个机构辅佐苏丹治理国家。这五个机构分别是：行政委员会、枢密院、立法院、王位继承委员会和宗教委员会。

1. 国家元首——苏丹

文莱苏丹不仅是国家领袖，同时也是宗教领袖，宪法规定，苏丹是国家元首、最高执政官和立法者，文莱的一切权力都属于苏丹。1984 年文莱独立后，文莱苏丹恢复和真正实现了政治权力的独立，全面掌握国家军事防御和国家独立主权。1986 年以后，文莱内阁改组，苏丹不再兼任财政大臣和内政大臣，改而兼任国防大臣。但是文莱的外交大臣和财政大臣职位仍由苏丹王室所掌控，实质上仍然是苏丹王室统治地位的确定和保障。此外，苏丹享有对死刑犯行使赦免的权力。文莱是马来穆斯林君主国，苏丹在进行现代化建设，增强国力，提高国际地位的同时，强调坚持伊斯兰教的精神和原则。通过维护苏丹在宗教上的权威，保持文莱的穆斯林国家特性，从而实现王室政权统治稳定的最终目的。

2. 行政委员会

行政委员会是国家的最高行政机构，苏丹担任主席，由 7 名担任政府公职的当然成员和 7 名苏丹指定的未担任公职的非官方成员（其中 6

---

① 汪诗明、王艳芬：《论文莱独特的君主政体》，载《东南亚研究》2006 年第 1 期。

名兼任立法会成员）组成。苏丹在行使职权或履行职责时，须与行政委员会磋商。苏丹可以不按行政委员会多数成员的意见行事，但须把不同意该意见的理由记录在案。苏丹根据需要召开行政委员会会议，只有苏丹提出的事项才能在会上讨论处理。

1964 年，文莱将行政委员会更名为大臣会议，由 6 名大臣和 4 名大臣助理组成。1984 年文莱独立后，大臣会议又改称内阁，由苏丹任首相。内阁由 13 名成员组成，向苏丹负责。1959 年《宪法》赋予苏丹任命内阁成员的权力，苏丹成为政府体制行政权力的核心。

3. 枢密院

根据文莱传统，苏丹总是在一定的辅佐者帮助下实现其君主统治地位。从重要的国家和宪法文件中可看出，不仅需要苏丹的签字和印章，同时需要辅佐者的签字和印章共存，才能表明文件被认可性和一致性。英国殖民者统治时期，咨询辅佐的机构正式建立，以国家议会的形成为标志。苏丹主持国家议会，由传统意义上的辅佐者组成议会成员，同时，英国殖民者也加入其中。这个体系一直持续到 1959 年《宪法》颁布，由一个行政委员会和立法委员会所取代。根据 1959 年《宪法》，传统的辅佐体系仍然发挥重要作用，但他们不再直接参与政府的事务管理，大部分人成为枢密院的成员和议会的组成者。枢密院正是文莱传统咨询机构的发展，枢密院由 5 名担任官职的当然成员以及苏丹指定的其他成员组成。枢密院的职责是：为苏丹提供有关方面的参考意见和建议，并负责颁发荣誉称号或奖励。

4. 立法院

立法院的职责是审议和通过经苏丹批准的管理国家、维护治安和秩序的法律。如果事先未征得苏丹的同意，立法院不能讨论涉及财政等问题的法案、建议和要求。而苏丹认为是符合国家利益的法案或建议如果在立法院中未被通过，苏丹仍可以宣布该法案或建议有效。立法院任期3年，由8名当然成员、6名苏丹提名的有官职的成员、3名苏丹推荐的无官职的成员、16名民选成员组成。[①]其中的民选成员由各个区议会从其议员中选举产生。区议会每两年一次，其议员直接由年满21周岁并符合一定要求的公民选举产生。1984年文莱独立后，立法院被解散，至今未恢复。2004年7月15日，博尔基亚苏丹宣布为推行"公民参与"的政治改革，文莱将在中断长达40年后，第一次再召开国会，然而，没对国会成员是选举产生或直接委任做明确的说明。同时，《紧急状态法令》的效力虽然会同时被削弱但不会被完全废止。

5. 王位继承委员会

王位继承委员会的作用是在苏丹王位继承有争议的情况下，决定由谁继位。

6. 宗教委员会

宗教委员会负责为苏丹提供伊斯兰教事务方面的咨询和建议，并负责处理涉及宗教的案件。在文莱宪法的第二部分，规定文莱的国教必须是逊尼派伊斯兰教，信仰的首领是苏丹君主。宪法保障宗教信仰自由。

（三）司法机构

文莱法院体系分为三级。在中央设最高法院，在首都斯里巴加湾设中级法院，在全国四个区设初级法院。所有法院均负责审理民事和刑事案件。另外还设有伊斯兰法庭，专门审理穆斯林宗教案件。苏丹任命法官成为文莱最高法院的司法委员会成员，按照自己的要求任命最高法院法官，各级法院的司法要员均由苏丹任命。1997年香港回归以前，文莱与当时的港英政府达成协议，香港最高法院法官同时兼任文莱最高法院

---

① 汪诗明、王艳芬：《论文莱独特的君主政体》，载《东南亚研究》2006年第1期。

法官，任期 3 年。香港回归后，文莱仍聘用香港法院退休法官担任最高法院法官，包括大法官。

最高法院由高级法院和上诉法庭组成，初级法院由地方法院组成，高级法院处理来自地方法院本地区的上诉案件和本法院的一审刑事和民事案件，高级法院的上诉案件递交到上诉法庭。1995 年 1 月 31 日，根据文莱与英国新的司法安排，文莱最高法院上诉法庭取代英国枢密院成为文莱刑事案件的最终上诉法庭，但民事案件仍可上诉到英国枢密院。[①] 1991 年，建立中级法院，其负责处理大量的民事案件和刑事司法裁判，但是它不处理经济纠纷，枢密院的司法委员会是该司法系统最终的上诉法院。

伊斯兰法庭审理穆斯林宗教案件，宗教法庭与最高法院并存，适用伊斯兰法律，不服其裁决者，宗教案件可以向国家宗教委员会上诉，其他案件可以向国家高等法院乃至上诉法庭上诉。

文莱设一个总检察院。总检察院设总检察长、副总检察长和助理检察长等职务。总检察长是政府和苏丹的第一法律顾问，协助苏丹起草法律，协调总检察院与政府各部门的关系，同时他也是国家公诉人，在其他高级检察官的协助下，负责向全国所有法院起诉所有的刑事案件和民事案件。在对案件的起诉中，总检察长具有一定的自由裁量权。文莱总检察院下设五个职能部门，分别为：民事部、刑事部、国际部、法律起草部和注册部，共有 80 多名检察官。[②] 此外，还设有行政管理和财务部门、法律出版部门及图书馆等。民事部的主要职责是以总检察长的名义，向政府和苏丹提供法律意见，代表文莱政府提起民事诉讼。刑事部负责以总检察长的名义提起刑事诉讼，还负责为警察和反贪局、海关等

① 汪诗明、王艳芬：《论文莱独特的君主政体》，载《东南亚研究》2006 年第 1 期。
② 米良：《东盟国家宪政制度研究》，云南大学出版社 2011 年版，第 281 页。

执法部门办理案件提供法律意见。国际部为政府提供国际法律方面的意见。法律起草部负责起草、修改文莱政府的所有法律。注册部负责处理知识产权保护方面的案件，并负责专利和商标注册以及婚姻登记等。

参考文献

一、中文文献

[1] 陈明华:《当代缅甸经济》,云南大学出版社 1997 年版。

[2] 古小松:《东南亚:历史、现状、前瞻》,中国出版集团、世界图书出版公司 2013 年版。

[3] 韩大元:《外国宪法》,中国人民大学出版社 2000 年版。

[4] 贺圣达、李晨阳:《列国志·缅甸》,社科文献出版社 2009 年版。

[5] 胡才:《当代菲律宾》,四川人民出版社 1994 年版。

[6] [英国] D.G.E. 霍尔:《东南亚史:古代部分》,赵嘉文译,云南人民出版社 1979 年版。

[7] [英国] D.G.E. 霍尔:《东南亚史》(下册),中山大学东南亚历史研究所译,商务印书馆 1982 年版。

[8] 李谋、姚秉彦、蔡祝生等译注:《琉璃宫史》,商务印书馆 2010 年版。

[9] [新加坡] 廖裕芳:《马来古典文学史》,张玉安、唐慧等译,昆仑出版社 2011 年版。

［10］林榕年主编:《外国法律制度史》,中国人民公安大学出版社 1992
　　　年版。

［11］《新加坡刑法》,刘涛、柯良栋译,北京大学出版社 2006 年版。

［12］刘祚昌、光仁洪、韩承文等主编:《世界史:近代史》,人民出版
　　　社 1984 年版。

［13］鲁虎编著:《新加坡》,社会科学文献出版社 2004 年版。

［14］中共中央马克思恩格斯列宁斯大林著作编译局编译:《马克思恩格
　　　斯选集》(第 2 卷),人民出版社 1972 年版。

［15］米良:《东盟国家宪政制度研究》,云南大学出版社 2011 年版。

［16］米良:《老挝人民民主共和国经济贸易法律指南》,中国法制出版
　　　社 2006 年版。

［17］米良、陈志波:《缅甸经济法研究》,云南大学出版社 2005 年版。

［18］［意大利］D. 奈尔肯、［英国］J. 菲斯特编:《法律移植与法律文
　　　化》,高鸿钧等译,清华大学出版社 2006 年版。

［19］申旭、马树洪:《当代老挝》,四川人民出版社 1992 年版。

［20］田禾、周方冶:《泰国》,社会科学文献出版社 2005 年版。

［21］汪慕恒主编:《当代新加坡》,四川人民出版社 1995 年版。

［22］汪慕恒主编:《当代印度尼西亚》,四川人民出版社 1997 年版。

［23］王士录:《当代柬埔寨》,四川人民出版社 1994 年版。

［24］王受业、梁敏和、刘新生编著:《列国志·印度尼西亚》,社会科
　　　学文献出版社 2006 年版。

［25］王云霞、何戍中:《东方法概述》,法律出版社 1993 年版。

［26］许海山:《亚洲历史》,线装书局 2006 年版。

［27］许家康、古小松主编:《中国—东盟年鉴(2008)》,线装书局 2008
　　　年版。

［28］《菲律宾刑法》，杨家庆译，北京大学出版社 2006 年版。

［29］俞亚克、黄敏编著：《当代文莱》，四川人民出版社 1994 年版。

［30］赵和曼主编：《东南亚手册》，广西人民出版社 2000 年版。

［31］周一良、吴于廑主编：《世界通史：中古部分》，人民出版社 1973
年版。

［32］朱振明主编：《当代马来西亚》，四川人民出版社 1995 年版。

二、中文期刊

［1］常世闾：《时空视野中的政府权力》，载《比较政治学研究》2010 年
第 1 期。

［2］高伟浓、向军：《后苏哈托时代印尼华人的法律地位》，载《东南亚
纵横》2003 年第 2 期。

［3］郭又新：《简析柬埔寨天然橡胶业的发展》，载《东南亚研究》2012
年第 3 期。

［4］［英国］A.哈丁：《东南亚的比较法和法律移植："习俗杂音"的意
蕴》，高鸿钧译，载《外国法制史研究》2006 年第 2 期。

［5］何跃：《论战后英国放弃马来亚的动机与策略》，载《河南师范大学
学报（哲学社会科学版）》2006 年第 1 期。

［6］何跃：《试析英国在东南亚的早期殖民扩张》，载《曲靖师范学院学
报》2005 年第 1 期。

［7］贺圣达：《2008 年的缅甸：纳尔吉斯风暴、新宪法公投和政治发展
走向》，载《东南亚纵横》2009 年第 2 期。

［8］刘涛：《新加坡刑法的渊源及特色》，载《中国刑事法杂志》2006 年
第 1 期。

［9］米良：《〈泰王国民商法典〉制定的历史背景》，载《云南大学学报

（社会科学版）》2018 年第 2 期。

［10］米良：《古代东南亚国家法制的产生及发展》，载《云南大学学报
（法学版）》2017 年第 2 期。

［11］米良：《论马来西亚宪政制度的特点》，载《学术探索》2009 年第 6 期。

［12］米良：《论泰国古代法制的演进》，载《南开法律评论》2012 年第 1 期。

［13］米良：《论中国法、伊斯兰法和印度法对东南亚的影响》，载《河
北法学》2008 年第 8 期。

［14］米良：《试析缅甸大选以来外国投资制度的变化》，载《云南大学
学报（法学版）》2014 年第 1 期。

［15］米良：《泰国宪政制度概述》，载《云南大学学报（法学版）》2005
年第 4 期。

［16］米良：《越南民法典的历史沿革及其特点》，载《学术探索》2008
年第 5 期。

［17］明月：《政治角斗与明星效应——菲律宾大选评析》，载《世界知
识》1992 年第 13 期。

［18］秦瑞亭：《论新加坡法对英国法的继受》，载《外国法学研究》1995
年第 1 期。

［19］召卜芬：《新加坡法制独特道路原因浅析》，载《现代法学》1997
年第 1 期。

［20］孙玉刚：《当代泰国国王的政治作用及其形成原因浅析》，载《东
南亚纵横》1997 年第 1 期。

［21］汪诗明、王艳芬：《论文莱独特的君主政体》，载《东南亚研究》
2006 年第 1 期。

［22］温北炎：《伊斯兰教在印度尼西亚》，载《东南亚研究资料》1983
年第 4 期。

[23] 许国栋:《从华人的宗教信仰探讨印度尼西亚的同化政策》,载《华人华侨历史研究》1992 年第 1 期。

[24] 尤洪波:《试论苏哈托对印尼的威权统治》,载《东南亚纵横》2003 年第 4 期。

[25] 张金莲:《〈大越史记全书〉中的法律史料》,载《法律文献信息与研究》2008 年第 2 期。

[26] 张学刚:《〈中国周边民族宗教概况〉专题之十六——文莱民族宗教概况》,载《国际资料信息》2003 年第 12 期。

[27] 赵和曼:《东南亚一些国家的政局问题》,载《南洋问题研究》2002 年第 1 期。

[28] 赵正武:《柬埔寨和平进程大事记》,载《东南亚》1993 年第 4 期。

[29] 郑军军:《1955—1970 年柬埔寨政治改革研究》,载《东南亚研究》2005 年第 4 期。

[30] 邹平学:《新加坡法治的制度、理念和特色》,载《法学评论》2002 年第 5 期。

三、外文文献

[1] [越南]《北圻民法典》,越南公安出版社 2001 年版。

[2] [泰国] 阿丹·叻披帕:《曼谷王朝初期的泰国社会》,泰国法政大学出版社 1975 年版。

[3] [法国] 巴尔洛哥:《讲讲泰国》,讪·戈曼布译,泰国前进出版社 1998 年版。

[4] [泰国] 巴拉萨·纳·纳坤:《从碑文研究素可泰历史》,泰国朱拉隆功大学出版社 1988 年版。

[5] [泰国] 巴立迪·加讪森:《法哲学》,泰国法政大学出版社 1996

年版。

［6］［泰国］巴颂·沙旺素西：《大佛记》，泰国前进出版社 2001 年版。

［7］［法国］德·卜奈：《按照风俗习惯来进行统治》，泰国法政大学出版社 1988 年版。

［8］［泰国］国家信件中心：《拉玛五世档案》，泰国法政大学出版社 1988 年版。

［9］［泰国］吉·普密沙：《封建社会真正的面目》，泰国朱拉隆功大学出版社 1975 年版。

［10］［泰国］加森·西里颂攀：《泰国法史学专业的讲义材料》，泰国法政大学出版社 1986 年版。

［11］［泰国］卡尊·素帕尼：《贱民地位》，泰国法政大学出版社 1995 年版。

［12］［泰国］科罗立·威尔士：《古代泰国的统治与管理》，甘乍尼·颂吉阿功、育帕·森占译，泰国法政大学出版社 1976 年版。

［13］［泰国］克立·巴莫主编：《泰国特征》，泰国前进出版社 1982 年版。

［14］［泰国］克立·巴莫：《国君》，泰国前进出版社 1980 年版。

［15］［泰国］克立·巴莫：《泰国历史和政治上的"大城王朝"》，泰国法政大学出版社 1973 年版。

［16］［泰国］拉玛：《拉玛四世语录》（第 4 卷），泰国前进出版社 1982 年版。

［17］［法国］兰加：《泰国古老法律体系的奴隶》，派洛·甘普史立译，泰国法政大学出版社 1996 年版。

［18］［法国］兰加：《泰国法史学》，泰国法政大学出版社 1983 年版。

［19］［法国］兰加整理：《三印法典》，泰国法政大学出版社 1984 年版。

[20]［泰国］勒勇·吉勇:《对于泰国法律的检视》,泰国法政大学出版社 1986 年版。

[21]［越南］黎明新:《国家与法的理论》,越南人民公安出版社 2003 年版。

[22]［越南］黎明新:《国家与法的历史》,越南人民公安出版社 2004 年版。

[23]［泰国］銮宋奈巴萨:《泰国法律教育发展过程》,泰国前进出版社 1986 年版。

[24]［泰国］帕林·马哈抗:《泰国现代历史》,泰国法政大学出版社 1999 年版。

[25]［英国］A.B.L. Phang, *The Development of Singapore Law: Historical and Socio-Legal Perspectives*, Singapore: Butterworths, 1990.

[26]［英国］Preedee Kasemsup, Reception of Law in Thailand: A Buddist Society, *Asian Indigenous Law*, edited by Masaji Chiba, 1986.

[27]［英国］Prince Dhani Nivat, *The Old Siamese Conception of the Monarchy*, The Siam Society, 1947.

[28]［泰国］萨雅玛暖:《泰国历史》,泰国法政大学出版社 1984 年版。

[29]［泰国］塞德:《素可泰王朝存在奴隶和奴隶社会吗?》,泰国朱拉隆功大学出版社 1988 年版。

[30]［泰国］社尼·巴莫:《大城王朝法律》,泰国法政大学出版社 1967 年版。

[31]［泰国］唐素·喃努:《泰国历史上政治与外交》,泰国朱拉隆功大学出版社 1981 年版。

[32]［法国］塔宁·戈维奇:《拉玛五世对于法律及司法系统的改革》,

泰国法政大学出版社 1986 年版。

［33］［泰国］朱拉隆功大学法学院编：《古代碑文研究汇编》，泰国朱拉隆功大学出版社 1974 年版。

［34］［泰国］《泰国政治与统治资料》，泰国法政大学出版社 1996 年版。

［35］［泰国］勇·巴度：《关于制定刑法的事宜》，泰国法政大学出版社 1985 年版。

［36］［越南］《越南共产党历史》（第 1 卷），越南河内马列教科出版社 1978 年版。

［37］［越南］《越南国会历史文件》，越南河内事实出版社 1986 年版。

［38］［越南］越南社会科学委员会：《越南历史》，越南科学出版社 1972 年版。

［39］［泰国］乍仑·科萨那喃：《泰国哲学与法律》，泰国兰甘享大学出版社 1993 年版。

四、古文典籍

［1］（后晋）刘昫：《旧唐书》，中华书局 1975 年版。

［2］（唐）姚思廉：《梁书》，中华书局 1975 版。

［3］（清）张廷玉等：《明史》，中华书局 1975 年版。

［4］（南朝）萧子显：《南齐书》，中华书局 1975 年版。

［5］（西汉）司马迁：《史记》，中华书局 1975 年版。

［6］（北魏）郦道元：《水经注》，岳麓书社 1995 年版。

［7］（唐）魏徵：《隋书》，中华书局 1997 年版。

［8］（唐）房玄龄：《晋书》，中华书局 2015 年版。

［9］（北宋）宋祁、欧阳修、范镇等：《新唐书》，中华书局 1975 年版。

［10］（元）周达观：《真腊风土记》，中华书局 2000 年版。

五、法律法规

[1][越南]1956年《宪法》

[2][越南]1959年《宪法》。

[3][越南]1980年《宪法》。

[4][越南]《MEI AN TIEM 传说》。

[5][越南]《大越史记全书》。

[6][越南]《基本决议》。

[7][泰国]《泰国刑法》。

[8][泰国]《泰王国司法》。

[9][泰国]《泰王国宪法》。

[10][菲律宾]菲律宾共和国1935年《宪法》。

[11][菲律宾]菲律宾共和国1940年《宪法补充案》。

[12][菲律宾]菲律宾共和国1947年《美菲一般关系条约》。

[13][菲律宾]菲律宾共和国1987年《宪法》。

[14][老挝]老挝人民民主共和国1991年《宪法》。

[15][泰国]《泰国曼谷王朝第127年刑法》。

[16][越南]南越1967年《宪法》。

[17][新加坡]《新加坡共和国宪法（修正）法案》（1991）。

[18][印度尼西亚]印度尼西亚共和国1945年《宪法》。